CAHIERS PHILOSOPHIQUES

n° 179 / 4e trimestre 2024

CAHIERS PHILOSOPHIQUES
est une publication de la Librairie Philosophique J. Vrin
6, place de la Sorbonne
75005 Paris
www.vrin.fr
contact@vrin.fr

Sites internet
www.vrin.fr/cahiersphilosophiques.htm
http://cahiersphilosophiques.hypotheses.org
www.cairn.info/revue-cahiers-philosophiques.htm

Suivi éditorial
ÉMILIE BRUSSON

Abonnements
FRÉDÉRIC MENDES
Tél. : 01 43 54 03 47 – Fax : 01 43 54 48 18
abonnement@vrin.fr

Vente aux libraires
Tél. : 01 43 54 03 10
comptoir@vrin.fr

La revue reçoit et examine tous les articles, y compris ceux qui sont sans lien avec les thèmes retenus pour les dossiers. Ils peuvent être adressés à : cahiersphilosophiques@vrin.fr. Le calibrage d'un article est de 45 000 caractères, précédé d'un résumé de 700 caractères, espaces comprises.

ISSN 0241-2799
ISSN numérique : 2264-2641
ISBN 978-2-7116-6032-2
Dépôt légal : février 2025

SOMMAIRE

ÉDITORIAL

DOSSIER
LA PHILOSOPHIE AUTRICHIENNE

LES INTROUVABLES DES CAHIERS

SITUATIONS

ÉDITORIAL

On doit à Neurath d'avoir, dans le Manifeste du Cercle de Vienne, circonscrit et nommé une « philosophie autrichienne ». Cette désignation initiale, d'emblée polémique, affirme la nécessité d'une rupture avec une philosophie « allemande » empreinte de métaphysique, fût-elle critique. Il s'agit alors avant tout d'une caractérisation négative qui associe la revendication d'un empirisme total au rejet de toute métaphysique, en particulier de ce reliquat que constituent les « jugements synthétiques *a priori* ».

Il faut pourtant, sans se restreindre à cette première identification, y regarder de plus près et chercher à comprendre l'apparition du syntagme « philosophie autrichienne » ainsi que le bien-fondé de son maintien. « Autrichien » est ici une qualification conceptuelle et non géographique. Dans le contexte de domination de l'idéalisme allemand à la fin du XIXe siècle, cette dénomination fait signe vers une nouvelle philosophie germanophone étayée sur la logique et la rigueur scientifique, et qui projette de reléguer la plupart des interrogations métaphysiques au rang de faux problèmes pour investir d'autres objets. L'empirisme britannique a, dans ce contexte, valeur de contre-modèle[1].

Suivre les fils de la construction de la « philosophie autrichienne » présente de ce fait un intérêt majeur du point de vue d'une historiographie philosophique. Adopter cette perspective permet de « rendre visible une réalité [...] très largement ignorée par l'histoire de la philosophie canonique »[2] et ce, aussi bien en France qu'en Allemagne ou en Autriche. Celle-ci ouvre aussi à une relecture de la genèse et des infléchissements de la phénoménologie car Husserl, qui en est l'initiateur, « n'est pas seulement biographiquement "autrichien" »[3], il est également imprégné des questions et exigences méthodologiques de cette « philosophie autrichienne », notamment à travers l'enseignement reçu de Brentano à Vienne. Dans ce haut lieu du travail universitaire, au sein de cette entité qu'est l'Empire austro-hongrois et avant que celui-ci ne disparaisse pour donner naissance à l'Autriche moderne, se rencontrent des intellectuels de nombreuses nationalités. Par contraste avec l'organisation académique qui prévaut en Allemagne, l'absence de financement institutionnel de la science en Autriche donne du poids à des sociétés savantes, lieu d'échanges et de riches controverses[4].

Sans entrer davantage dans l'histoire complexe et tumultueuse des relations politiques entre l'Allemagne et l'Autriche, il faut souligner que, sur le plan théorique, la « philosophie autrichienne » n'est pas seule à se démarquer son homologue allemande. Carl Menger, fondateur de l'école autrichienne d'économie dont on connaît la postérité, prend aussi nettement position – en

1. *Cf.* Entretien avec Jocelyn Benoist, p. 153.
2. *Ibid.*, p. 145.
3. *Ibid.*, p. 144.
4. *Cf.* W. Miskiewicz, « Des deux concepts de la logique dans la philosophie autrichienne », p. 86. On retiendra notamment la *Philosophische Gesellschaft an der Universität zu Wien* à partir de mars 1888.

cette fin du XIXe siècle – contre l'historicisme méthodologique allemand et contre l'affirmation, au sein de la théorie économique, d'une prééminence de l'État qui risque de restreindre la part propre des individus et de leurs capacités d'initiative à la fois personnelles et sociales[5].

L'apparition de la « philosophie autrichienne » au sein du Cercle de Vienne est d'emblée paradoxale. Les principaux fondateurs se revendiquent en effet de Bolzano et de Brentano – maîtres aux si nombreux disciples – pour affirmer à la fois la nécessité d'un recours à l'expérience et la prise en compte des apports de la logique et de la positivité scientifique. On ne trouve néanmoins ni chez Bolzano ni chez Brentano la trace d'un rejet de la métaphysique dans son ensemble, bien au contraire[6]. « Formés à la tradition aristotélicienne et scolastique », ils sont plutôt en quête d'un « renouveau » de la métaphysique à laquelle ils souhaitent « donner une base plus solide logiquement et épistémologiquement »[7].

De cet imbroglio initial découlent des interprétations divergentes de ce qu'est la philosophie autrichienne. L'une des plus fréquemment défendues consiste à rabattre la philosophie autrichienne sur celle issue du Cercle de Vienne. Pourtant, le récit téléologique qui confère à cette philosophie une finalité formaliste et logiciste et soutient « l'existence d'une tradition "austro-polonaise ininterrompue" » qui va de Brentano… à Tarski, n'est pas le seul possible[8]. Si l'on ne peut contester le rapport entre le néopositivisme viennois et la philosophie analytique, il n'est pas du tout acquis que ladite philosophie autrichienne s'épuise dans cette filiation unique et exclusive. L'interprétation positiviste-sceptique de l'œuvre de Brentano peut ainsi être contestée pour autant que l'on considère à sa juste mesure la place qu'y tient la métaphysique. Pour Brentano, qui développe une théorie des « phases » au sein de l'histoire de la philosophie, la philosophie comme la science reprennent sans relâche les *mêmes* problèmes, issus de la tradition, pour les approfondir et les éclairer[9].

Sous un autre angle, la distinction entre *empiricisme* et *empirisme* exposée par Meinong en 1921 dans son autobiographie philosophique, fait exister une divergence au sein de la philosophie autrichienne : du côté de l'*empiricisme* – et du Cercle de Vienne – un rapport à l'expérience entravé par « des convictions toutes faites » et qui prétend « dire aux scientifiques comment ils doivent faire de la science »[10]; du côté de l'*empirisme,* dont Meinong se revendique, une approche qui se laisse « guider par l'expérience » et « analyse *a posteriori* comment la science se déploie effectivement ». L'héritage de Brentano est à nouveau en jeu à travers cette distinction, et il l'est aussi lorsqu'il s'agit de déterminer ce qu'on peut attendre de la logique et même, de concevoir celle-ci. Brentano – suivi par son disciple Twardowski – prend des distances avec la réduction que représente la logique symbolique et se propose de mener une autre réforme de la logique qui consistera à « traduire » toutes les propositions catégoriques en énoncés d'existence. Cette théorie *idiogénique*

5. *Cf.* G. Campagnolo, « Carl Menger, réformateur de l'économie, devant Aristote et Kant », p. 102-103.
6. *Cf.* F. A. Genco, « Bolzano, sa logique et sa notion d'explication », p. 9-25.
7. *Cf.* Entretien avec Jocelyn Benoist, p. 147.
8. *Cf.* W. Miskiewicz, « Des deux concepts de la logique dans la philosophie autrichienne », p. 80-81.
9. *Cf.* I. Tănăsescu, « Un Brentano non autrichien », p. 52.
10. *Cf.* W. Miskiewicz, « Des deux concepts de la logique dans la philosophie autrichienne », p. 86-87.

du jugement est adossée à plusieurs constats empiriques : en premier lieu, l'activité de *jugement* est distincte de celle de *représentation* ; en second lieu, juger ne consiste pas à diviser des significations pour parvenir à des prédications mais à confirmer ou infirmer « l'existence d'un quelque chose » au sein d'une expérience heuristique concrète sans pouvoir encore l'exprimer en mots [11]. Le refus d'accorder à la « proposition » un rôle éminent au sein de la logique est aussi refus d'un certain déploiement de la philosophie sous la forme d'une philosophie du langage.

L'imbroglio constitutif de la philosophie autrichienne a aussi des échos au sein de phénoménologie naissante. Husserl est marqué par sa formation auprès de Brentano et la notion d'intentionnalité se nourrit des liens complexes qui existent entre le refus par Husserl de tout psychologisme et la « psychologie scientifique » développée par son maître. Mais il ne faut pas minorer l'influence sur Husserl de « l'objectivisme sémantique » de Bolzano qui accentue l'écart avec Brentano.

Dans le tome introductif des *Recherches logiques* qui constitue une première étape de son cheminement vers la phénoménologie, Husserl s'appuie sur les travaux de Bolzano – même si la référence « demeure souvent implicite » – pour affirmer que « le sens logique véritable de la notion de représentation est objectif et idéal » [12] et ne fait nullement appel à une quelconque reprise subjective. La « sémantique objective » de Bolzano disparaît toutefois des textes ultérieurs dans le moment où la construction de la phénoménologie impose « la question transcendantale de l'évidence des idéalités logiques » et avec elle, le retour des actes de conscience qui donnent accès à ces idéalités [13]. Par la suite, le succès de la phénoménologie et ses réorientations successives jusqu'à sa « réinscription dans une histoire de la métaphysique à caractère herméneutique » ont contribué à un effacement de ses sources au sein de la philosophie autrichienne [14]. La nouveauté et la complexité de la philosophie de Husserl restent toutefois inintelligibles si on ignore son lien à la philosophie autrichienne et aux divergences qui la structurent.

Il est d'ailleurs remarquable que, confrontée à des difficultés internes, la phénoménologie « sociale », celle qui cherche à rendre compte de la « réalité sociale » se tourne à nouveau vers Brentano. La conception brentanienne de la réalité sociale prend la forme d'une psychologie descriptive des phénomènes et évite ainsi l'écueil d'une « intentionnalité collective » ontologiquement difficile à caractériser car supposée distincte de l'intentionnalité des individus [15].

C'est peut-être du côté de la philosophie analytique que l'importance de la philosophie autrichienne et la variété de ses apports sont le mieux prises en considération. Historiquement, la philosophie analytique est liée à « l'apparition d'une nouvelle façon de faire de la philosophie dans les départements de philosophie des pays anglophones, à l'issue de la Seconde guerre mondiale notamment du fait de l'émigration viennoise » [16]. En continuité

11. *Ibid.*, p. 89.
12. *Cf.* D. Pradelle, « Husserl et l'objectivisme sémantique de Bolzano », p. 28.
13. *Ibid.*, p. 39.
14. Entretien avec Jocelyn Benoist, p. 145.
15. *Cf.* G. Fréchette, « L'école de Brentano et la réalité sociale », p. 65-78.
16. *Cf.* Entretien avec Jocelyn Benoist, p. 149.

avec le Cercle de Vienne, la première philosophie analytique est dominée par une démarche critique et une perspective sémantique. Mais, lorsque dans les années 1980, advient une sorte de « tournant ontologique de la philosophie analytique », le motif de la philosophie autrichienne réapparaît d'une tout autre manière dans le but de faire une place à la question de l'être et à celle l'esprit. Barry Smith, Kevin Mulligan, Peter Simons, parfois qualifiés d'« ontologistes de Manchester », fondent en 1979 un séminaire de philosophie « austro-allemande »[17] qui contribue au renouvellement de la philosophie analytique. Le recours à la philosophie autrichienne, même si cela peut sembler paradoxal, la constitue en « outil polémique contre la philosophie dite continentale »[18] dans la mesure où celle-ci a ignoré la tradition « autrichienne » et maintenu l'orientation idéaliste et spéculative de la philosophie. Cette polémique a en particulier pour enjeu le sens de la phénoménologie dès lors qu'on n'occulte pas la place conférée à la science et à la rationalité dans la première philosophie de Husserl.

Mais le retour à la philosophie autrichienne constitue aussi un « positionnement interne à la philosophie analytique ». En prenant garde de ne pas basculer dans des propos assimilables à une histoire de la philosophie qui contreviendrait aux fondamentaux de la philosophie analytique, il s'agit bien de lui rendre une « part de son histoire », antérieure au Cercle de Vienne, qu'elle s'est « soigneusement dissimulée »[19]. L'« anti-mentalisme » et l'« anti-ontologisme » de principe du néopositivisme sont remis en question grâce à une reprise des thèses de Bolzano et de Brentano, thèses certes divergentes mais qui ré-ouvrent la possibilité de recherches métaphysiques à propos de l'être et de l'esprit.

Nathalie Chouchan

17. *Cf.* W. Miskiewicz, « Des deux concepts de la logique dans la philosophie autrichienne », p. 83 q.
18. *Cf.* Entretien avec Jocelyn Benoist, p. 150.
19. *Ibid.*

DOSSIER

La philosophie autrichienne

BOLZANO, SA LOGIQUE ET SA NOTION D'EXPLICATION

Francesco A. Genco

Le présent travail vise à présenter la logique de Bolzano et la manière dont il l'a développée pour poser les bases d'une théorie de toutes les sciences. À cette fin, nous discuterons de sa notion d'explication et du rôle essentiel qu'elle joue dans cette entreprise. Nous étudierons, en particulier, la notion d'*Abfolge* – une relation explicative très proche par nature de la dérivabilité logique, mais plus stricte et plus significative sur le plan épistémique – avec une référence particulière à l'effort apparent de Bolzano pour se rapprocher le plus possible, en particulier dans le contexte des sciences conceptuelles, d'une caractérisation formelle de cette notion.

Nombreux sont ceux qui savent que Bernard Bolzano était mathématicien, mais seuls certains savent qu'il était aussi philosophe, théologien et prêtre. Bien que Bolzano soit considéré comme un penseur autrichien, il n'était pas, à proprement parler, autrichien mais bohémien. Néanmoins, il est né en 1781 à Prague, alors capitale du royaume de Bohême, qui, à son tour, faisait partie de l'Empire des Habsbourg d'Autriche. En outre, il a toujours vécu à Prague ou dans ses environs et y est également mort en 1848, année où Prague était encore la capitale du royaume de Bohême, qui faisait encore partie d'un empire autrichien, mais appelé cette fois Empire d'Autriche. De plus, Bolzano était germanophone et a écrit toutes ses œuvres en allemand.

Les contributions de Bolzano aux mathématiques sont bien connues et appréciées, mais ses œuvres philosophiques, certainement moins connues, sont également d'un grand intérêt : les idées de Bolzano sur la logique, sur son rôle dans le développement de la science et, en particulier, sur ses interactions avec les sciences conceptuelles – parmi lesquelles nous pouvons compter les mathématiques – représentent une étape importante pour la philosophie de la logique, des mathématiques et de la science. Ce que nous allons examiner dans cet article, c'est précisément la manière dont Bolzano a développé sa logique pour poser les bases d'une théorie de toutes les sciences, comment sa notion d'explication joue un rôle essentiel dans cette entreprise et, notamment, comment, dans cette perspective, les sciences conceptuelles possèdent un statut particulier.

Le présent travail se concentre en particulier sur l'*Abfolge* [1], une relation explicative qui, pour Bolzano, relie les vérités scientifiques dans un ordre hiérarchique qui montre les raisons objectives dont elles dépendent. Cette hiérarchie permet donc non seulement de relier et d'ordonner les vérités scientifiques, mais aussi de les expliquer, en ce sens qu'elle permet de montrer les raisons pour lesquelles elles sont vraies. Comme nous le verrons, ce travail d'ordonnancement et d'explication constitue pour Bolzano le but principal de la science en général, car il permet la compréhension la plus claire et la plus profonde de vérités scientifiques. Malgré cela, il reconnaît que l'espoir de pouvoir reconstruire une hiérarchie complète de toutes les vérités des sciences empiriques est voué à l'échec, dans la mesure où les raisons objectives des vérités empiriques nous sont souvent inconnues ou obscures. En ce qui concerne les sciences conceptuelles, au contraire, ces raisons nous sont pour la plupart accessibles. Le fait que presque toutes les vérités conceptuelles puissent être dérivées de leurs raisons objectives est certainement un grand avantage des sciences conceptuelles sur les sciences empiriques en ce qui concerne le problème de l'explication. À première vue, cependant, ce n'est pas le seul avantage. En effet, si l'on se limite à l'étude de cette notion d'explication relativement aux vérités conceptuelles, il semble possible de mener une analyse formelle beaucoup plus détaillée que celle que l'on peut mener sur cette notion en général ou relativement aux vérités empiriques. La possibilité d'une telle analyse de la notion d'explication conceptuelle semble, à son tour, ouvrir la voie au développement de méthodes formelles pour la découverte d'explications de vérités conceptuelles. Comme nous le verrons, la question n'est cependant pas si simple, et bien que Bolzano s'efforce d'obtenir des résultats à cet égard, même dans le cas heureux des sciences conceptuelles, une réduction formelle complète des notions pertinentes est vraisemblablement impossible. Toutefois, afin de discuter de cette question, il convient tout d'abord de présenter plus en détail la perspective de l'analyse de Bolzano.

1. Une possible traduction littérale du mot *Abfolge* est *conséquence*, mais nous préférons ne pas traduire le terme de cette manière afin de ne pas le confondre avec la notion, très différente, de *conséquence* utilisée dans la logique contemporaine. Le mot *Abfolge* est souvent traduit en français par *fondation*, mais nous préférons également éviter cette traduction qui tendrait à associer l'*Abfolge* à des notions telles que la *Fundierung* de Husserl – voir *Investigation III* dans E. Husserl, *Logical Investigations*, vol. 2, trad. angl. J. N. Findlay, London-New York, Routledge, 2006 – ou le *grounding* métaphysique dans son acception contemporaine – voir F. Correia, B. Schnieder, *Metaphysical Grounding : Understanding the Structure of Reality*, Cambridge, Cambridge University Press, 2012. Comme nous le verrons, nous insisterons en fait sur le caractère explicatif de cette notion et sur son lien étroit avec la notion de preuve explicative, discutée par exemple dans P. Mancosu, « Bolzano and Cournot on Mathematical Explanation », *Revue d'Histoire des Sciences* 52, 1999, p. 429-455.

Le titre du principal ouvrage philosophique par Bolzano est *Théorie de la Science*[2] (*Wissenschaftslehre* dans la langue originale, et désormais WL). L'objectif que Bolzano s'y propose, comme nous l'avons dit, est de préparer le terrain pour une entreprise extrêmement ambitieuse : l'organisation de toute la connaissance scientifique en reliant les vérités de toutes les sciences et en leur donnant un ordre hiérarchique. Il n'est pas nécessaire de discuter ici du gain que le succès d'une telle entreprise représenterait pour l'humanité. Une question plus intéressante, et le sujet même de la *Théorie de la Science*, concerne les exigences théoriques d'une telle entreprise. En effet, si nous voulons ordonner et relier les vérités de manière à ce que seul ce qui est scientifiquement pertinent compte, nous ne pouvons pas simplement considérer les vérités comme des déclarations écrites ou des énoncés. Les distinctions acoustiques et visuelles concernant la forme physique des expressions particulières d'une vérité ne doivent évidemment pas être prises en compte. De même les différences que des expressions linguistiques distinctes de la même vérité pourraient présenter dans des langues naturelles différentes, ou à l'intérieur des frontières vagues et ambiguës de la même langue naturelle, devraient en quelque sorte être négligées par une analyse visant à ordonner et à relier les vérités uniquement dans la mesure où cela est scientifiquement pertinent. De toute évidence, « two times three equals six », « deux fois trois égale six », « deux fois trois égale exactement six » et « $2 \cdot 3 = 6$ » ne devraient pas être distingués par une théorie raisonnable et utile des mathématiques. Comment devrions-nous alors considérer les vérités dans une théorie correcte de la science ? Nous devrions les traiter comme ce qui est commun à toutes leurs différentes matérialisations dans la parole, l'écriture ou la pensée, et les considérer seulement dans la mesure où elles disent quelque chose sur le monde, comme des structures linguistiques abstraites contenant des noms pour des intuitions, des concepts et, plus généralement, des représentations. Il faut donc les considérer exclusivement d'un point de vue logique : ce que l'on retient de leur structure n'a d'importance que par rapport à la connexion avec d'autres vérités et faussetés, et avec les intuitions, concepts et représentations auxquels elles se réfèrent.

Cette perspective logique permet à Bolzano de définir de manière rigoureuse, et en préfigurant certains des développements formels de la logique moderne, une notion de dérivabilité (*Ableitbarkeit*). Cette relation nous permet de déterminer quand une proposition découle logiquement d'un ensemble de propositions, en ce sens que la proposition n'est pas fausse si tous les éléments de l'ensemble sont vrais. Mais cela ne suffit pas pour relier les vérités scientifiques de manière à en définir une hiérarchie. En fait, la dérivabilité n'impose pas d'ordre hiérarchique puisqu'il n'y a aucune garantie que deux énoncés, même s'ils sont très différents, ne soient pas interdérivables. De plus, les vérités scientifiques ne sont pas seulement reliées entre elles parce que certaines impliquent que d'autres sont vraies ou fausses, mais elles entretiennent aussi des liens plus profonds concernant les

2. B. Bolzano, *Theory of science*, trad. angl. R. George et P. Rusnock, Oxford, Oxford University Press, 2014.

représentations qui y sont mentionnées. Certaines vérités n'impliquent pas seulement d'autres vérités, mais sont plus fondamentales qu'elles et sont plus essentielles au développement d'une science particulière. Si c'est le cas, nous disons que les premières sont les raisons de la vérité des secondes[3]. Afin de rendre compte de ce phénomène, Bolzano introduit ce que l'on pourrait appeler un raffinement – même si ce terme n'est pas techniquement précis – de la relation de dérivabilité : la relation d'*Abfolge*.

L'*Abfolge* est la relation qui existe entre une raison et une conséquence, non pas simplement entre deux collections de vérités telles que la vérité de la seconde découle de la vérité de la première, mais entre une collection de vérités – la fondation (*Grund*) – qui constitue effectivement la *raison* pour laquelle la seconde collection – la conséquence (*Folge*) – tient. L'*Abfolge* établit donc l'ordre hiérarchique – unique et objectif, selon Bolzano – entre les vérités qui non seulement nous permet de voir une vérité « avec la plus grande clarté et distinction » (WL § 198) une fois que nous connaissons les vérités dont elle dépend, mais qui affiche également les connexions essentielles entre les vérités que nous devons découvrir si nous voulons développer une théorie adéquate de la science selon l'acception de Bolzano. Puisque l'idée d'une relation explicative très proche par nature de la dérivabilité logique – et donc sur la base de laquelle des preuves explicatives peuvent être formulées – mais plus stricte et plus significative sur le plan épistémique, est beaucoup plus ancienne que le travail de Bolzano, nous commencerons par discuter de la naissance de cette idée.

La vraie raison

La notion d'une preuve qui explique sa conclusion en s'appuyant sur une relation hiérarchique objective entre les vérités est presque aussi ancienne que la philosophie occidentale elle-même. Aristote, en effet, dans ses *Seconds Analytiques* (I, 2-8) discute de ce qu'il appelle une ἀπόδειξις – généralement traduite par *démonstration* ou *preuve apodictique*. Les preuves de ce type, selon Aristote, transmettent une connaissance scientifique propre de leurs conclusions. Ce type de connaissance, qu'Aristote présente en opposition à la connaissance accidentelle, est celui que nous possédons lorsque nous connaissons la cause dont dépend le fait que nous considérons et à travers lequel nous savons que le fait ne pourrait pas être autre qu'il est (*Seconds Analytiques*, I, 2). Remarquons que la notion de cause (αἴτιον) chez Aristote ne se limite pas à la notion contemporaine de cause physique. En effet, dans cette acception, comme le discutent la *Physique* (II, 3) et la *Métaphysique* (V, 2), les causes peuvent être matérielles, formelles, efficientes et finales. Et

3. On pourrait aussi dire, intuitivement, que les premières expliquent pourquoi les secondes sont vraies. Pour être précis, cependant, il est possible de faire une distinction, théoriquement très utile, entre l'explication d'une vérité et la simple indication des relations d'*Abfolge* qu'elle entretient si l'on prend au sérieux l'idée que pour fournir une explication, il ne suffit pas de noter des relations d'*Abfolge*, mais il est également nécessaire de rendre explicites les principes qui permettent de relier la vérité à sa raison, voir, à ce propos, F. Poggiolesi et F. A. Genco, « Conceptual (and hence mathematical) explanation, conceptual grounding and proof », *Erkenntnis* 88, 2023, p. 1481-1507. Dans ce qui suit, par souci de simplicité et parce que cette distinction n'est pas indispensable pour comprendre l'importance du travail de Bolzano, nous utiliserons indifféremment les termes *dérivation par Abfolge*, *explication* et *preuve explicative*.

à partir de cette classification, il est tout à fait clair que ce qu'Aristote avait à l'esprit quand il parlait d'une cause était quelque chose de très similaire à ce que nous appellerions une raison[4].

La relation entre la notion de cause et celle de preuve apodictique n'est cependant pas exclusivement relative aux effets épistémiques que ces preuves sont censées avoir sur les sujets humains, car la notion de cause est également essentielle à la formulation de ce qui pourrait être interprété comme une liste des exigences internes que les preuves apodictiques doivent satisfaire. En effet, l'une des principales exigences imposées aux prémisses de ces preuves est qu'elles doivent être liées à la conclusion de la preuve comme les causes sont liées à leur effet.

Les autres exigences posées par Aristote aux arguments apodictiques sont que leurs prémisses doivent être vraies, qu'elles doivent être indémontrables – et donc ne pas nécessiter elles-mêmes une preuve apodictique –, qu'elles doivent être mieux connues que la conclusion de l'argument et antérieures à celle-ci et, enfin, qu'il ne doit pas y avoir de proposition qui leur soit antérieure. Ici, mieux connu et antérieur, précise Aristote, ne signifient pas plus proche des sens et donc mieux connu des humains, mais antérieur par rapport à l'ordre de l'être. Ce type de priorité est associé par Aristote à l'universalité et donc à ce qui est le plus éloigné des sens.

De nombreuses caractéristiques des preuves apodictiques d'Aristote semblent donc correspondre parfaitement aux intentions de Bolzano qui sous-tendent l'introduction de l'*Abfolge*. Néanmoins, il y a des différences importantes entre la position d'Aristote envers les arguments qui exposent les raisons pour lesquelles un énoncé est vrai et celle de Bolzano. Aristote, en effet, semble assumer une position purement descriptive et ne consacre que quelques paragraphes à ce sujet (*Seconds Analytiques* I, 2-8). Si l'on considère le rôle que joue l'*Abfolge* dans la *Théorie de la Science* de Bolzano, il est clair qu'une simple description de ses effets épistémiques et une analyse qualitative générique de la relation entre prémisses et conclusion ne suffisent pas. Au contraire, puisque Bolzano veut présenter l'*Abfolge* comme le principal moyen d'organisation et d'ordonnancement des vérités scientifiques, il devient crucial pour lui d'aller le plus loin possible dans l'analyse de cette relation et de montrer qu'elle peut être considéré comme effectivement utile dans la pratique scientifique, au moins pour les sciences qui le permettent. Et en effet, comme nous le verrons dans la suite de l'article, Bolzano dépasse l'analyse des preuves apodictiques d'Aristote dans au moins trois sens : il entreprend une analyse réductrice des preuves explicatives en termes de la relation d'*Abfolge*, dont il propose une analyse formelle détaillée ; il fait une étude des méthodes logiques admises pour construire des arguments explicatifs et les oppose à celles qui ne sont pas admises, motivant la distinction ; et, enfin, il propose une étude approfondie des particularités qui distinguent les preuves explicatives portant exclusivement sur des vérités conceptuelles des autres. La discussion de ces trois directions d'analyse que nous présenterons dans

4. Pour une discussion des liens entre la théorie des causes d'Aristote et ses idées sur l'explication, voir M. Hocutt, « Aristotle's Four Becauses », *Philosophy* 49 (190), 1974, p. 385-399.

la suite de cet article démontre précisément le niveau de détail que Bolzano cherche à atteindre et qui n'est certainement pas reflété dans la discussion d'Aristote sur les preuves apodictiques. Il est cependant nécessaire d'introduire d'abord les notions logiques que l'analyse de Bolzano présuppose.

Les éléments constitutifs inexistants de la logique de Bolzano

Comme le dit Bolzano lui-même dans WL § 15(4), avant de s'engager dans le travail effectif de classification, de connexion et d'ordonnancement des vérités scientifiques, il est nécessaire de déterminer quel est le matériel de base de la logique. Donc nous commencerons, avant de discuter des détails de l'*Abfolge*, par la définition des concepts fondamentaux sur lesquels porte la logique : les représentations et les propositions en soi, et la relation de dérivabilité.

Bolzano introduit la notion de proposition en soi (*Satz an sich*) par contraposition avec les propositions en mots, c'est-à-dire les affirmations exprimées verbalement ou les propositions de pensée ayant une forme linguistique et, éventuellement, physique spécifique – cette dernière étant due au fait qu'elles sont prononcées ou écrites. On introduit donc la notion de représentation en soi (*Vorstellung an sich*) en précisant que sous ce concept tombe tout ce qui peut se produire comme constituant d'une proposition en soi mais qui n'est pas une proposition autonome. Considérons, par exemple, la proposition « Je sais qu'un triangle est triangulaire et trilatéral » – nous devrions dire, pour être précis, la proposition *correspondant à cette phrase.* Il est clair que la proposition « un triangle est triangulaire et trilatéral » y apparaît comme un constituant. Mais beaucoup d'autres de ses constituants ne peuvent être considérés comme des propositions autonomes : « je », « sais », « triangle », « triangulaire », « et »... Tous ces autres constituants de la proposition sont des représentations en soi. En ce qui concerne la vérité des propositions en soi, Bolzano affirme simplement qu'une proposition-en-soi vraie, ou *vérité en soi*, est toute proposition qui affirme qu'une chose est telle qu'elle est (WL §25).

Après avoir établi la nature des éléments de base de la logique chez Bolzano, nous pouvons considérer la relation logique de dérivabilité (*Ableitbarkeit*), qui est certainement la relation la plus étroitement liée à l'*Abfolge*. La relation de dérivabilité (WL § 155) correspond grossièrement à la notion tarskienne de conséquence logique[5], qui est adoptée dans la logique contemporaine – même si elle présente quelques différences intéressantes[6]. L'ensemble des outils formels de Bolzano n'a rien à envier, à cet égard, aux théories logiques beaucoup plus modernes. Si l'on considère le but de la logique de Bolzano, cependant, la relation de dérivabilité présente un défaut redoutable : elle n'est pas asymétrique, c'est-à-dire qu'il existe des propositions *P* et *Q* telles que *P*

5. A. Tarski, « On the Concept of Logical Consequence », *in* J. Corcoran (ed.), *Logic, Semantics, Metamathematics : papers from 1923 to 1938*, Indianapolis, IN, Hackett Publishing Company, 2014, p. 409-420.

6. Voir P. Rusnock et M. Burke, « Etchemendy and Bolzano on Logical Consequence », *History and Philosophy of Logic* 31 (1), 2010, p. 3-29. Voir, en outre, F. Poggiolesi, « Bolzano, (the Appropriate) Relevant Logic, and Grounding Rules for Implication », *in* S. Roski et B. Schnieder (eds.), *Bolzano's Philosophy of Grounding : Translations and Studies*, 2022, p. 319-340.

est dérivable de *Q* et *Q* est dérivable de *P*. Puisque la logique de Bolzano vise à placer les vérités scientifiques dans une hiérarchie convenablement structurée, et qu'une hiérarchie des vérités exige essentiellement l'établissement d'une relation de priorité entre les vérités, la dérivabilité, dans la mesure où elle n'est pas une relation asymétrique, ne peut pas être la réponse définitive aux problèmes de Bolzano. Dans une certaine mesure, effectivement, l'*Abfolge* est le résultat obtenu en brisant la symétrie naturelle de la dérivabilité – et, attention, il s'agit déjà d'une entreprise extrêmement complexe – mais, comme nous le verrons, la complexité de la question ne se limite pas à cela.

Avant de plonger, enfin, dans les subtilités de l'*Abfolge*, il convient de mentionner un fait particulièrement intéressant concernant les éléments logiques de base de Bolzano. Les propositions en soi et les représentations en soi n'existent pas. Ceci est répété plusieurs fois par Bolzano. Il écrit explicitement, en particulier, qu'elles n'existent pas dans le temps et l'espace et que « l'on ne peut pas attribuer l'être (l'existence ou l'actualité) aux propositions en soi » (WL § 19). Il semble également que l'on puisse conclure qu'ils n'existent même pas en tant qu'objets dotés d'une existence non physique[7]. En fait, Bolzano mentionne explicitement que les vérités en soi, en tant que propositions en soi, « ne sont pas le genre de choses qui existeraient en quelque lieu ou en quelque temps ou de toute autre manière comme quelque chose d'actuel » (WL § 25). Pour renforcer encore l'argument contre la possibilité d'attribuer une sorte d'existence non physique aux propositions et aux représentations en soi, notons que Bolzano affirme que les jugements et les pensées – par opposition aux propositions et aux représentations en soi – ont une « existence dans l'esprit de l'être qui pense la pensée ou fait le jugement » (WL § 19). Il semble donc pour le moins invraisemblable qu'il ait conçu les propositions et les représentations en soi comme physiquement inexistantes, mais existantes en tant qu'objets mentaux et donc non physiques. La lecture la plus crédible, à mon avis, de la pensée de Bolzano à cet égard reste donc celle qui considère les propositions et les représentations en soi simplement comme le résultat de l'opération d'abstraction, discutée dans l'introduction, des propositions et des représentations pensées ou exprimées. Évidemment, pour parvenir à la conclusion qui nie leur existence, il faut aussi présupposer, dans une certaine mesure, une position nominaliste à l'égard de ces abstractions ; un nominalisme qui admet l'existence de propositions et de représentations particulières – existence en tant qu'objets mentaux si elles sont pensées, existence en tant qu'objets concrets dans l'espace et le temps si elles sont exprimées – et qui, en revanche, nie l'existence de l'universel correspondant, c'est-à-dire de la proposition ou de l'idée en soi qui est obtenue en faisant abstraction d'une collection de représentations ou de propositions particulières[8].

7. Un exemple typique d'existence non physique est celui attribué aux entités mathématiques par les défenseurs du réalisme mathématique. Selon ce courant de pensée, en effet, les entités mathématiques sont des objets abstraits qui existent mais qui ne sont pas dotés d'une existence physique dans l'espace et le temps. Voir, par exemple, W. V. O. Quine, « On What There Is », *The Review of Metaphysics* 2 (5), 1948, p. 21-38.

8. Pour une discussion sur le concept d'universel, voir W. V. O. Quine, « On Universals », *The Journal of Symbolic Logic* 12, 1947, p. 74-84. L'interprétation nominaliste de la vision de Bolzano sur les propositions et les représentations en soi proposée ci-dessus ne s'écarte pas beaucoup d'une identification de cette vision avec celle qui les interprète comme ce que Quine, dans cet article, appelle des *abstractions innocentes*.

Il y a donc une tension entre l'objectivité de la relation d'*Abfolge* et le fait que ses relata semblent être une abstraction de travail. L'*Abfolge* peut-elle être objective, et ne pas avoir une validité purement subjective et une valeur purement épistémique, si elle met en relation des propositions en soi qui ne sont pas garanties d'une correspondance objective avec la réalité par une quelconque forme d'existence ? Cette tension peut être résolue si l'on considère qu'une des tâches de la dynamique du progrès scientifique – de la science logique, en l'occurrence – est de trouver ce qui est actuellement la meilleure abstraction des pensées et des mots scientifiques tels qu'ils apparaissent dans des textes, discours et raisonnements scientifiques réels. Une fois les abstractions fixées, et donc les propositions en soi formulées, la question de savoir si des liens d'*Abfolge* s'appliquent ou non entre elles est objective et dépend d'elles seules, mais la qualité d'une explication par *Abfolge* en ce qui concerne son utilisation dans une science particulière ne dépend pas seulement de ces liens objectifs, elle dépend aussi de l'adéquation des abstractions utilisées à l'état de la science considérée, qui n'est pas nécessairement une propriété objective, absolue et immuable dans le temps. L'objectivité de l'*Abfolge* ne contredit alors pas le fait que la relation entre un énoncé et sa meilleure abstraction n'est pas une relation objective et immuable. Donc le progrès scientifique dans son ensemble découle à la fois de la découverte progressive de moyens de plus en plus efficaces d'abstraire les énoncés scientifiques en propositions en soi et de la découverte de liens hiérarchiques objectifs entre ces propositions. Cette solution s'accorde parfaitement avec la thèse selon laquelle, pour Bolzano, la pensée et les choses n'ont jamais de relation directe, dans la mesure où l'incontournable médiation du langage s'interpose toujours entre elles[9]. Plus que jamais il est donc essentiel de pousser l'analyse formelle de l'*Abfolge* aussi loin que possible, surtout pour les domaines dans lesquels cet effort de formalisation est naturel et donne des résultats extrêmement utiles tels que, comme nous le verrons, les mathématiques et, plus généralement, les sciences conceptuelles. En effet, c'est aussi une solide connaissance des caractéristiques et contraintes formelles de l'*Abfolge* qui permet de juger de la qualité des abstractions des pensées et propositions existantes utilisées dans les théories de ces sciences.

L'explication par la logique, la logique par l'explication

Même si l'analyse de Bolzano présuppose que la relation d'*Abfolge*, à travers laquelle les preuves explicatives sont construites, est une notion simple qui ne peut être réduite à d'autres notions, Bolzano s'efforce, dans un travail descriptif et exemplifiant, de la clarifier. La minutie de ce travail est probablement motivée par le fait que cette relation est indispensable pour ordonner et relier les vérités scientifiques afin de développer une théorie logique adéquate de toute science. À son tour, le type d'analyse de la relation explicative de l'*Abfolge* menée par Bolzano est une analyse logique, dans le sens où les

9. H. Benis-Sinaceur, « L'Analyse Conceptuelle et le *Rein Analytischer Beweis* de Bolzano », texte inédit dans H. Benis-Sinaceur, *Analyses. Que vient faire la philosophie dans l'histoire des mathématiques ?*, « Mathesis », Paris, Vrin, à paraître.

abstractions logiques introduites afin d'ignorer les aspects non pertinents du langage sont également la condition de la possibilité d'une analyse objective des preuves explicatives qui se détache du caractère subjectif et psychologique des explications non scientifiques. La logique de Bolzano – vue comme un point de vue sur les aspects scientifiquement importants des énoncés vrais de la science – est donc une condition préalable au type d'analyse qu'il mène sur l'*Abfolge*, mais, en même temps, la logique – vue comme une théorie de la science – est le but final de l'analyse de l'*Abfolge*. Par conséquent, plus la clarification de l'*Abfolge* peut être formelle et systématique – ou nous pourrions dire : plus elle peut se rapprocher d'une caractérisation ou d'une définition – plus la méthode pour développer une théorie de la science présentée par Bolzano sera robuste.

Même si Bolzano semble convaincu de l'impossibilité d'une caractérisation complètement systématique et formelle de la notion de preuve explicative, il lutte contre les obstacles qu'il rencontre et s'efforce dans la réduction des preuves explicatives à l'*Abfolge*, dans une description – quasi-axiomatique, on pourrait dire – du comportement formel de cette relation, dans l'étude des moyens logiques admissibles pour conclure à la validité des instances de cette relation, et, enfin, dans l'étude d'un fragment particulier de cette relation qui semble être plus strictement et directement déterminé par les caractéristiques formelles de ses relata : celui qui concerne les vérités conceptuelles. Ce fragment ne se prête pas seulement à une étude formelle[10], il est aussi d'une extrême importance pour Bolzano si l'on considère que les vérités mathématiques sont presque certainement des vérités conceptuelles pour lui.

Attardons-nous maintenant sur quelques détails intéressants de l'*Abfolge*. On considère, premièrement, la caractérisation des caractéristiques formelles de l'*Abfolge* en tant que relation, et, deuxièmement, les restrictions imposées par Bolzano sur les moyens logiques admissibles dans une preuve explicative.

Une relation très particulière

L'*Abfolge* est une relation entre vérités – c'est-à-dire propositions vraies – qui est censée, comme nous l'avons dit, induire un ordonnancement des vérités selon lequel les vérités plus fondamentales – ou antérieures – fondent directement les vérités immédiatement moins fondamentales qui en dépendent. Cet ordonnancement, selon Bolzano, est objectif, et associe à chaque vérité au plus un fondement. Le fondement d'une vérité constitue donc la raison pour laquelle la vérité est bien une vérité plutôt qu'une fausseté. Une dérivation par *Abfolge* d'une proposition *A* – ou preuve explicative – sera alors une chaîne de plusieurs instances d'*Abfolge* qui montre le fondement de *A*, les fondements des fondements de *A*, et ainsi de suite. En d'autres termes, une dérivation par *Abfolge* est produite en partant d'une proposition et en montant plusieurs fois de la conséquence à la raison. Si nous faisons cela jusqu'à ce qu'il soit impossible de monter plus haut parce que nous avons atteint des vérités fondamentales, alors nous obtenons ce que Bolzano appelle la *Begründung*

10. Cependant, comme nous le verrons, même ce fragment n'est pas exempt de tous les problèmes qui s'opposent à une caractérisation purement formelle de l'*Abfolge* en général.

de notre proposition originale *A*, opération qui est une réduction complète de la proposition à ses raisons les plus fondamentales. Il est intéressant de noter que la racine du mot *Begründung* est *Grund*, que l'on peut traduire par *fondation*. Ce lien entre le mot *Begründung* et le mot *fondation*, également souvent utilisé pour traduire le mot *Abfolge*, indique clairement que l'*Abfolge* est pensé par Bolzano comme un moyen de reconstruire les dépendances d'une vérité jusqu'à ses fondations ultimes.

Une partie considérable de la *Théorie de la Science* est consacrée à l'étude des caractéristiques structurelles de l'*Abfolge* vue comme une relation entre des ensembles de propositions en soi. Cette partie de l'analyse de l'*Abfolge* consiste en la discussion de conditions, pour la plupart de nature négative, qui sont étonnamment similaires aux conditions niant la validité de règles formelles d'un type particulier – habituellement appelées règles structurelles – employées dans le contexte de la théorie de la démonstration contemporaine afin de caractériser et de distinguer les relations de conséquence de différents systèmes logiques [11].

La saveur constructive de l'*Abfolge*

La deuxième particularité de l'analyse des preuves explicatives de Bolzano concerne les moyens logiques admissibles pour construire des preuves de ce type. Les conditions imposées par Bolzano sont d'un grand intérêt pour l'histoire de la logique car il existe un lien frappant avec certaines des considérations et des idées qui sous-tendent la philosophie des mathématiques de L. E. J. Brouwer.

La philosophie des mathématiques de Brouwer a de racines profondes dans la philosophie kantienne et est généralement appelée *intuitionnisme*. L'idée principale de cette philosophie est que les mathématiques proprement dites résident dans l'esprit du sujet et concernent essentiellement les constructions mentales et les processus mentaux qui les engendrent. Selon l'intuitionnisme, en effet, la vérité d'un énoncé mathématique ne dérive pas de propriétés objectives d'objets abstraits – comme ce serait le cas selon une perspective platonicienne – et ne dépend pas des caractéristiques syntaxiques du formalisme employé – comme ce serait le cas selon une perspective formaliste – mais doit être conçue mentalement par un sujet à travers un processus mental.

Même si, selon l'intuitionnisme, les constructions mentales des mathématiques ne sont pas de nature linguistique, le langage peut être utilisé pour raisonner sur ces constructions mentales et pour permettre la communication entre sujets des informations requises pour reproduire le même processus mental mathématique dans des esprits différents [12]. La logique intuitionniste a été introduite pour capturer les modèles linguistiques du raisonnement mathématique correct selon les principes de l'intuitionnisme, et, en particulier, les modèles

11. Voir F. Poggiolesi et F.A. Genco, « Defining Formal Explanation in Classical Logic by Substructural Derivability », *Computability in Europe*, 2021. Cet article présente une étude formelle de la relation entre une version purement logique de l'*Abfolge* et une classe de systèmes de théorie de la démonstration définis par des conditions négatives sur leur relation de conséquence.

12. M. Detlefsen, « Brouwerian Intuitionism », *Mind* 99 (396), 1990, p. 501-534.

linguistiques qui correspondent aux règles valides pour la construction de preuves[13].

Or, selon l'intuitionnisme, l'acte de prouver qu'un énoncé mathématique est vrai consiste à effectuer une construction mentale qui fournit une preuve définitive et directe de l'énoncé. Par conséquent, aucun mode de raisonnement indirect n'est admissible dans les preuves intuitionnistes. Par exemple, si nous prouvons que quelque chose est vrai par un argument de réduction à l'absurde, nous supposons que ce que nous voulons prouver est faux afin d'atteindre une contradiction, et lorsque nous atteignons une contradiction, nous concluons que ce que nous voulons prouver est vrai. Ce faisant, on ne fournit aucune construction qui constitue une preuve directe de notre conclusion. Strictement parlant, nous ne faisons qu'exclure la possibilité que ce que nous voulons prouver soit faux, nous ne fournissons aucune information directe sur sa vérité. En conséquence, la réduction à l'absurde n'est pas une manière admissible de construire des arguments en logique intuitionniste.

On pourrait se demander comment cela peut être lié à l'opinion de Bolzano sur les preuves explicatives. Après tout, la notion de vérité de Bolzano ne dépend en aucune façon de sa relation avec un sujet ou de l'existence d'une quelconque preuve, comme en témoigne clairement WL § 25 ; et dans WL § 125 Bolzano déclare clairement qu'il accepte la loi du tiers exclu – le principe logique selon lequel, pour chaque énoncé *A*, soit *A* est vrai, soit la négation de *A* est vraie – qui n'est pas valide selon l'intuitionnisme[14]. Et si cela ne suffit pas, même la notion d'explication de Bolzano est censée être objective et ne pas dépendre de sa relation à un sujet. Néanmoins, l'*Abfolge* présente de fortes similitudes avec la notion intuitionniste de dérivabilité. En effet, alors que Bolzano affirme que les dérivations logiques peuvent comporter des étapes de raisonnement apagogique – c'est-à-dire des réductions à l'absurde – il conclut clairement que les dérivations par *Abfolge* ne doivent pas inclure des arguments de ce type (WL § 530). Les raisons pour lesquelles Bolzano exclut les étapes de raisonnement apagogique des dérivations par *Abfolge* sont plutôt controversées[15], mais il est certain que les idées de Bolzano vont dans le sens de considérer les manières indirectes de prouver des vérités comme apportant moins de clarification et, finalement, inférieures aux manières directes de les prouver, surtout si l'on tient compte du fait que Bolzano favorise fortement les preuves explicatives par *Abfolge* par rapport aux preuves régulières et que le but ultime des sciences est de trouver, quand c'est possible, des preuves du premier type (WL § 525, par exemple).

13. M. van Atten, « The Development of Intuitionistic Logic », *in* E. N. Zalta (ed.), *The Stanford Encyclopedia of Philosophy*, Metaphysics Research Lab, Stanford University, 2022.

14. J. van Benthem, « The Variety of Consequence, according to Bolzano », *Studia Logica* 44 (4), 1985, p. 389-403.

15. Voir J. Hafner, « Bolzano's criticism of indirect proofs », *Revue d'histoire des sciences* 52 (3/4), 1999, p. 385-398. Voir, en outre, A. Rumberg, « Bolzano's Concept of Grounding (*Abfolge*) against the Background of Normal Proofs », *The Review of Symbolic Logic* 6 (3), 2013, p. 424-459.

Ce qui échappe au simple formalisme

Même si Bolzano déploie beaucoup d'efforts pour déterminer les caractéristiques formelles de l'*Abfolge*, même si elle est présentée comme une relation de dérivabilité et que les preuves explicatives par *Abfolge* sont présentées comme des cas particuliers de preuves régulières, même si de nombreuses caractéristiques de cette relation suggèrent des connexions fortes avec la relation de dérivabilité régulière (*Ableitbarkeit*), rien ne nous garantit pour l'instant que toutes les instances d'*Abfolge* sont aussi des instances de la relation de dérivabilité régulière. Si c'était le cas, nous aurions un critère formel très fort – même si négatif – pour discriminer les instances légitimes de cette relation explicative. Nous pourrions même espérer plus et nous demander si l'analyse de Bolzano nous donne les conditions nécessaires et suffisantes formelles pour déterminer quand nous sommes en présence d'une relation de dérivabilité qui correspond à un lien explicatif entre raison et conséquence. Malheureusement, ni l'un ni l'autre n'est le cas. Quant à la question de savoir si l'*Abfolge* n'est qu'une restriction de la relation de dérivabilité régulière, certains contre-exemples (WL § 200) amènent Bolzano à conclure qu'il faut y répondre par la négative. La question de la possibilité d'une réduction de l'*Abfolge* à la dérivabilité reçoit une réponse moins définitive par Bolzano. Si on considère la note de WL § 221, on peut voir que Bolzano se demande s'il est possible de caractériser l'*Abfolge* comme la relation de dérivabilité qui nous permet de construire les dérivations par lesquelles le plus grand nombre possible de conclusions est dérivé du plus petit nombre de prémisses simples. Cependant, Bolzano ne semble pas complètement convaincu que cela soit correct et, dans un cas comme dans l'autre, cette réduction ne ferait pas de la caractérisation de cette relation une question purement formelle. En effet, premièrement, déterminer ce qu'est une prémisse simple n'est pas nécessairement une tâche facile ou qui peut être accomplie par des moyens purement formels : dans la première note de WL § 78 Bolzano souligne que même déterminer ce que sont les concepts simples, sans parler des représentations simples en général, est une entreprise tout à fait difficile à l'égard de laquelle il n'y a pas de manière évidente de procéder. Deuxièmement, il n'est pas facile de décider, de manière générale, si une dérivation repose sur le plus petit nombre possible de prémisses ou si une dérivation nécessitant moins de prémisses est possible. Par conséquent, il semble raisonnable de conclure que l'espoir d'une analyse réductrice de l'*Abfolge* par la formulation de conditions nécessaires et suffisantes formelles n'est pas justifié, même si on penche vers une solution optimiste des doutes de Bolzano.

Les connexions entre *Abfolge* et la relation de dérivabilité sont donc beaucoup plus complexes qu'une simple réduction de la première à la seconde ne l'exigerait et il semble assez clair, en outre, qu'aucune caractérisation de l'*Abfolge* par des conditions simplement formelles, nécessaires et suffisantes, n'est possible en général.

En ce qui concerne les sciences en général et leur relation avec l'*Abfolge*, Bolzano note que la situation est complexe et les certitudes peu nombreuses

(WL § 401). En effet, pour la plupart des sciences – comme la chimie, la médecine, l'histoire, et, plus en général, les sciences empiriques – Bolzano souligne qu'il est rarement possible de réduire une vérité à sa raison objective parce qu'elle nous est souvent inconnue ou pas suffisamment comprise. En outre, comme l'indiquent les arguments dans WL § 216, il n'y a aucune garantie qu'une telle raison existe. Malgré cela, selon Bolzano, le travail scientifique consiste précisément à essayer, dans la mesure du possible, d'ordonner et de relier les vérités par l'*Abfolge*, à condition, bien sûr, que cela soit possible et que rien d'essentiel ne s'y oppose. Quant à la manière de découvrir la raison objective d'une vérité scientifique en général, Bolzano ne semble pas donner d'indications décisives. Les outils appropriés pour ce faire et les critères permettant de déterminer si l'on a réussi semblent, en fait, dépendre de la science elle-même à laquelle la vérité en question se réfère. Comme le suggère Sebestik, il n'est pas surprenant que l'on rencontre des difficultés à spécifier les propriétés de l'*Abfolge* de manière universelle et uniforme si l'on considère la généralité de cette notion et la variété des sciences prises en compte par Bolzano [16]. Il y a, néanmoins, des connexions raison-conséquence d'un type particulier qui présentent des propriétés très intéressantes et qui semblent se prêter davantage à une analyse formelle. Selon Bolzano, dans certaines disciplines, presque toutes les propositions qui doivent être établies peuvent être prouvées à partir de leur fondation (WL § 525). Ces disciplines comprennent les sciences conceptuelles pures. Et c'est précisément aux liens raison-conséquence entre propositions conceptuelles pures que nous consacrerons le reste de l'article.

Le travail scientifique consiste à essayer, d'ordonner et de relier les vérités par l'*Abfolge*.

Explication conceptuelle

La restriction de l'*Abfolge* aux propositions conceptuelles est importante pour deux raisons. Premièrement, elle couvre tous les cas d'explication mathématique, c'est-à-dire les preuves explicatives de vérités mathématiques. Il n'est pas nécessaire de souligner l'importance que ce type de preuves avait pour Bolzano, qui était un mathématicien et qui a beaucoup écrit sur les questions fondamentales concernant les mathématiques et leur pratique [17] et, plus spécifiquement, sur l'explication mathématique [18]. Deuxièmement, toutes les connexions raison-conséquence concernant exclusivement des vérités conceptuelles partagent des propriétés formelles extrêmement intéressantes et se prêtent beaucoup mieux à un traitement systématique. Mais avant de considérer les caractéristiques spécifiques de cette restriction de l'*Abfolge*, discutons de ce que Bolzano entend réellement par la notion de concept.

16. J. Sebestik, *Logique et mathématique chez Bernard Bolzano*, Paris, Vrin, 1992, p. 261.
17. Voir, par exemple, S. Russ, *The Mathematical Works of Bernard Bolzano*, Oxford, Oxford University Press, 2004.
18. P. Mancosu, « Bolzano and Cournot on Mathematical Explanation », art. cit., p. 429-455.

Selon la classification des représentations de Bolzano – qui sont, rappelons-le, les constituants non propositionnels des propositions – il existe trois sortes de représentations en soi : les intuitions, les représentations mixtes et les concepts.

Les intuitions sont les représentations en soi qui sont *simples* et *singulières* (WL § 72), c'est-à-dire les représentations qui ne sont pas composées par d'autres représentations et qui n'ont qu'un seul objet qui en relève. Toutes les représentations simples qui correspondent à l'idée subjective produite par un objet particulier présent aux sens d'un sujet sont donc des intuitions : lorsqu'un individu voit une rose, l'idée de cette rose est produite dans l'esprit de cet individu, et la représentation en soi de cette rose particulière est une intuition. Cette représentation en soi est en effet *simple* car elle n'a pas de constituants – contrairement, par exemple, à la représentation de « la rose rouge que je tiens dans ma main » – et elle est *singulière* car son seul objet est cette rose qui est présente aux sens de l'individu.

Les concepts, tout simplement, sont des représentations en soi qui ne contiennent aucune intuition parmi leurs constituants (WL § 73). Les représentations mixtes, en revanche, sont toutes les représentations qui ne sont pas des intuitions mais qui contiennent des intuitions parmi leurs constituants (WL § 73). Par exemple, la représentation « la femme que j'ai rencontrée ce matin » est mixte car elle n'est pas simple mais singulière et on peut supposer qu'il contient l'intuition d'une femme particulière. En revanche, la représentation d'une femme en général est un concept car il n'y a pas d'intuition dans ses constituants. Et ici la spécification « en général » est essentielle. En effet, les concepts bolzaniens se caractérisent par leur généralité, puisque, par définition, ils ne contiennent pas de représentations d'objets particuliers.

Passons donc à la discussion des caractéristiques partagées par les preuves explicatives concernant les vérités conceptuelles, présentées dans WL § 221. Une première caractéristique centrale des vérités conceptuelles est qu'elles ne peuvent dépendre que de raisons qui contiennent exclusivement des vérités conceptuelles. Cela peut sembler un simple fait sans importance, mais toutes les autres propriétés des dérivations conceptuelles de l'*Abfolge* en dépendent. Comme, par exemple, le fait que le processus de remontée des conséquences conceptuelles vers leurs fondements conceptuels par *Abfolge* induit une simplification des concepts considérés. Les vérités sur certains concepts sont expliquées par des vérités sur des concepts plus simples. Ceci est plutôt naturel, mais complètement faux pour les vérités intuitives sur des objets particuliers et leurs connexions raison-conséquence. Par exemple, dans les connexions causales particulières rien ne garantit que la représentation de la cause soit plus simple que la représentation de l'effet. Des phénomènes plutôt complexes, qui nécessitent un riche appareil de notions pour être décrits, peuvent en fait causer des phénomènes très simples. Les considérations de Bolzano sur les propriétés particulières des dérivations conceptuelles par *Abfolge* impliquent également un troisième fait extrêmement important : toutes ces dérivations de vérités conceptuelles sont de dimensions finies. En effet, en partant de l'hypothèse que les concepts simples sont en nombre fini, Bolzano conclut dans WL § 221 que les vérités conceptuelles sans fondement – les vérités conceptuelles de base – existent et sont elles-mêmes en nombre fini. Et ceci, ainsi que le fait qu'en montant des conséquences aux fondements dans une dérivation conceptuelle par *Abfolge*, nous rencontrons des concepts de plus en plus simples, implique que le montage doit se terminer à un stade où toutes les vérités conceptuelles sont fondamentales.

Toutes ces considérations sur les dérivations conceptuelles par *Abfolge* montrent que les moyens formels pour reconnaître – et peut-être même pour découvrir – les preuves explicatives des vérités conceptuelles sont beaucoup plus forts que ceux pour les preuves explicatives des vérités non conceptuelles, au point que même l'espoir d'une caractérisation formelle de l'*Abfolge* par des conditions nécessaires et suffisantes semble renaître si nous restreignons notre considération au domaine conceptuel. Cependant, la question n'est peut-être pas aussi simple qu'il n'y paraît, et d'autres faits doivent être pris en considération. Un problème central concerne, en particulier, la nature de la relation reliant deux concepts si l'un est plus simple que l'autre. Dans la suite de l'article, nous examinerons précisément comment nous pouvons donner un sens à une relation reliant chaque concept à ceux qui sont plus simples que lui et si nous pouvons espérer qu'elle soutienne une analyse formelle systématique de l'*Abfolge* conceptuel. Examinons donc les origines de la notion de concept et les aspects fondamentaux de sa théorie traditionnelle.

Le concept de concept et la vision de Bolzano

La notion de concept remonte à la notion d'universel d'Aristote, objets de nature essentiellement discursive et définitionnelle [19] destinés à saisir la facette objective des représentations générales. Cette notion a atteint sa maturité à travers les études menées par Porphyre [20] et Proclus [21] et sa forme moderne pleinement développée dans la logique de Port-Royal [22] et dans l'analyse de Kant des concepts en termes de genre et d'espèce [23].

Ce que nous pourrions appeler le point de vue classique sur les concepts est la vision – partagée dans une large mesure par tous ces auteurs et quelques autres – selon laquelle tous les concepts sont définis par un *genus proximum* et une *differentia specifica* [24]. Selon cette perspective, tout concept *c* peut être considéré comme défini en spécifiant un *genus g* et une *differentia d*. Le *genus g* est un concept qui indique le type d'objets dont *c* constitue une spécification. La differentia *d* indique, d'autre part, ce qui est spécifique

19. M. Weitz, *Theories of Concepts : A History of the Major Philosophical Traditions*, chap. II, Milton Park, Routledge, 1988.

20. Porphyry, *On Aristotle Categories*, trad. angl. S. K. Strange, London, A & C Black, 2014.

21. Proclus, *A Commentary on the First Book of Euclid's Elements*, trad. angl. G. R. Morrow., Princeton, NJ, Princeton University Press, 1992. Voir aussi O. Harari, « Methexis and Geometrical Reasoning in Proclus'Commentary on Euclid's Elements », *Oxford Studies in Ancient Philosophy* 30, 2006, p. 361-368. Voir, en outre, M. Martijn, « Proclus on the Order of Philosophy of Nature », *Synthese* 174, 2010, p. 205-223.

22. A. Arnauld et P. Nicole, *Logic, or, the Art of Thinking : Containing, besides Common Rules, Several New Observations Appropriate for Forming Judgment*, trad. angl. J. V. Buroker, Cambridge, Cambridge University Press, 1996. Voir aussi C. Castonguay, *Meaning and Existence in Mathematics*, Berlin, Springer-Verlag, 1972. Voir, en outre, W. R. de Jong et A. Betti, « The Classical Model of Science : A Millennia-Old Model of Scientific Rationality », *Synthese* 174, 2010, p. 185-203.

23. I. Kant, *Lectures on Logic*, part. I-IV, trad. angl. J. M. Young, Cambridge, Cambridge University Press, 2004.

24. Voir, par exemple, W. R. de Jong et A. Betti, « The Classical Model of Science : A Millennia-Old Model of Scientific Rationality », art. cit.

aux objets qui relèvent du concept *c* par rapport à la totalité des objets qui relèvent de *g*. Par exemple, le concept de triangle peut être défini comme le concept d'un polygone qui est trilatéral. Ici, « polygone » désigne le *genus*, ce qui signifie que nous définissons le triangle comme un type de polygone. « Trilatéral » désigne au contraire la *differentia*, c'est-à-dire le trait spécifique qui caractérise tous les éléments de la classe des polygones que nous associons, par définition, au concept de triangle.

Or, une question vient naturellement à l'esprit : est-il possible d'exploiter ce point de vue définitionnel sur la nature des concepts afin de réduire l'analyse des preuves explicatives conceptuelles à des questions purement formelles ? En effet, si l'on accepte que

1. tous les concepts complexes sont définis par *genus proximum* et *differentia specifica*,
2. chaque preuve explicative conceptuelle est composée d'un nombre fini d'instances de la relation d'*Abfolge* (WL § 221),
3. chaque instance d'*Abfolge* qui relie une vérité conceptuelle à son fondement est telle que le fondement ne contient que des vérités conceptuelles, et que ces vérités conceptuelles, à leur tour, ne contiennent que des concepts qui sont plus simples que ceux contenus dans la conséquence (WL § 221),

alors nous devons accepter que, étant donné une vérité conceptuelle qui contient des concepts de définition connue, nous pouvons toujours déterminer si une dérivation de cette vérité conceptuelle est aussi une preuve explicative. Il suffit en effet de vérifier si, pour chaque étape de cette dérivation, les concepts contenus dans le fondement sont également contenus dans la définition des concepts apparaissant dans la conséquence.

Selon Bolzano, cependant, la vision classique des concepts pèche par une simplification excessive et est donc d'une applicabilité limitée puisque, par exemple, elle ne couvre pas les concepts sans objet, les concepts imaginaires et les concepts négatifs (WL § 559) [25]. Par conséquent, il est tout à fait clair que le point 1 ci-dessus ne peut être accepté si nous voulons raisonner d'une manière qui serait acceptable selon la perspective de Bolzano.

Puisque, pour Bolzano, même le problème limité de déterminer quels sont les concepts simples est une entreprise difficile (WL § 78), l'échec de la vision classique des concepts à toujours rendre compte de la structure définitionnelle des concepts peut être considéré comme un revers tragique pour le projet de caractériser par des conditions exclusivement formelles les preuves explicatives des vérités conceptuelles, si ce n'est la fin ruineuse du projet.

25. Voir également W. R. de Jong et A. Betti, « The Classical Model of Science : A Millennia-Old Model of Scientific Rationality », art. cit. Voir, en outre, A. Ginammi, R. Koopman, S. Wang, J. Bloem et A. Betti, « Bolzano, Kant, and the Traditional Theory of Concepts : A Computational Investigation », *in* G. Ramsey et A. De Block, *The Dynamics of Science : Computational Frontiers in History and Philosophy of Science*, Pittsburgh, PA, University of Pittsburgh Press, 2022, p. 186-203. En particulier, ici, le commentaire à (WL § 559). Les deux articles défendent la thèse selon laquelle Bolzano rejette le point de vue selon lequel tous les concepts sont définis par *genus proximum* et *differentia specifica*. Dans le second article, cependant, les auteurs soutiennent la thèse selon laquelle Bolzano identifie en fait la simplicité conceptuelle à la généralité. Les arguments employés, néanmoins, ne semblent pas assez convaincants si l'on considère la position explicite de Bolzano sur concepts et définitions.

En conclusion, même la tâche de découvrir des hiérarchies des vérités conceptuelles et d'exposer leurs raisons objectives, tout comme la tâche de trouver les raisons des vérités empiriques et pratiques, doit être reconnue comme un effort problématique. En particulier, une observation de Sebestik semble indiquer la bonne façon d'interpréter ce caractère problématique de l'entreprise scientifique par excellence selon Bolzano – c'est-à-dire de la recherche des raisons profondes des vérités scientifiquement établies. Sebestik, en fait, souligne que l'*Abfolge* « est une relation qui dépend de la nature particulière des concepts, et qui lie deux vérités d'un système théorique »[26]. La recherche de raisons objectives des vérités conceptuelles est donc nécessairement soumise aux particularités des concepts qui apparaissent dans ces vérités et du domaine scientifique de référence. Les deux seules différences cruciales qui distinguent les sciences conceptuelles des sciences empiriques et pratiques en matière de recherche des raisons par *Abfolge* sont donc le fait que les liens entre les concepts et leurs relations de complexité peuvent aider à la découverte et à la vérification des raisons des vérités conceptuelles et que, dans le cas des vérités conceptuelles, nous avons la certitude que ces raisons nous sont, en principe, accessibles.

Francesco A. Genco
LLC, Département de Philosophie et Sciences de l'Éducation
Université de Turin

26. J. Sebestik, *Logique et mathématique chez Bernard Bolzano*, *op. cit.*, p. 260.

DOSSIER

La philosophie autrichienne

HUSSERL ET L'OBJECTIVISME SÉMANTIQUE DE BOLZANO
Évidence et philosophie transcendantale

Dominique Pradelle

Ce texte est dédié à Jan Sebestik, qui plus que tout autre a œuvré pour la connaissance de Bolzano en France.

« Nos dérèglements et nos aberrations émanent du combat que nous menons contre des irréalités, contre des abstractions, de notre volonté de l'emporter sur ce qui n'est pas ; de là le côté impur, tyrannique, divagant, des ouvrages philosophiques, comme d'ailleurs de tout ouvrage. »

Cioran, *Exercices d'admiration*

Au sein des considérations husserliennes sur l'histoire de la philosophie, Bolzano perd la place essentielle qu'il occupait initialement. Pour quelle raison constitue-t-il une référence centrale pour la phénoménologie des *Recherches logiques*, tandis qu'il cesse quasiment d'être mentionné dans la phase de la phénoménologie transcendantale, au point de ne plus apparaître du tout dans les tableaux de l'histoire de la philosophie brossés par Husserl dans *Philosophie première* et la *Krisis* ? L'auteur part des *Prolégomènes à la logique pure* pour mettre en évidence la dette husserlienne vis-à-vis de la doctrine bolzanienne des représentations et propositions en soi, puis montre comment le passage à la phénoménologie transcendantale exigeait la mise en question du statut de ces entités en soi et une orientation sur la question de l'évidence subjective – ce que préfigure Exner dans sa correspondance avec Bolzano.

Comment un auteur dont la contribution à la logique et à la théorie de la science est estimée fondamentale peut-il ensuite disparaître de l'horizon de la phénoménologie transcendantale au point d'être absent de la configuration de la philosophie moderne présentée dans la *Krisis* ainsi que de l'*Histoire critique des idées* de *Philosophie première* ?

Est-ce à dire que la référence à Bolzano n'offre de pertinence que pour la problématique purement logique et la lutte contre le psychologisme, tandis qu'elle n'en aurait aucune au sein de la problématique de la constitution transcendantale des objets ? Ou encore, que l'objectivisme sémantique de Bolzano n'a d'importance que lorsqu'il s'agit d'établir et de fonder l'idéalité des significations mais que, par essence, un tel objectivisme laisse échapper le versant subjectif de la problématique transcendantale, c'est-à-dire les problèmes de l'évidence subjective des significations et lois idéales, ainsi que de la constitution des objets[1] ?

Idéalité des formations logiques : les concepts husserlien et bolzanien de représentation

Dans les *Prolégomènes à la logique pure*, tome introductif des *Recherches logiques* qui défend la thèse du caractère *objectal et idéal* des configurations logiques (concepts, jugements, raisonnements) contre toute assimilation psychologiste à des formations psychiques ou des produits d'actes mentaux, la référence à Bolzano s'avère centrale – même si, fort paradoxalement, elle demeure souvent implicite. Afin de pouvoir l'exclure du domaine de la logique, Husserl élucide en effet *l'équivoque qui affecte les différents niveaux de la logique* dégagés par la tradition aristotélicienne (logique des concepts, des jugements, des raisonnements et de la méthode) : à chacun de ces niveaux, il distingue pour chaque notion fondamentale un sens objectif et un sens subjectif – n'accordant de validité qu'au premier dans le cadre de la logique pure.

En premier lieu intervient le concept de « représentation », qui doit ici être entendu au sens bolzanien de *concept*, et non au sens de l'acte de se représenter quelque chose ou de l'image mentale d'un objet[2].

Une représentation conceptuelle peut en effet être prise au sens subjectif, avec le « caractère d'un concept de classe psychologique » ; elle désigne alors les « processus aperceptifs par lesquels naissent les représentations », c'est-à-dire les actes sur lesquels repose la formation des concepts : les actes de se représenter un individu pour les concepts singuliers (Socrate, le nombre 4), de viser une multiplicité d'objets par une notion générale (homme en général, nombre cardinal en général), de combiner des concepts simples pour former des concepts complexes par conjonction ou disjonction, etc. Mais à l'opposé, le sens logique véritable de la notion de représentation est objectif et idéal : il s'agit en effet d'une *espèce idéale* qui, demeurant la même *en tout temps* et *pour quiconque*, est douée d'une identité omnitemporelle et intersubjective.

Afin de le montrer, Husserl mobilise un argument qui analyse ce que l'on a en vue à titre de représentation lorsqu'on porte un jugement de subsomption : quel type de singularité (*Einzelnes*) tombe alors sous une représentation ? La réponse est obvie : quand on oppose les représentations *singulières* aux *générales* (dont l'extension contient respectivement un ou plusieurs objets), qu'on oppose les représentations *attributives* ou non – c'est-à-dire les concepts

1. E. Husserl, *Formale und transzendentale Logik*, Einleitung, éd. P. Janssen, Den Haag, M. Nijhoff, 1974, p. 16-19 ; trad. fr. S. Bachelard, *Logique formelle et logique transcendantale*, Paris, Puf, 1957, p. 16-22.

2. J. Sebestik, *Logique et mathématique chez Bernard Bolzano*, Paris, Vrin, 1992, p. 133-138.

de substances (Socrate, le blanc) et de prédicats (humain, blanc) –, qu'on examine la *formation de concepts complexes* par conjonction de caractères conceptuels (triangle isocèle, nombre premier) ou que l'on compare les concepts selon l'*extension* (inclusion, intersection, concepts disjoints) et la *compréhension* (implication, équivalence, indépendance), ce que l'on subsume alors sous une représentation conceptuelle, ce ne sont pas des « singularités phénoménales », mais des « singularités spécifiques » – c'est-à-dire des objets tombant sous le concept, et non des actes psychiques. Ainsi, quand on affirme que la représentation de triangle inclut celle de figure mais que le rapport entre leurs extensions est inverse, les représentations de triangle et de figure désignent non pas des actes subjectifs de formation de concepts, mais des objectités idéales doués d'identité pour quiconque et en tout temps, et obéissant à des lois idéales[3].

Bien que Husserl ne mentionne pas ici Bolzano, l'argumentation est rigoureusement bolzanienne et se réfère à son concept de *représentation en soi.*

Celui-ci se distingue en effet du concept usuel de représentation, qui désigne la « représentation *subjective* », « *pensée* » ou « représentation *qu'on a* », à savoir du processus mental par lequel nous nous représentons quelque chose, ou encore des « phénomènes au sein de notre esprit » – l'acte de voir la couleur rouge d'une rose, d'en sentir l'odeur, etc. Cette représentation mentale est « quelque chose d'*effectif* », qui possède une « existence effective » dans l'esprit où elle se réalise, y a une individuation dans un « temps déterminé » et demeure soumise au principe de causalité, puisqu'elle a toutes sortes d'*effets*[4]. Réalité effective, individuation temporelle et insertion dans la trame causale sont donc les trois traits essentiels des représentations subjectives.

Les caractéristiques essentielles de la représentation en soi s'opposent terme à terme à celles de la représentation subjective.

D'une part, elle « ne requiert aucun *sujet* par lequel elle serait représentée », mais « possède une consistance [*bestehet*], même si aucun sujet singulier ne devait l'appréhender », c'est-à-dire une forme de *consistance asubjective*, radicalement indépendante de toute saisissabilité par un sujet[5].

D'autre part, elle n'a *aucune effectivité* et n'est « pas quelque chose d'*étant* [*etwas* Seiendes], mais bien un certain *quelque chose* » qui ne possède pas d'individuation temporelle et « n'est pas multiplié » lorsqu'il survient en divers sujets ou à différents instants, mais possède une *identité absolue et strictement atemporelle.* Bien qu'elle puisse représenter un, plusieurs ou aucun *objet* et que l'objet en question puisse être existant (Socrate, Platon dans le cas de « sage grec ») ou non (dans le cas de « rien » ou $\sqrt{-1}$), la représentation objective

3. E. Husserl, *Logische Untersuchungen*, I, *Prolegomena zur reinen Logik*, § 47, éd. E. Holenstein, Den Haag, M. Nijhoff, 1975, Hua XVIII, p. 177-178; trad. fr. H. Élie, A.-L. Kelkel & R. Schérer, *Recherches logiques*, t. 1, *Prolégomènes à la logique pure*, Paris, Puf, 19692, p. 192-193.

4. B. Bolzano, *Wissenschaftslehre*, I, § 48, Sulzbach, 1837, p. 216-217, *Bernard Bolzano-Gesamtausgabe*, I, 11/2 : *Wissenschaftslehre § 46-90*, éd. J. Berg, Stuttgart-Bad Cannstatt, Frommann Holzboog, 1987, p. 28-29; trad. fr. part. J. English, *Théorie de la science*, Paris, Gallimard, 2011, p. 144-145. Les volumes de la *Gesamtausgabe*, tous publiés chez le même éditeur, seront désignés par le sigle *BB-GA* suivi des numéros de série et de tome.

5. B. Bolzano, *Wissenschaftslehre*, *op. cit.*, I, § 48, p. 217, *BB-GA* I, 11/2, p. 29 (trad. fr. p. 145).

correspondante, en revanche, n'est « jamais quelque chose d'*existant* » (*etwas* Existierendes) et se distingue ainsi de tout objet intramondain[6].

Ensuite, entre les représentations objectives et les subjectives il existe un rapport : les premières sont en effet la *matière*, l'*étoffe* ou le *matériau* des secondes, de sorte qu'« il est d'usage d'appeler *semblables* entre elles deux représentations subjectives ayant pour *étoffe* une seule et même représentation objective ». Une représentation objective est donc une classe d'équivalence de représentations subjectives selon la relation « être l'étoffe [la matière] de… »[7].

Enfin, au sein du règne des objectités sémantiques, le concept de représentation en soi se distingue des autres comme désignant « tout ce qui peut intervenir dans une proposition comme une composante [*Bestandteil*], sans constituer encore par soi seul une proposition » : une représentation objective est donc obtenue par décomposition à partir des propositions en soi (c'est-à-dire des pensées objectives qui énoncent quelque chose sur quelque chose et sont vraies ou fausses) ; c'est par conséquent une *partie propre d'une proposition en soi*, qui n'énonce rien et ne se caractérise pas par la bivalence[8].

Bien qu'elle demeure implicite, la dette de Husserl envers Bolzano (mais aussi, à l'évidence, celle de Frege) n'en est donc pas moins évidente : la thèse de l'idéalité des significations conceptuelles lui est empruntée. En effet, consistance asubjective et atemporelle, irréalité ou non-effectivité, statut de classe d'équivalence d'une infinité de représentations subjectives : voilà autant de traits qui sont attribués de concert aux significations par Bolzano et Husserl.

Idéalité des formations logiques : propositions et vérités en soi

Atemporalité et asubjectivité des propositions en soi

Il en va de même pour les *jugements* (Urteile).

Le terme même implique une équivoque tout à fait semblable, puisqu'il peut désigner aussi bien l'*acte de juger* (*Urteilen*) que *ce qui est jugé* (*das Geurteilte*), c'est-à-dire la proposition énonciative qui déclare quelque chose (prédicat, κατηγορούμενον) à propos de quelque chose (sujet, ὑποκείμενον), voire l'assertion de ce contenu propositionnel ; ainsi, dans la conception psychologiste de la logique, les jugements sont identifiés à des « vécus de conscience d'un genre déterminé », à savoir les *actes de croyance ou d'assertion*. Il s'y ajoute une seconde équivoque : celle qui sépare l'énoncé ou la phrase (c'est-à-dire la séquence de signes linguistiques) et le contenu propositionnel idéal qu'elle signifie ; ainsi, au sein de conceptions terministes ou nominalistes, le jugement est identifié à un énoncé linguistique, une séquence de signes visant un contenu propositionnel.

6. B. Bolzano, *Wissenschaftslehre*, *op. cit.*, I, § 48 et 49, p. 217 et 219-220, *BB-GA* I, 11/2, p. 29 et p. 30-31 (trad. fr. p. 145 et p. 146-147).

7. *Ibid.*, I, § 48, p. 218, *BB-GA* I, 11/2, p. 29 (trad. fr. p. 145).

8. *Ibid.*, I, § 48, p. 216, *BB-GA* I, 11/2, p. 29 (trad. fr. p. 144). Sur le parallèle entre les théories de la proposition de Bolzano et Frege, *cf.* W. Künne, « Propositions in Bolzano and Frege », in *Versuche über Bolzano – Essays on Bolzano*, Sankt Augustin, Academia Verlag, 2008, p. 157-197.

Or, de même que pour les représentations, Husserl tranche la question en n'accordant de validité qu'au sens objectif idéal du jugement, lequel se confond avec la « *proposition*, entendue précisément comme une unité de signification non pas grammaticale, mais *idéale* ». De fait, lorsqu'en logique on s'enquiert de la forme d'un jugement et qu'on le caractérise comme jugement catégorique, hypothétique, disjonctif ou existentiel, ce faisant on n'a en vue ni des classes d'actes subjectifs de juger, ni des classes d'énoncés grammaticaux, mais des classes de « formes idéales de propositions », c'est-à-dire de structures de significations propositionnelles ; quant à l'extension du concept logique de jugement, elle n'inclut en soi aucun accomplissement subjectif de l'acte de juger « 2+2 = 4 », mais seulement « 2+2 = 4 », le théorème de Pythagore, etc.[9]. Sur ce point encore, la dette de Husserl envers Bolzano est évidente.

Bolzano dégage le concept de *proposition en soi* comme résidu d'une triple abstraction. Il part de la proposition langagière, « *énoncée* ou *exprimée verbalement* », entendue comme un *discours* qui ne se contente pas de représenter quelque chose, mais énonce et asserte quelque chose au sujet de quelque chose et possède la propriété de la bivalence (elle est vraie ou fausse, correcte ou non). La première abstraction élimine alors la *couche linguistique* de l'énonciation ou de l'expression verbale, procédé qui donne comme résidu la *proposition pensée*, que quelqu'un pense sans pour autant l'exposer verbalement. Puis une seconde abstraction élimine la *couche noétique* de l'acte de penser ou de la pensée subjective, afin d'obtenir le pur contenu de signification propositionnelle doué de vérité ou de fausseté – abstraction faite de toute visée ou position par un acte de penser subjectif. Enfin, une troisième abstraction élimine la *couche de la bivalence*, c'est-à-dire l'être-vrai ou l'être-faux, afin de ne conserver que le sens propositionnel :

> par une *proposition en soi*, j'entends seulement un énoncé quelconque [*irgendeine Aussage*] [affirmant] que quelque chose est ou n'est pas, que cet énoncé soit vrai ou faux, qu'il soit ou non verbalement saisi par quelqu'un, et même qu'il soit ou non pensé en esprit par quelqu'un[10].

Tirons les conséquences de cette définition comme résidu d'un triple processus abstractif.

D'une part, le concept de proposition en soi ne conserve rien de l'étymologie du terme *Satz*, qui renvoie au verbe *setzen* (poser), donc à l'acte de position subjective : il ne se réfère ainsi « à rien qui soit *posé* » et n'implique nullement l'existence d'un sujet pensant qui le poserait ou le viserait[11]. La proposition en soi se réduit par conséquent à un *contenu de signification asubjectif*, scindé de tout rapport à la subjectivité et à tout acte de pensée ; son statut d'objectité idéale ne *prend donc pas place au sein d'une sémantique intentionnelle.* En effet, en vertu de l'omniscience de Dieu, on pourrait objecter la chose suivante : toute proposition vraie et toute proposition fausse étant pensées

9. E. Husserl, *Logische Untersuchungen, Prolegomena*, § 47, Hua XVIII, 178-179 (trad. fr. p. 193-195).
10. B. Bolzano, *Wissenschaftslehre*, *op. cit.*, I, § 19, p. 76-77, *BB-GA* 11/1 : *Wissenschaftslehre § 1-45*, éd. J. Berg, 1985, p. 103-104 (trad. fr. p. 95-96). *Cf.* J. Sebestik, *Logique et mathématique…*, p. 115-133.
11. B. Bolzano, *Wissenschaftslehre*, *op. cit.*, I, § 19 et 25d, p. 77 et 114, *BB-GA* I, 11/1, p. 104 et p. 139 (trad. fr. p. 97 et p. 107).

par Dieu, il est par conséquent impossible de séparer le contenu de sens asubjectif de toute pensabilité par quelqu'un ; or le concept de proposition objective fait abstraction de cette pensabilité par Dieu même, c'est-à-dire de toute inclusion réelle dans l'entendement divin à titre de représentation [12].

D'autre part, seule la pensée subjective d'une proposition en soi possède une « existence [*Dasein*] dans l'esprit de l'être qui pense la pensée ou porte le jugement » – tandis que la proposition elle-même, étant radicalement scindée de tout acte de pensée, « n'est rien d'existant » (*nichts Existierendes*), à savoir rien d'existant au sein d'un esprit pensant. Si un acte de pensée subjectif survient à un instant déterminé pour disparaître ensuite, tel n'est pas le cas de la proposition objective : elle n'est pas individuée par sa datation ou son adhérence à une durée déterminée, pas plus qu'elle ne peut être dite posséder une « existence éternelle », c'est-à-dire omnitemporelle, mais elle se caractérise par une *radicale atemporalité* ; loin d'être simplement identique à soi en tout temps, elle n'est *d'aucun temps* [13].

Asubjectivité des vérités en soi – asubjectivité et omnisubjectivité

Si à présent l'on restitue aux propositions en soi l'être-vrai, on obtient alors les *vérités en soi* ou *vérités objectives*. Ces dernières ne sont par conséquent qu'une « espèce de propositions en soi » que l'on obtient par les deux premiers actes d'abstraction qui permettent d'accéder à ces dernières – à savoir la double élimination de la couche linguistique de l'expression et de la couche noétique de l'acte de penser. En revanche on n'accomplit pas ici la troisième abstraction mais, au sein du domaine des contenus propositionnels, on délimite le sous-ensemble qui contient exclusivement « toute proposition quelconque qui énonce quelque chose tel qu'il est » ou attribue à l'objet en question ce qui « lui revient effectivement » [14]. La vérité se détermine donc en termes de *correspondance entre les plans sémantique et ontique*, ceux de la signification et de l'objet : c'est l'accord de l'énonciation idéale (*scil.* l'attribution d'un prédicat à un sujet) avec l'appartenance effective (de la propriété à l'objet).

Tirons les conséquences de cette définition afin d'en préciser le rapport avec la doctrine husserlienne.

Tout comme dans le cas des propositions, il faut distinguer les vérités en soi des « vérités *connues* ou seulement *pensées* » : elles en constituent certes la matière ou l'étoffe, mais sont en elles-mêmes *radicalement asubjectives*, scindées de toute connaissabilité. Et Bolzano répète ici la même objection de l'omniscience divine : vu que Dieu connaît toutes les vérités, l'être-pensé ou l'être-connu n'appartient-il pas nécessairement à toute vérité à titre de propriété? cela ne rend-il pas impossible l'acte d'abstraction de la couche noétique qui permet d'extraire de leur gangue mentale les vérités objectives?

12. B. Bolzano, *Wissenschaftslehre*, *op. cit.*, I, § 19, p. 77-78, *BB-GA* I, 11/1, p. 104-105 (trad. fr. p. 96-97).
13. *Ibid.*, I, § 19, p. 78, *BB-GA* I, 11/1, p. 105 (trad. fr. p. 97).
14. *Ibid.*, I, § 25, p. 111-112, *BB-GA* I, 11/1, p. 137 (trad. fr. p. 104); *Einleitung in die Größenlehre*, Zweyter Abschnitt : *Von der mathematischen Lehrart*, § 13, éd. J. Berg, *BB-GA*, II, A 7, 1975, p. 81 ; trad. fr. D. Delarge *et al.* coord. C. Maigné et J. Sebestik, *De la méthode mathématique*, dans B. Bolzano, *De la méthode mathématique – Correspondance Bolzano-Exner*, Paris, Vrin, 2008, p. 95-96.

La réponse bolzanienne consiste à faire la *distinction rigoureuse entre les plans sémantique et ontique*, à savoir entre les caractères qui appartiennent à la définition d'un concept et les propriétés qui reviennent aux objets que subsume le concept. Pour tous les concepts,

> il faut distinguer nettement entre ce qui constitue leur contenu [*Inhalt*] ou ce qu'il faut nécessairement penser si l'on veut les avoir pensés de ce qui revient à leur objet à titre de pure et simple propriété (et qu'on n'a pas besoin de penser pour les penser seulement en eux-mêmes) [15].

Le paradigme allégué est géométrique. D'une droite, on peut donner une définition métrique reposant sur la notion de distance mesurable (la ligne la plus courte entre deux points) ou la définition euclidienne fondée sur la notion de similitude ou de direction (la ligne dont tout fragment est semblable à tout autre). Les deux concepts ainsi obtenus s'avèrent équivalents ou réciproques (*Wechselbegriffe*), puisque toute ligne répondant à la première définition possède la propriété énoncée dans la deuxième, et inversement ; et pourtant, leur différence de sens ne saurait être contestée ! Par conséquent, si tout objet subsumé par un concept possède bien la (les) propriété(s) caractéristique(s) correspondant aux caractères qui définissent le concept, il se caractérise en outre par d'autres propriétés qui n'entrent pas dans la définition du concept – à savoir, dans le cas des concepts mathématiques, les propriétés déductibles sur le fondement de la définition et des axiomes, et dans le cas des concepts empiriques, les propriétés adjacentes que des observations ultérieures ajouteront à la définition initiale.

Or, cette distinction entre les plans sémantique et ontique s'applique au cas des vérités en soi. De l'omniscience de Dieu, il s'ensuit en effet que la propriété de l'être-pensé (*Gedachtwerden*) appartient *de facto* à toute vérité, puisque toutes sont connues de Dieu ; et pourtant l'être-pensé n'est pas un caractère constitutif du concept de vérité en soi, qui se définit uniquement comme la teneur de sens idéale d'une énonciation conforme à la nature des choses [16]. Que les vérités soient toutes connues au moins par Dieu, c'est là une *propriété* qui leur échoit à titre d'*objets*, mais ce n'est nullement un *caractère* qui appartienne à leur *concept*.

Que retient Husserl de cette caractérisation négative de l'idéalité des vérités ?

Il maintient certes l'appellation bolzanienne de « vérité en soi », mais en lui accordant un sens bien distinct de celui qu'elle a pour Bolzano :

> Ce qui est vrai est absolument vrai, vrai « en soi » ; la vérité est identiquement une, que ce soient des hommes ou des êtres d'une autre espèce, des anges ou des dieux qui l'appréhendent en jugeant. C'est de la vérité prise dans cette unité idéale, s'opposant à la multiplicité réelle des races, des individus et des vécus, que parlent les lois logiques [...] [17].

15. B. Bolzano, *Wissenschaftslehre*, *op. cit.*, I, § 25c, p. 113, *BB-GA* I, 11/1, 138 (trad. fr. p. 105-106).
16. *Ibid.*, I, § 25c, p. 113-114, *BB-GA* I, 11/1, 138-139 (trad. fr. p. 106). *Cf.* notre ouvrage *Être et genèse des idéalités*, Paris, Puf, 2023, p. 188-192, où cet argument bolzanien sert de fil conducteur pour déployer la question de la structure d'horizon qui appartient aux idéalités catégoriales (p. 193-249).
17. E. Husserl, *Logische Untersuchungen*, *op. cit.*, *Prolegomena*, § 36, Hua XVIII, p. 125 (trad. fr. *RL* I, p. 130).

Quel est ici le sens de la locution de « vérité en soi » ? Il se confond avec la *validité universelle ou omnisubjective*, pour tout sujet pensant en général, et ce quelle qu'en soit la nature spécifique. Husserl s'oppose en effet à la thèse du « relativisme spécifique » (*spezifischer Relativismus*), ainsi nommé parce qu'il considère la vérité comme dépendant de l'espèce d'être pensant qui la connaît : autre la vérité pour les hommes, autre la vérité pour les anges, les martiens ou les dieux. Dans une telle optique, la vérité ne désigne pas une validité transcendant la différence entre les espèces d'êtres pensants, mais demeure toujours adhérente à une espèce déterminée. *A contrario*, Husserl affirme l'indépendance de la vérité prise au sens logique vis-à-vis de la différence entre les espèces d'êtres pensants, pour l'identifier à la *validité transspécifique*, donc *omnisubjective* : l'idéalité de la vérité désigne son *unité absolue*, opposée à la multiplicité réelle des espèces, des individus et des vécus – c'est-à-dire le fait qu'elle ne se multiplie pas avec ces derniers, mais demeure une et identique pour tous, et ce quelle que soit la multiplication des actes subjectifs qui la connaissent.

On mesure ici l'écart essentiel qui sépare Husserl de Bolzano : si l'être en soi de la vérité désigne pour ce dernier son *asubjectivité* (un être absolu qui n'est un être pour personne), il signifie en revanche pour le premier l'*omnisubjectivité* ou l'*universalité subjective* (un être pour quiconque). Deux remarques permettront de bien saisir cette discrépance.

D'une part, la distinction entre vérité en soi et vérité connue n'est pas une distinction entre *objets*, mais entre *concepts*.

Bolzano brosse une analogie avec la distinction entre « espaces en soi » et espaces remplis : le géomètre s'arroge le droit de parler d'espaces purs ou d'espaces en soi, c'est-à-dire de figures géométriques, sans pour autant se soucier du fait qu'ils soient ou non remplis par de la matière ; pourtant, des arguments métaphysiques montreront peut-être qu'il ne peut exister d'espace vide, mais que tout espace est rempli par une matière. Mais cela n'empêche nullement de considérer, *par idéalisation*, de pures figures géométriques à titre de concepts bien définis. Il en va de même pour les vérités en soi : il se peut fort bien qu'en réalité toute vérité soit connue (fût-ce uniquement par Dieu) ; mais cela n'empêche nullement de définir, *par idéalisation*, le concept de vérité en soi comme une proposition non pensée ou asubjective[18]. L'idée de vérité en soi ne désigne donc pas à proprement parler une classe d'objets, mais seulement d'*entia rationis* ou d'idéalités obtenues par idéalisation abstractive.

D'autre part, précisément en tant qu'entités idéales, les vérités en soi ne se laissent pas assimiler à « ce qui *vaut universellement* » et ne possèdent pas nécessairement une validité omnisubjective, pour tout être pensant en général. En effet, certes un « jugement porté par *tous* les êtres pensants (donc également par Dieu) » est toujours vrai ; cependant, il existe certainement aussi des « vérités qui ne sont pas admises par *tous* les êtres pensants »[19]. Le statut de vérité en soi s'identifie donc à la conformité aux états de

18. B. Bolzano, *Wissenschaftslehre*, *op. cit.*, I, § 25c, p. 114, *BB-GA* I, 11/1, 139 (trad. fr. p. 106).
19. *Ibid.*, I, § 29a, p. 132-133, *BB-GA* I, 11/1, p. 156-157 (trad. fr. p. 111).

choses (à la correspondance entre l'assignation d'une propriété à un objet et son appartenance effective à cet objet), sans impliquer de référence à la connaissabilité universelle ni à l'omnisubjectivité ; l'asubjectivité radicale des vérités en soi se scinde ainsi de la validité pour tout être pensant, qui n'est nullement garantie par principe.

Or c'est précisément là la thèse que refuse Husserl !

Assimiler le caractère en soi des vérités à leur statut d'unité idéale par opposition à la multiplicité des espèces, individus et vécus[20], c'est substituer au concept bolzanien de *validité asubjective* celui de *validité omnisubjective* – indifférente aux espèces d'êtres pensants, pour tout individu en général et ressaisissable par tout acte subjectif. Il n'est donc nullement dit que l'être-pensé n'appartienne pas au concept de vérité en soi, mais au contraire que cet être-pensé doit être universellement élargi. Et si tout logicien se règle sur cette notion de vérité entendue comme omnisubjectivité idéale ou *de jure*, la question est alors ouverte du passage de cette omnisubjectivité supposée à une validité intersubjective de fait : quels sont les *modes d'intersubjectivation* par lesquels, de degré en degré, se construit une validité intersubjective extensible à l'infini ?

Atemporalité des vérités en soi – atemporalité et omnitemporalité

Vu qu'elles ne sont qu'une sous-espèce des propositions en soi, comme ces dernières les vérités en soi « n'ont aucune existence effective ». De là s'ensuit une conséquence importante. En effet, « seules les vérités *pensées* ont une existence effective en un temps déterminé dans l'esprit de l'être qui les connaît ou les pense » ; elles se caractérisent donc par leur individuation dans le temps de la conscience. En revanche, puisqu'elles sont séparées de tout rapport au sujet connaissant, tel n'est pas le cas des vérités en soi : n'ayant pas d'existence au sein d'un esprit connaissant, elles n'ont aucune individuation dans le temps, n'adhèrent à aucune durée déterminée et s'avèrent par conséquent *radicalement atemporelles*[21]. Les vérités objectives sont ainsi chassées hors de la temporalité de la conscience et du monde, hors de toute historicité de la connaissance ; elles possèdent une consistance atemporelle et asubjective, attendant dans quelque ciel intelligible le moment de leur découverte effective.

Or cette scission des vérités objectives vis-à-vis du temps ne manque pas de poser un grave problème.

On peut en effet distinguer deux types de vérité. D'un côté toutes les vérités éternelles, à savoir celles de la religion, de la morale, des mathématiques et de la métaphysique – du type : « le vice rend malheureux » ou « entre deux points, la droite est la ligne la plus courte ». De l'autre, les vérités factuelles ou circonstancielles – du type : « il neige » ou « le boisseau de blé coûte trois écus ». Comment peut-on soutenir que les vérités en soi circonstancielles

20. E. Husserl, *Logische Untersuchungen op. cit., Prolegomena*, § 36, Hua XVIII, 125 (trad. fr. *RL* I, p. 130).
21. B. Bolzano, *Wissenschaftslehre*, *op. cit.*, I, § 25b, p. 112, *BB-GA* I, 11/1, p. 137 (trad. fr. p. 104).

n'impliquent aucun rapport au temps et n'adhèrent à aucune durée déterminée, puisqu'elles énoncent un état de choses intratemporel?

Bolzano maintient le caractère atemporel de toute vérité en soi en argumentant à partir de la correspondance entre proposition vraie et état de choses énoncé, pour distinguer des *niveaux de temporalité* – à savoir le temps qui, respectivement, est propre à l'état de choses énoncé, à l'énonciation elle-même et à la vérité énoncée. En effet, si le premier type de vérité est dit éternel et le second circonstanciel, c'est en vertu de la nature (intrinsèquement temporelle ou non) du rapport qu'ils énoncent respectivement : tandis qu'une vérité mathématique énonce un « rapport qui persiste constamment (éternellement) » entre des objets idéaux, une vérité circonstancielle énonce « seulement un rapport transitoire (qui n'a lieu qu'à un certain temps, voire en un certain lieu) ». Mais de la nature intratemporelle de ce rapport ou de cet état de choses, il faut distinguer le rapport au temps qui caractérise la vérité en soi : si, à l'énoncé « il neige », on ajoute la mention expresse des lieux et temps de l'énonciation pour dire « aujourd'hui, en tel lieu, il neige », la vérité en soi qui constitue la matière sémantique de cette dernière pensée est alors indépendante du temps, c'est-à-dire tout aussi éternelle qu'une vérité mathématique[22].

Que retient Husserl d'une telle analyse?

L'idéalité de la vérité tenant pour lui à l'opposition entre son identité absolument constante et la multiplicité fluente des vécus subjectifs qui l'atteignent, un contraste central oppose l'intratemporalité des vécus de connaissance et l'atemporalité des vérités :

> Les vécus sont des singularités réales, déterminées dans le temps, en devenir et évanescentes. Tandis que la vérité est « éternelle » ou, mieux encore, elle est une Idée, et comme telle supratemporelle [*überzeitlich*]. Lui assigner une position dans le temps ou une durée, fût-ce une durée ayant une extension qui traverse tous les temps, cela n'a aucun sens[23].

Comme pour Bolzano, la *supratemporalité* de la vérité n'en désigne pas l'*omnitemporalité*, c'est-à-dire l'ubiquité temporelle indéfinie ou la validité en tout temps possible (passé, présent et futur), mais l'*atemporalité*, à savoir un mode de validité qui n'est d'aucun temps ou ne coïncide avec aucune durée. Pour l'établir, Husserl n'argumente pas sur l'exemple des vérités circonstancielles (comme Bolzano, et après lui Frege), mais en partant du caractère historique et intratemporel des actes de connaissance : du fait que la formule de l'attraction universelle ($F = g \times mm'/d^2$) a été découverte par Newton, doit-on, comme le fait Sigwart, en déduire qu'elle n'était pas vraie avant Newton, mais n'a commencé de l'être qu'à partir de sa découverte par ce dernier? Nullement. Il suffit, à cet égard, de se référer à ce que veut dire

22. B. Bolzano, *Wissenschaftslehre*, *op. cit.*, I, § 25b, p. 112 et II, § 147, p. 78, *BB-GA* I, 11/1, 138 et *BB-GA* I, 12/1 : *Wissenschaftslehre*, § 121-163, éd. J. Berg, 1987, p. 136 (trad. fr., p. 105 et p. 305); *Briefwechsel B. Bolzano mit F. Exner*, Brief 11 an Exner, 22. 11. 1834, éd. E. Winter, Prag, Königliche Böhmische Gesellschaft der Wissenschaften, 1935, p. 63, *BB-GA*, III, 4 : *Briefwechsel mit Franz Exner*, éd. E. Morscher, 2017, *BB-GA* III, 4, p. 83 (trad. fr. *in* B. Bolzano, *De la méthode math.*, *op. cit.*, p. 169).

23. E. Husserl, *Logische Untersuchungen, Prolegomena*, *op. cit.*, § 39, Hua XVIII, p. 134 (trad. fr. *RL* I, p. 142).

un physicien quand il affirme la vérité de la loi newtonienne de l'attraction universelle : l'intention qui préside à son affirmation en implique la « validité absolue, pour tout temps », puisque c'est de tout temps qu'une telle loi a régi et régira les phénomènes physiques[24]. Husserl admet par conséquent la même opposition que Bolzano entre l'*intratemporalité de l'acte subjectif de connaissance* et l'*intemporalité de la vérité* : seule la découverte subjective de la loi prend place dans le temps de l'histoire humaine, tandis que la vérité même qui a été découverte possède une teneur de sens et une validité transhistoriques.

Concluons au sujet de l'idéalité des vérités.

Les deux caractères que leur assigne Bolzano (asubjectivité et atemporalité) reçoivent, de la part de Husserl, un traitement différent. S'il reprend à l'identique le trait de la validité atemporelle ou supratemporelle, il infléchit en revanche celui de l'asubjectivité vers la validité omnisubjective ; si les vérités sont indépendantes du temps, elles ne le sont pas vis-à-vis de la subjectivité ou de la pensabilité par un sujet, mais possèdent seulement une validité inconditionnée, pour quiconque.

Or *comment faire tenir ensemble ces deux traits d'essence*?

D'un côté, en effet, la supratemporalité de la vérité en implique l'affranchissement radical vis-à-vis du temps, de l'histoire et de tout sujet situé en eux : elle ne requiert pas, pour avoir une validité, qu'il existe dans le temps quelque sujet capable de la découvrir. De l'autre en revanche, la validité omnisubjective (pour quiconque) n'enveloppe pas un affranchissement si radical à l'égard de toute subjectivité et de toute capacité de la penser : que la vérité possède le sens d'une validité pour *quiconque*, cela n'en abolit nullement la relativité à *quelque* sujet qui soit capable de la penser.

Par conséquent, si les traits d'atemporalité et d'omnisubjectivité mènent tous deux à un *réalisme de la vérité*, c'est cependant en un sens bien différent de la notion de réalisme : le premier conduit en effet à un *réalisme ontologique*, entendu comme thèse d'indépendance radicale de la vérité vis-à-vis de tout sujet pensant, tandis que le second mène à un *réalisme de la validité universelle*, qui n'implique pas une rupture totale du lien entre vérité et subjectivité. Or c'est évidemment l'écart ouvert entre ces deux sens du réalisme qui ménage l'espace où pourra se déployer après 1907 la problématique de la constitution transcendantale : la validité omnisubjective renvoie en effet à la question des modes d'intersubjectivation qui la fondent, ce qui implique de renoncer à l'atemporalité de la vérité pour n'en affirmer que l'*omnitemporalité*, c'est-à-dire l'*être-en-tout-temps* (« allzeit »), et non plus l'*être-en-aucun-temps* – une omnitemporalité qui, par conséquent, demeure un mode de temporalisation et possède sa modalité temporelle de constitution. C'est pourquoi Husserl écrira ultérieurement :

> L'*atemporalité des objectités d'entendement*, leur « partout et nulle part », se dégage par conséquent comme une forme insigne de la temporalité – une forme qui distingue d'une façon essentielle et fondamentale ces objectités des objectités individuelles. Il y a en effet une unité supratemporelle [*überzeitliche*]

24. *Ibid.*, § 39, Hua XVIII, p. 134 (trad. fr. *RL* I, p. 141).

> qui traverse de part en part la multiplicité temporelle, résidant en cette dernière : cette *supratemporalité signifie omnitemporalité*[25].

La validité omnisubjective de la vérité en implique ainsi l'identité omnitemporelle : qu'elle possède une validité pour quiconque et soit en droit connaissable par quiconque, cela signifie qu'elle « peut "se trouver" à l'identique en tout temps » et n'adhère à aucune durée particulière[26]. Mais cette ubiquité omnitemporelle et omnisubjective, transhistorique et transpersonnelle, ne possède que le statut d'une présomption *de jure* : *en droit*, une vérité n'adhère à aucune durée ni conscience particulière. Cependant, est-il possible de maintenir jusqu'au bout et dans sa radicalité ce décrochage de la vérité vis-à-vis de toute durée comme de toute conscience ? Que signifie la validité pour quiconque et en tout temps, si *de facto* elle n'est non seulement connue par personne, mais *connaissable* par personne ? Ainsi, peut-on affirmer qu'en droit le principe d'inertie vaut en tout temps et pour quiconque, alors que pour des raisons essentielles il est inaccessible à un entendement grec ? N'est-ce pas là une *hypostase métaphysique* ? Dans cet écart entre omnitemporalité (respectivement, omnisubjectivité) *de jure* et accessibilité époquale *de facto* s'ouvre l'espace problématique qui conduit à déployer la problématique transcendantale : c'est seulement en thématisant le mode d'accessibilité d'une vérité que l'on pourra en élucider la constitution intersubjective et la prétention à la validité omnitemporelle[27].

De la logique à la philosophie

Pourquoi toute référence à Bolzano disparaît-elle ensuite lorsque, au sein de l'histoire de la philosophie, Husserl explicite les avant-courriers de la phénoménologie transcendantale ?

Une remarque faite par Heidegger au § 44 d'*Être et temps* nous met sur la voie :

> les présentations courantes de la théorie *phénoménologique* de la vérité se restreignent à ce qui est dit dans les *Prolégomènes*, dont la fonction est *critique*, et en soulignent le rapport avec la doctrine bolzanienne de la proposition. Quant aux interprétations phénoménologiques *positives*, qui s'avèrent fondamentalement différentes de la théorie de Bolzano, elles les laissent de côté[28].

Ce n'est pas dans les *Prolégomènes* (d'inspiration bolzanienne) que serait exposée la théorie phénoménologique de la vérité, mais seulement aux § 36 à 39 de la Sixième Recherche : non plus une théorie d'orientation objective,

25. E. Husserl, *Erfahrung und Urteil. Untersuchungen zur Genealogie der Logik*, § 64c, éd. L. Landgrebe, Hamburg, Glaassen & Goverts, 1948 (puis Hamburg, Meiner, 19997, même pagination), p. 313 (trad. fr. D. Souche-Dagues, *Expérience et jugement. Recherches en vue d'une généalogie de la logique*, Paris, Puf, 1970, p. 315).

26. E. Husserl, *Erfahrung und Urteil*, *op. cit.*, § 65c, p. 311 (trad. fr., p. 314).

27. Ce problème constitue l'un des fils conducteurs de notre ouvrage *Être et genèse des idéalités*, *op. cit.*, not. p. 251-276.

28. M. Heidegger, *Sein und Zeit*, § 44a, Tübingen, Niemeyer, 1927, p. 219 (trad. fr. E. Martineau, *Être et temps*, Paris, Authentica, 1985, p. 162-163).

mais cette fois *d'orientation subjective*, qui détermine l'essence des actes de connaissance et d'évidence, tant dans leur relation avec les contenus idéaux qu'ils atteignent, que dans leur différence avec les autres types d'actes. Si Bolzano avait permis de dégager l'opposition entre l'identité une et atemporelle de toute vérité et le caractère intratemporel des multiples actes subjectifs qui l'atteignent, il s'agit à présent de penser le *rapport entre le versant des idéalités et celui des évidences subjectives*. Or, de ce point de vue, la doctrine bolzanienne resterait muette et entachée de naïveté philosophique, parce que radicalement étrangère au versant noétique des actes subjectifs de compréhension du sens et de reconnaissance de la vérité – l'élaboration d'une logique rigoureuse impliquant en effet l'exclusion radicale du plan des actes de connaissance. Aussi la première partie de *Logique formelle et logique transcendantale*, dont la fin est de dégager en sa pureté l'*eidos* de logique formelle, se déploie-t-elle dans une perspective toute bolzanienne, puisque l'un des enjeux fondamentaux y est de reconnaître l'« idéalité des configurations logiques »[29]. En revanche, dès qu'on pose la question transcendantale de l'évidence de ces idéalités logiques, c'est-à-dire de la structure des actes de conscience qui donnent accès à ces idéalités, on quitte cette fois totalement le continent bolzanien[30]. Élaborer une logique proprement philosophique ne serait donc possible qu'en prenant congé de Bolzano.

Élaborer une logique proprement philosophique ne serait donc possible qu'en prenant congé de Bolzano.

Cette critique est-elle justifiée ?

La controverse entre Bolzano et Exner : réalisme *vs.* phénoménologie

Rien n'éclaire mieux cette question que d'analyser la controverse philosophique de Bolzano avec Exner. Pourquoi donc ? Parce qu'elle porte justement sur l'être et le mode d'obtention des significations en soi et que contre le réalisme sémantique de Bolzano, Exner défend une thèse que l'on pourrait qualifier de *pré-phénoménologique*.

Le point de départ de ce dernier tient dans une série d'équivalences bolzaniennes entre propositions : *il y a des représentations objectives = la représentation* (*scil.* le concept) *de représentation objective a de l'objectualité* (*hat Gegenständlichkeit*, n'est pas sans objet) = *les représentations objectives sont quelque chose* (*sind Etwas*). La question est alors de savoir ce que sont ces représentations objectives, et la méthode à adopter pour le déterminer consiste à *partir de leur mode d'accès ou d'obtention* – ce en quoi se manifeste l'attitude pré-phénoménologique d'Exner, qui réside dans le refus de séparer l'être des représentations en soi de leur mode de donnée subjectif. En quoi ce dernier consiste-t-il ? Il implique un acte d'abstraction (*Absehen*) ou de

29. E. Husserl, *Formale und transzendentale Logik*, *op. cit.*, § 57b et 62, Hua XVII, p. 162-163 et 174-175 (trad. fr., p. 210-211 et 225-226).
30. *Ibid.*, § 59-61, Hua XVII, p. 165-173 (trad. fr., p. 213-224).

négation (*Negation*)[31], qui permet de passer de la « considération psychologique [*psychologische Betrachtung*] des représentations » comme des états mentaux ayant une existence temporelle dans une certaine âme à leur « considération logique » (*logische Betrachtung*)[32] : partant des représentations subjectives qui sont données comme effectives dans un esprit, « on *fait abstraction* [*man* absehe] de leur existence dans une âme et de tout ce qui va avec » pour les considérer « abstraction faite de toutes les relations psychologiques » – *abgesehen von allen psychologischen Verhältnissen* : individuation temporelle, spatiale, degré de vivacité, association avec d'autres représentations, conditions psychologiques de leur apparition[33].

En d'autres termes, ce qui est donné en premier lieu ce sont les représentations subjectives, et ce n'est qu'à partir de cette donnée subjective qu'on obtient les objectives par une méthode d'abstraction ou d'élimination. Or, depuis Berkeley on reconnaît à l'acte d'abstraction un double sens : *faire abstraction de*… et *abstraire* – c'est-à-dire, respectivement, éliminer par un acte de purification méthodique, et extraire ou dégager comme objet à partir de données premières[34]. C'est ici le premier sens qui est fondamental : car les représentations objectives ne sont pas des entités possédant un être en soi qui serait séparé de tout rapport à un être pensant, mais c'est au contraire uniquement à partir de cette relation au sujet que, par élimination de toute dimension psychologique, on peut dégager les représentations en soi ; ces dernières sont donc atteintes comme corrélats ou produits d'une procédure de purification.

Quelle réponse Bolzano donne-t-il à cet argument pour défendre sa thèse réaliste ?

Elle est double.

D'une part, si les représentations (et propositions) objectives étaient ainsi obtenues par abstraction à partir des subjectives, cela impliquerait que ces deux espèces auraient quelque chose en commun (*gemeinschaftlich*) et, par conséquent, tomberaient sous « un *concept générique englobant* les propositions et représentations *au sens objectif aussi bien que subjectif* » (umfassenden Gattungsbegriffe) – celui de représentation (ou proposition) « *en général* » (überhaupt). Mais tel n'est nullement le cas : les représentations (et propositions) respectivement prises au sens subjectif et objectif s'avèrent en effet « trop hétérogènes » (*zu ungleichartig*) pour qu'on puisse les subsumer sous un même *genus proximum*. De fait, les représentations subjectives sont quelque chose d'existant (*etwas Existierendes*) ou d'effectif, tandis qu'à l'inverse les objectives ne sont rien d'existant (*nichts Existierendes*) ni d'effectif ; or comment quelque chose d'existant pourrait-il avoir quoi que ce

31. F. Exner, Brief 10 an Bolzano, 11. 11. 1834, in *Briefwechsel B. Bolzano mit F. Exner*, *op. cit.*, p. 58, *BB-GA* III, 4, p. 77 (trad. fr. *De la méthode mathématique – Correspondance Bolzano-Exner*, *op. cit.*, p. 164).
32. F. Exner, Brief 3 an Bolzano, 10. 08. 1833, in *ibid.*, p. 21-22, *BB-GA* III, 4, p. 36 (trad. fr., p. 130).
33. F. Exner, Brief 10 an Bolzano, 11. 11. 1834, in *ibid.*, p. 58, *BB-GA* III, 4, p. 77 (trad. fr., p. 164).
34. G. Berkeley, *A Treatise concerning the Principles of Human Knowledge*, Introduction, § 7-10, in *The Works of George Berkeley*, vol. 2, éd. T. E. Jessop, Edinburgh / London, Nelson & Sons, 1949, p. 27-30 (trad. fr. M. Phillips, *Traité des principes de la connaissance humaine*, dans *Œuvres* I, éd. G. Brykman, Paris, Puf, 1985, p. 302-305).

soit en commun avec quelque chose d'inexistant[35] ? La *différence ontologique entre l'effectif et le non-effectif, le spatiotemporel et l'idéal*, exclut donc toute possibilité d'existence d'un élément qui soit affine aux deux et interdit ainsi leur subsomption sous un genre commun.

D'autre part, cette *différence ontologique stricte* exclut également la *méthode génétique*, que propose Exner, de dérivation des représentations et propositions objectives à partir des subjectives.

Celui-ci part en effet de la représentation ou proposition subjective prise comme « *phénomène* au sein de l'esprit d'un être pensant » (Erscheinung *in dem Gemüthe eines denkenden Wesens*) que, par abstraction, on purifie ensuite de toute attache psychique. Or un tel engendrement abstractif des représentations et propositions objectives à partir des subjectives s'avère strictement impossible : car même si nous en éliminons tout ancrage mental, « une représentation subjective (pensée) reste malgré tout *quelque chose d'existant* et ne peut jamais devenir ce que je [= Bolzano] nomme représentation objective », vu que cette dernière « n'a pas d'*existence* et, de ce fait, ne peut être un phénomène ». Il en va ici comme en mathématique : faire abstraction d'une propriété ne la supprime pas pour autant ; ainsi, l'acte de faire abstraction du fait que la somme des angles de tout triangle est égale à deux angles droits n'entraîne nullement que les triangles cesseraient d'avoir cette propriété ; de même, faire abstraction de l'existence mentale d'une représentation subjective n'entraîne nullement qu'elle cesserait de posséder cette existence[36]. La distinction ontologique entre le subjectif et l'objectif, l'existant et le non existant, interdit ainsi toute continuité entre les deux et exclut toute définition génétique ou tout engendrement du second à partir du premier ; au modèle dynamique d'Exner, qui met en évidence la voie conduisant de la réalité effective à l'idéal, s'oppose donc une partition ontologique fixe et stricte.

Contre le réalisme sémantique : le principe de connexité entre l'idéal et le subjectif

La réponse d'Exner pointe avec beaucoup de netteté conceptuelle l'*alternative entre réalisme sémantique et perspective phénoménologique.*

Tout d'abord, est-il exact qu'au seul motif qu'elles relèvent de domaines ontologiques séparés, les propositions entendues au sens subjectif et objectif n'auraient rien en commun? Absolument pas ! En effet, « le concept : quelque chose qui est soit vrai, soit faux » – à savoir la stricte *bivalence* ou le principe du tiers exclu – caractérise aussi bien les propositions subjectives que les objectives. À moins que Bolzano n'admette pas que les propositions pensées soient vraies ou fausses, c'est-à-dire réserve le vrai et le faux aux seules vérités en soi[37] ? Mais non : loin d'exclure le sens subjectif de la vérité, Bolzano l'inclura au contraire, au § 24 de la *Wissenschaftslehre*, parmi les

35. B. Bolzano, Brief 11 an Exner, 22. 11. 1834, in *Briefwechsel B. Bolzano mit F. Exner, op. cit.*, p. 64, *BB-GA* III, 4, p. 84 (trad. fr., p. 169-170) – cf. *Wissenschaftslehre*, I, § 19, p. 78, *BB-GA* I, 11/1, p. 105 (trad. fr., p. 97).

36. B. Bolzano, Brief 11 an Exner, in *Briefwechsel B. Bolzano mit F. Exner, op. cit.*, p. 65-66, *BB-GA* III, 4, p. 85-86 (trad. fr., p. 171).

37. F. Exner, Brief 12 an Bolzano, 10. 12. 1834, in *ibid.*, p. 72, *BB-GA* III, 4, p. 92 (trad. fr., p. 177).

sens possibles du concept[38]. Tout cela montre une chose : en dépit de la distinction ontologique tranchée entre les domaines subjectif et objectif, le pensé et l'en soi, il est possible, voire *nécessaire* de *penser le rapport entre les deux*, et par conséquent de déterminer ce qu'ils ont en commun et qui les relie.

Plus décisive encore s'avère la *question du sens* (*directionnel*) dans lequel on emprunte la voie méthodique qui conduit ou bien du subjectif à l'objectif, ou bien à l'inverse de l'objectif au subjectif :

> Vous dites : il y a des vérités objectives, celles-ci peuvent être saisies par un être pensant ; ces actes de saisie [*Auffassungen*] constituent les vérités subjectives. Les vérités objectives sont donc ce qui est présupposé, les vérités subjectives ce qui vient après coup s'y ajouter. Je prends la question de façon exactement inverse. Les vérités subjectives sont pour moi ce qui est présupposé, les vérités objectives ce qui vient après coup s'y ajouter[39].

C'est là que réside le point essentiel. Pour Bolzano, les propositions objectives sont présupposées comme étant *en soi*, radicalement indépendantes, dissociées de toute pensée subjective et possédant une consistance ontologique autonome. Aussi n'ont-elles « aucune *existence* » (*keine* Existenz) : ni existence intratemporelle et temporaire (*zeitweilige*), ni existence éternelle si, par *éternité*, on entend une existence indéfiniment prolongée[40] ; donc nulle existence phénoménale dans l'esprit pensant, nul mode d'apparition subjectif dans une modalité de pensée. Si les propositions objectives sont en soi, c'est en un sens *radicalement asubjectif*. De ces propositions, on peut alors passer à leur mode d'accès ou de saisie subjectif en se demandant : *comment un tel contenu propositionnel idéal vient-il à être pensé par un sujet* ? Mais l'essentiel reste que l'admission ontologique des propositions en soi s'avère *première* et constitue la condition nécessaire de toute proposition subjective correspondante, dont elles forment le matériau.

Exner suit exactement la voie inverse. Refusant toute présupposition de l'être en soi des significations propositionnelles, il part des phénomènes subjectifs que sont les propositions pensées et s'enquiert de la nature de leurs corrélats : étant donné que nous pensons et jugeons, en quoi consiste ce que nous pensons et jugeons ? Le corrélat ou l'« objet » visé par les actes de penser et de juger est alors indissociable de ces actes et ne peut être posé qu'en sa corrélation avec ces derniers.

Dans quelle perspective se détermine alors le concept de l'*objectivité* des propositions ? S'agit-il toujours d'une perspective *ontologique* ? Réponse :

> Et, parce que cette propriété des jugements [*scil.* la bivalence des propositions et la dépendance de leur vérité ou fausseté vis-à-vis des propriétés des représentations qui les composent] est à nos yeux importante au plus haut point, nous commençons peu à peu à considérer les jugements selon leur vérité et leur fausseté, c'est-à-dire en tenant compte de leurs parties et relations.

38. B. Bolzano, *Wissenschaftslehre, op. cit.*, I, § 24, p. 108-109, *BB-GA* I, 11/1, p. 133-134 (trad. fr., p. 103).
39. *Ibid.*, I, § 24, p. 108-109, *BB-GA* I, 11/1, p. 133-134 (trad. fr., p. 103).
40. B. Bolzano, Brief 11 an Exner, in *Briefwechsel B. Bolzano mit F. Exner, op. cit.*, p. 63, *BB-GA* III, 4, p. 83 (trad. fr., p. 169).

Le contexte psychologique des jugements n'ayant ici aucune influence, nous en faisons totalement abstraction ; c'est ce que j'appelle alors considérer objectivement un jugement[41].

Qu'est-ce qu'une proposition objective ? C'est un jugement subjectif qui est *considéré objectivement*, c'est-à-dire sous l'angle de l'objectivité. Or qu'est-ce que cette objectivité ? Prenant place dans une *perspective épistémologique*, et non *ontologique*, ce concept ne désigne désormais plus l'*être en soi*, séparé de toute pensée subjective, mais la *validité objective* (pour quiconque et en tout temps), par opposition à une validité qui ne serait que subjective, relative à un être pensant singulier et conditionnée par le contexte psychique de ses actes de pensée.

Aussi, d'une part, la vérité objective n'est-elle jamais dissociée de son mode d'accès subjectif, mais au contraire *atteinte au terme d'un processus d'abstraction* : partant de l'acte subjectif de juger, il en écarte la trame ou les conditions psychologiques, dans la mesure où ces dernières n'ont aucune incidence sur la validité. C'est le résultat d'un acte de réduction ou le corrélat de ma « façon de considérer » la vérité subjective sous l'angle de la seule validité, sans prendre en considération le contexte psychologique des actes[42].

Nulle part cette réduction de l'être en soi à une considération *sub specie validitatis* n'est rendue plus évidente qu'à propos des souhaits et sentiments. Peut-on en effet, sur le modèle des représentations et propositions objectives, « parler de souhaits et de sentiments objectifs » (*objektiven Wünschen und Gefühlen*) ainsi que d'actes de volonté objectifs qui correspondraient aux souhaits, sentiments et volitions subjectifs ? Si comme Bolzano l'on assimile l'objectif à ce qui est en soi (indépendamment de tout sujet), il semble tout à fait absurde de parler de souhaits, de sentiments et de volitions objectifs. Si en revanche, comme Exner, on assimile l'objectif à ce qui possède une validité pour quiconque, on peut alors tout à fait parler de souhaits, sentiments et volitions objectifs : ainsi, en philosophie morale, un acte de volonté objectif est une volition qui par nature est éthique, c'est-à-dire est considérée sous l'angle de sa validité éthique universelle, abstraction faite du contexte psychologique où elle s'insère[43].

D'autre part, loin que les concepts de vérité objective et subjective n'aient rien en commun, ils désignent *la même chose envisagée de deux points de vue différents* : à savoir la même vérité considérée tantôt sous l'angle de sa seule validité, tantôt sous l'angle de sa production ou de sa saisie subjective. Exner tisse ici une analogie botanique : une plante peut être considérée de façon purement descriptive (si l'on consigne le nombre de ses filets, les propriétés morphologiques de sa corolle, etc.) ou génétique (en étudiant le milieu où elle a poussé, les conditions de son apparition). Or, tout comme la même plante peut être considérée du point de vue *descriptif* ou *génétique*, de même en va-t-il pour les vérités : une vérité peut être envisagée du point de vue des

41. F. Exner, Brief 12 an Bolzano, in *ibid.*, p. 72-73, *BB-GA* III, 4, p. 93 (trad. fr., p. 177).
42. *Ibid.*, p. 73, *BB-GA* III, 4, p. 93 (trad. fr., p. 177).
43. *Ibid.*, p. 74-75, *BB-GA* III, 4, p. 95 (trad. fr., p. 179).

significations partielles qui la composent et de sa validité objective, sans se soucier de savoir qui la pense et comment on a été amené à la découvrir[44].

Enfin, à l'objection de Bolzano selon laquelle rendre commensurables les propositions subjectives et objectives reviendrait à réduire le nombre des vérités objectives à celui des seules vérités *connues* (en excluant l'infinité des vérités connaissables mais pour l'instant inaccessibles), Exner répond en prolongeant cette analogie botanique. Lorsqu'un botaniste découvre plusieurs plantes semblables, il s'en forme progressivement un concept générique (par exemple, celui de *véronique*) ; et loin de restreindre la validité de ce concept aux seules véroniques qu'il a effectivement eues cette année entre les mains, il l'étend non seulement à toutes celles qui ont existé cette année, mais encore à toutes celles qui existeront dans le futur et ont existé dans le passé, y compris un passé antédiluvien. On peut ainsi « élargi[r] progressivement [l'extension du concept] au passé, au présent et au futur ». Or il en va de même des vérités : si l'on part des vérités effectivement connues, on peut les considérer sous l'angle de la seule validité ou de leur adéquation à ce qui est sans se soucier de leur existence mentale, puis élargir l'extension de ce concept de vérité à toutes celles qui furent connues dans le passé et seront connues dans le futur, et ce non seulement par moi, mais par d'autres sujets pensants ; le concept générique de vérité objective en vient ainsi à désigner la validité intersubjective de vérités connaissables en tout temps, incluant en son extension « toutes les vérités possibles pour tous les êtres pensants passés, présents, futurs »[45].

Loin de se dissocier de tout rapport à la subjectivité, le concept de vérité en soi va ainsi jusqu'à s'élargir aux dimensions d'une *omnisubjectivité virtuelle* et d'une *temporalité indéfiniment dilatée*.

Mais en outre, il faut filer l'analogie avec le passé antédiluvien. Loin que les plantes ayant existé dans un tel passé soient en soi et indépendantes de toute atteinte subjective, Exner ajoute la condition suivante : « à supposer qu'une empreinte fossile rende suffisamment distincte la forme détruite depuis longtemps », c'est-à-dire que cette propriété morphologique soit accessible depuis le présent par la médiation d'empreintes fossiles. De même, par analogie, les vérités découvertes dans le passé ne possèdent pas de consistance en soi dans quelque ciel purement intelligible, mais ne possèdent de validité que dans la mesure où elles sont consignées dans des traces – à savoir un corpus écrit qui les rende à nouveau découvrables au présent. Si le concept de vérité objective s'étend bien à toutes les vérités découvertes par le passé, c'est seulement pour autant que sont maintenues les conditions scripturales de leur accessibilité ; symétriquement, s'il s'étend également à toutes les vérités qui le seront dans le futur, c'est à la condition qu'on puisse les anticiper de quelque manière à partir de l'état présent des connaissances. Par conséquent, jamais l'idée d'objectivité ne rompt totalement le fil qui relie les vérités aux actes subjectifs de pensée, ni ne détruit les échafaudages grâce auxquels elles

44. F. Exner, Brief 12 an Bolzano, in *Briefwechsel B. Bolzano mit F. Exner, op. cit.*, p. 73, *BB-GA* III, 4, p. 93-94 (trad. fr., p. 178).
45. *Ibid.*, p. 73-74, *BB-GA* III, 4, p. 93-94 (trad. fr., p. 178).

nous sont accessibles. C'est ce qu'on pourrait appeler *principe de connexité entre le domaine idéal et le domaine subjectif* – lequel, à propos de toute vérité objective, contraint de poser la question qu'Exner adresse à Bolzano : « D'où tenez-vous la connaissance que vous en avez, comment y avez-vous accès ? »[46].

Cette exigence conduit à son tour à une question essentielle – celle de la possibilité de l'évidence de significations idéales ou en soi par des actes de pensée relevant de la réalité psychique : « Comment quelque chose de non-étant peut-il être saisi par quelque chose d'étant ? Que veut dire ici le fait de saisir ? »[47]. Si les significations objectives ne sont rien qui relève de la réalité spatiotemporelle, tandis que les actes de pensée qui les appréhendent en relèvent, comment ces derniers peuvent-ils alors saisir les premières, c'est-à-dire entrer en relation avec de l'atemporel ? Comment peut-il y avoir *une frontière commune* à la réalité psychique et à l'idéalité des significations, et par laquelle ils puissent communiquer[48] ? Comment se caractérise le concept de *saisie* de représentations et propositions en soi ?

Exner pose ainsi ce que Husserl déterminera comme le problème phénoménologique de la nature de l'évidence subjective qui donne des objectités idéales à un sujet pensant : une théorie d'*orientation subjective* qui, complétant la logique objective, doit déterminer l'essence des actes de connaissance et d'évidence – tant dans leur relation avec les contenus idéaux qu'ils atteignent que dans leur différence avec d'autres types d'actes[49]. Et c'est précisément parce qu'il a exclu cette problématique que Bolzano disparaît du cadre de la phénoménologie transcendantale.

Dominique Pradelle
Sorbonne Université / Archives Husserl de Paris (CNRS / PSL)

46. *Ibid.*, p. 75, *BB-GA* III, 4, p. 96 (trad. fr., 180).
47. *Ibid.*, p. 74, *BB-GA* III, 4, p. 95 (trad. fr., p. 179). *Cf.* J. Sebestik, *Logique et mathématique, op. cit.*, p. 120-121.
48. F. Exner, Brief 12 an Bolzano, in *Briefwechsel B. Bolzano mit F. Exner, op. cit.*, p. 74, BB-GA III, 4, p. 95 : « si la représentation objective n'a absolument rien de commun avec la subjective, comment celle-là peut-elle être saisie grâce à celle-ci ? » (trad. fr., p. 179).
49. E. Husserl, *Formale und transzendentale Logik, op. cit*, Einleitung et § 67, 80-81, 94, 97 et 100, Hua XVII, p. 18-21, 180-182 et p. 207-209, p. 239-242, p. 251-252 et p. 267-270 (trad. fr., p. 20-25, p. 232-235, p. 268-272, p. 311-316, p. 327-329 et p. 348-351).

DOSSIER

La philosophie autrichienne

UN BRENTANO NON-AUTRICHIEN

Ion Tănăsescu

Brentano ne se laisse en aucun cas réduire à son image de représentant de la philosophie autrichienne, image qui résulte d'une interprétation positiviste-sceptique de sa philosophie. S'appuyant sur la distinction entre les deux significations de l'intérêt théorique, la présente étude reconstruit la philosophie brentanienne comme celle d'une nouvelle phase philosophique ascendante à la fin du XIXe et au début du XXe siècle. Ainsi, l'importance de la dimension métaphysique fondamentale de la pensée de Brentano et les conséquences qui en découlent pour l'établissement correct des relations entre sa pensée et les autres courants philosophiques de l'époque, y compris le positivisme, sont mises en évidence.

Au cœur de la philosophie brentanienne se trouve une dimension métaphysique résolument aristotélicienne et scolastique, « non-autrichienne », qui ne se laisse nullement réduire aux caractéristiques de la philosophie autrichienne proposées par les auteurs (Neurath, Haller), qui font de Brentano l'un de ses représentants les plus importants. La dimension métaphysique en question constitue le cœur de la théorie des phases de la philosophie de Brentano et devait être traitée par une méthode inspirée des sciences naturelles. Les auteurs qui affirment que la philosophie développée après 1850 dans l'ancienne monarchie danubienne a un profil et un développement distincts de ceux de la philosophie allemande, et qui accordent à Brentano un rôle fondamental dans la formation de ce profil [1], soit ne font pas référence dans leurs caractérisations à la problématique métaphysique chez Brentano (Haller),

1. O. Neurath, « Die Entwicklung des Wiener Kreises und die Zukunft des Logischen Empirismus », in *Gesammelte philosophische und methodologische Schriften*, Bd. 2 – Neuauflage, hrsg. v. R. Haller u. H. Rutte, Wien, Lit, 2021, p. 676-679; R. Haller, « Österreichische Philosophie », in *Österreichische Philosophen und ihr Einfluß auf die Analytische Philosophie der Gegenwart*, Bd. I, *Conceptus*, 1977, p. 57-67; R. Haller, *Questions on Wittgenstein*, Lincoln, NE, University of Nebraska Press, 1988, p. 1-8; B. Smith, « Austria and the Rise of Scientific Philosophy », *in* A. Chrudzimski, W. Huemer (eds.), *Phenomenlogy and Analysis. Essays on Central European Philosophy*, Frankfurt, Ontos, 2004, p. 47-51.

soit, bien qu'ils en reconnaissent la présence, ne lui accordent pas d'importance particulière dans les caractérisations de la philosophie autrichienne qu'ils proposent[2]. Ainsi, Otto Neurath commence toujours sa caractérisation de la conception philosophique du Cercle de Vienne en soulignant son caractère anti-métaphysique, suivi de l'orientation empiriste en général, de l'utilisation systématique de la logique et de la mathématisation de toutes les sciences[3]. Rudolf Haller, quant à lui, passe sous silence la dimension anti-métaphysique et définit la philosophie autrichienne par son caractère *scientifique, empirique* et l'importance accordée à *l'analyse et à la critique du langage*[4]. De même, seule compte pour lui la psychologie de Brentano[5] et, fondamentalement – ce qui vaut pour toute la réception autrichienne de sa philosophie – sa quatrième thèse d'habilitation : la véritable méthode de la philosophie est la méthode de la science de la nature, c'est-à-dire, comme Brentano l'explique ailleurs, l'observation, l'induction et la déduction[6]. Si l'on fait abstraction du fait que l'analyse du langage est loin de jouer dans la *Psychologie d'un point de vue empirique* le rôle que l'on attendrait d'elle quand on la considère comme le *terminus a quo* de la philosophie autrichienne[7], force est de constater que la thèse du fondement empirique de la connaissance (tout concept a son origine dans l'expérience) et celle du monisme méthodologique (les sciences naturelles et les sciences humaines, y compris la philosophie, ont la même méthode) sont des traits essentiels de la philosophie de Brentano. En d'autres termes, les caractéristiques de la philosophie autrichienne proposées par Haller reprennent des traits essentiels de la philosophie brentanienne et, bien que partielles, correspondent mieux à son style de philosopher que la caractérisation proposée par Neurath qui, par son caractère anti-métaphysique, est, il faut bien le dire, *anti-brentanienne.*

Sur la base de la théorie des quatre phases de la philosophie de Brentano présentée ci-dessous, la thèse de cet article est que les caractérisations susmentionnées de la philosophie autrichienne sont liées à une réception positiviste-sceptique de la philosophie de Brentano. Cette réception a été exprimée avec force par Neurath, reprise et poursuivie plus tard dans les travaux publiés par Haller à partir du milieu des années 1960, et peut être explicitée à travers quatre thèses.

2. O. Neurath, « Die Entwicklung des Wiener Kreises und die Zukunft des Logischen Empirismus », in *Gesammelte philosophische und methodologische Schriften*, *op. cit.*, p. 693 *sq.*

3. *Ibid.*, p. 693; voir aussi p. 677 et p. 695.

4. R. Haller, « Österreichische Philosophie », art. cit., p. 66; sur Brentano et ses élèves, voir p. 61 et p. 63. Pour Haller, la thèse du caractère scientifique de la philosophie implique le monisme méthodologique, c'est-à-dire la thèse de l'unité méthodique de la science (voir les textes cités).

5. Neurath reconnaît également l'importance de la psychologie brentanienne dans l'histoire de la genèse de la conception du Cercle de Vienne (O. Neurath, « Die Entwicklung des Wiener Kreises und die Zukunft des Logischen Empirismus », in *Gesammelte philosophische und methodologische Schriften*, *op cit.*, p. 688 *sq.* et 694).

6. R. Haller, « Österreichische Philosophie », art. cit., p. 60; F. Brentano, *Über die Zukunft der Philosophie* (désormais ZPh), O. Kraus (éd.), Leipzig, F. Meiner, 1929, p. 137; F. Brentano, *Geschichte der Philosophie der Neuzeit* (désormais GPhN), K. Hedwig (éd.), Hamburg, Meiner, 1987, p. 303.

7. R. Haller, *Questions on Wittgenstein*, *op. cit.*, p. 3. B. Mezei, B. Smith, *The Four Phases of Philosophy. With an Appendix : The Four Phases of Philosophy and its Current State by Franz Brentano*, Amsterdam, Rodopi, 1998, p. 42-45.

1. L'accent mis sur la quatrième thèse d'habilitation et son monisme méthodologique spécifique[8].
2. La volonté d'éliminer, du discours philosophique, des problèmes qui ne peuvent être traités sur la base de l'expérience et de la méthode inspirée de la science[9].
3. La volonté de se concentrer sur la psychologie brentanienne, sans prêter une attention particulière à sa dimension métaphysique ni, plus généralement à la métaphysique comme discipline philosophique, toutes deux fondamentales pour Brentano[10].
4. Le fait qu'il n'opère qu'avec un seul sens, le sens moderne, de l'expression « pur intérêt théorique », à savoir l'intérêt pour l'étude des phénomènes et de leurs lois, sans laisser entrevoir que Brentano opère aussi avec un autre sens du terme, le sens traditionnel, celui de l'intérêt pour les causes et les principes des choses, qui, comme je le montrerai plus loin, s'avère dans certains contextes plus important que le premier.

Dans ce contexte, je souligne l'importance pour Brentano de la dimension métaphysique omise dans les caractérisations de la philosophie autrichienne. Pour cela, je m'appuie (1) sur ses déclarations sur l'importance des problèmes métaphysico-théologiques pour la vie humaine et sur le rôle de la métaphysique et de son aspect théologique dans la première classification des sciences de Brentano; (2) sur la coexistence de deux significations, traditionnelle et moderne, de l'intérêt purement théorique chez Brentano; et (3) sur une interprétation de sa théorie des quatre phases de la philosophie en fonction des deux points mentionnés à l'instant.

Avant d'argumenter en faveur de la thèse ci-dessus, je tiens à préciser que je suis absolument convaincu à la fois de la dimension empirique de la pensée brentanienne, de l'importance pour elle de la méthode inspirée des sciences naturelles, et du fait que lui et ses élèves ont joué un rôle décisif dans l'établissement de la philosophie autrichienne au sens de Haller, et qu'ils ont aussi contribué, comme le dit Neurath, à la création d'une atmosphère favorable au développement du Cercle de Vienne. Tout cela étant bien connu, il n'est pas nécessaire d'argumenter davantage en ce sens et le but de cet article est d'indiquer les limites de cette interprétation positiviste-sceptique en mettant en évidence l'importance fondamentale des problèmes qui, outre le problème de la méthode, de l'empirisme et de l'analyse critique du langage, ont animé sa pensée tout au long de sa carrière.

8. R. Haller, *Questions on Wittgenstein*, *op. cit.*, p. 3; B. Mezei, B. Smith, *The Four Phases of Philosophy*, *op. cit.*, p. 2, 33-35, et *passim*.

9. A. Comte, *Cours de philosophie positive*, tome premier, Paris, Bachelier, 1864, p. 9 *sq.*, p. 17 *sq.*, p. 52. O. Neurath, « Die Entwicklung des Wiener Kreises und die Zukunft des Logischen Empirismus », art. cit., p. 688 *sq.*

10. O. Neurath, « Die Entwicklung des Wiener Kreises und die Zukunft des Logischen Empirismus », art. cit.; R. Haller, *Questions on Wittgenstein*, *op. cit.*, p. 3; B. Mezei, B. Smith, *The Four Phases of Philosophy*, *op. cit.*, p. 5 *sq.* et p. 10.

La position de Brentano à l'égard de la philosophie positive et le rôle de la métaphysique dans sa première classification des sciences

Au début de sa lettre à un agnostique publiée dans *Vom Dasein Gottes*, Brentano parle de confiance dans les doctrines les plus élevées qui nous ont été transmises à travers les âges, parmi lesquelles la thèse de l'existence d'un principe divin du monde, une existence affirmée par des penseurs tels qu'Aristote, Locke et Leibniz [11]. Si nous lisons le passage en question à la lumière des déclarations de la leçon inaugurale de 1874 sur les problèmes auxquels la philosophie – dans l'intérêt de l'humanité ! – ne peut renoncer, on comprend que les problèmes en question ne sont pas des problèmes de méthode, mais des problèmes centraux de la tradition aristotélico-scolastique dans laquelle Brentano a été formé, ce que confirment de nombreux autres passages de ses écrits [12]. Bien que pour l'interprétation positiviste-sceptique proposée par Neurath, ces problèmes ne soient pas de véritables problèmes philosophiques, la référence à ces problèmes joue, dans le cadre ici choisi, un rôle extrêmement important puisqu'ils constituent *l'objet par excellence* de l'intérêt théorique brentanien. Comme je le montrerai plus loin, Brentano s'est senti appelé à aborder ces problèmes avec les moyens et dans l'esprit de la conception scientifique de son temps. À cette fin, il s'est approprié, avec une certaine réserve, la conception et la méthode de la pensée positive de l'époque : la recherche philosophique et scientifique ne peut pas répondre à des questions comme celle de savoir quelle est l'essence de la matière ou de l'esprit, mais doit se limiter à l'étude des phénomènes par lesquels la matière et la conscience se manifestent [13]. Mais contrairement à Comte et Mill, qui préconisaient fermement de limiter la recherche au seul domaine phénoménal, Brentano croyait tout aussi fermement qu'une telle limitation était inacceptable parce qu'elle exigeait d'éliminer du discours philosophique des thèmes métaphysiques traditionnels regroupés sous le titre de *philosophia perennis* : la question de l'existence de Dieu, de l'immortalité, le problème du mal, etc. Selon Brentano, ces problèmes ne doivent pas être éliminés, mais reformulés et traités dans un esprit moderne [14]. L'intérêt fondamental de Brentano pour les questions évoquées ci-dessus est crucial pour comprendre les spécificités de sa philosophie et pour la situer correctement par rapport aux conceptions de Comte et de Mill, car Brentano n'a jamais accepté la positivisation du discours philosophique au point d'en éliminer les problèmes métaphysiques, comme le souhaitaient Comte et Mill et comme le revendiqueront encore, au

11. F. Brentano, *Vom Dasein Gottes* (1929; désormais DG), A. Kastil (éd.), Nachdruck Hamburg, Meiner, 1968, p. 1 ; voir également p. 11.

12. F. Brentano, *Die vier Phasen der Philosophie* (désormais VPh), O. Kraus (éd.), Leipzig, Meiner, 1926, p. 15; F. Brentano, « Geschichte der kirchlichen Wissenschaften » (désormais GkW), dans J. A. Möhler, *Kirchengeschichte*, P. B. Gams (éd.), Bd. II, Regensburg, Mainz, 1867, p. 539; F. Brentano, « Die Gesetze der Wechselwirkung der Naturkräfte und ihre Bedeutung für die Metaphysik », G. Frechette (éd.), *Brentano Studien* 14, 2016, p. 52.

13. VPh, p. 29.

14. Voir, par exemple, *Psychologie vom empirischen Standpunkte* (1874; désormais PeS), *in* F. Brentano, *Sämtliche veröffentlichte Schriften*, Band 1, Th. Binder, A. Chrudzimski (éd.), Frankfurt, Ontos, 2008, p. 90.

début du XXe siècle, les représentants du Cercle de Vienne, qui considéraient pourtant Brentano comme l'un de leurs précurseurs. C'est pourquoi, malgré l'influence considérable exercée sur lui par Comte et Mill, Brentano ne les a jamais considérés, dans ses écrits sur l'avenir de la philosophie, comme les représentants d'une nouvelle phase philosophique ascendante qu'il se croyait appelé à initier par son recours à la méthode et à la conception positives de la connaissance. Le prix à payer pour une telle positivisation était, à ses yeux, inacceptable. C'est pourquoi Mill et Bain – et cela vaut aussi pour Comte – sont considérés comme des représentants de l'hyperempirisme philosophique, une forme de scepticisme qui s'en tient strictement aux données empiriques et refuse de passer de la sphère de l'expérience à sa cause (supposée) transcendante [15].

Brentano pensait que la philosophie n'était possible qu'en retravaillant les problèmes de la tradition.

Selon les premières classifications des sciences, la philosophie est pour Brentano une discipline théorique, abstraite et inductive qui a deux branches fondamentales, la métaphysique et la psychologie, cette dernière étant la base des disciplines pratiques de la logique, de l'éthique, de l'esthétique, de la politique, etc. [16] En reformulant la quatrième thèse d'habilitation en conséquence, on obtient la formule suivante : « La véritable méthode de la philosophie [de la métaphysique et de la psychologie] n'est autre que celle de la science de la nature » (« Die wahre Methode der Philosophie ist keine andere als die der Naturwissenschaft ») [17], une phrase qui sonne étrangement au lecteur familier de la métaphysique de l'idéalisme allemand ou de l'anti-métaphysique du Cercle de Vienne. Suivant une classification inspirée par Wolf, la philosophie théorique ou métaphysique au sens large comporte selon Brentano les disciplines suivantes : la métaphysique au sens étroit qui comprend (1) l'apologétique contre le scepticisme, (2) l'ontologie au sens étroit, consacrée, entre autres, à l'étude du problème des multiples significations de l'être, (3) la théologie philosophique, (4) la cosmologie naturelle. À côté d'elle, la psychologie apparaît comme l'autre science philosophique fondamentale [18]. Le programme des cours donnés par Brentano tout au long de sa carrière d'enseignant montre également que la métaphysique y occupe une place considérable. De plus, leur partie théologique a été reprise et traitée à part entière [19]. Le titre du cours du semestre d'été 1879, reprise dans le semestre d'hiver 1891-1892, indique clairement de quoi il s'agit : « *Über die Beweise*

15. DG, p. 166.
16. Metaphysikvorlesung (transkribiert u. ediert v. W. Baumgartner; désormais M 96), p. 32078, *in* M. Antonelli, *Seiendes, Bewußtsein, Intentionalität im Frühwerk von Franz Brentano*, Freiburg-München, Alber, 2001, p. 446 *sq.*, p. 450; K. Hedwig, « Vorwort », dans GPhN, p. XV.
17. ZPh, p. 137.
18. M 96, p. 32078.
19. Outre les cours consacrés à l'histoire de la philosophie et à la philosophie aristotélicienne, dans lesquels le traitement des sujets métaphysiques occupe une place considérable, Brentano a donné des cours sur la métaphysique ou consacrés à des sujets métaphysiques centraux, comme suit : Métaphysique (1867, 1868, 1868-1869, 1869, 1870, 1874-1875, 1877-1878, 1881, 1882-1883, 1886-1887); l'existence de Dieu (1872-1873, 1879, 1891-1892); l'immortalité de l'âme (1869-1870, 1879; voir M. Antonelli, *Seiendes, Bewußtsein, Intentionalität im Frühwerk von Franz Brentano, op. cit.*, p. 439-445).

vom Dasein Gottes ». Si nous lisons certaines des affirmations de ce cours dans la perspective de sa théorie des quatre phases, nous pouvons voir qu'une partie fondamentale de son programme de renouvellement de la philosophie consistait précisément à reprendre et à reformuler les arguments avancés au fil du temps par les penseurs des époques des phases philosophiques ascendantes en faveur de l'existence de Dieu à la lumière des résultats scientifiques de son époque – au premier rang desquels figurent le darwinisme et la loi de conservation et de transformation de l'énergie[20]. Son exposé de la question montre que les arguments en question devaient être formulés selon la méthode empirique[21]. Bien qu'aucun d'entre eux ne nous permette de connaître directement l'existence de Dieu, Brentano affirme néanmoins, contre le scepticisme de Hume et de Kant, que nous pouvons conclure avec une nécessité empirique, c'est-à-dire avec une probabilité infinie, que Dieu existe[22]. Il s'agit ici d'un problème métaphysico-théologique *par excellence*, et le traitement qu'en fait Brentano révèle clairement à la fois son attitude critique à l'égard du positivisme de Comte, Mill, et à l'égard de l'idéalisme allemand, qui s'est compromis par les méthodes utilisées dans le traitement des problèmes métaphysiques. Dans ce contexte, l'importance des travaux qu'il a consacrés à la philosophie aristotélicienne au fil des années, depuis sa thèse sur les différents sens de l'être chez Aristote, qui a inspiré le problème de l'être au jeune Heidegger, jusqu'à ses écrits aristotéliciens tardifs, est également évidente. Il ne s'agit pas ici uniquement d'écrits exégétiques, aussi remarquables soient-ils sur le plan de l'interprétation, mais d'ouvrages dont le but était de réaliser une autre partie importante de son programme visant à remettre la philosophie sur une voie ascendante, à savoir le retour à ces moments forts du passé dont il parle à plusieurs reprises dans ses écrits[23]. Contrairement à Comte et à Neurath, qui pensaient que la philosophie pouvait se passer de sa tradition métaphysique, en s'appuyant strictement sur l'expérience scientifique, Brentano pensait que la philosophie n'était possible qu'en retravaillant et en approfondissant les problèmes de la tradition[24].

20. S. Krantz Gabriel, « Brentano on Darwin II : Science », *Brentano Studien* XVI, 2018, p. 143-155 et « Can We Have Scientific Knowledge About God ? », *in* I. Tănăsescu, A. Bejinariu, S. Krantz Gabriel, C. Stoenescu (eds.), *Brentano and the Positive Philosophy of Comte and Mill. With Translations of Original Writings on Philosophy as Science by Franz Brentano*, Berlin, De Gruyter, 2022, p. 165-183.

21. DG, p. 209 *sq.*; voir aussi LIII *sq.*, p. 11 *sq.*

22. DG, p. 136, p. 152.

23. VPh, p. 30-32, p. 133.

24. F. Brentano, *Über Aristoteles. Nachgelassene Aufsätze*, R. George (éd.), Hamburg, Meiner, 1986, p. 10 *sq.* Dans son introduction, Rolf George a très bien saisi cela lorsqu'il a déclaré que pour Brentano, la philosophie, comme la science, repense constamment les mêmes problèmes (*ibid.*, p. XIX); voir également I. Tănăsescu, « Einleitung. Brentano und Zeller. Ihre Auffassungen von der Geschichte der Philosophie und dem aristotelischen Νοῦς Ποιητικός », *in* F. Brentano, *Sämmtliche veröffentlichte Schriften*, Band 6, *Aristoteles Lehre vom Ursprung des menschlichen Geistes*, Berlin, De Gruyter, 2023, p. XI-LXI.

La théorie de Brentano sur les quatre phases de la philosophie et la double signification de son « Intérêt théorique pur »

En ce qui concerne la théorie de Brentano sur les phases de la philosophie, il a été maintes fois souligné dans la littérature qu'il a repris l'idée des phases de Comte, qui est connu pour avoir soutenu que l'esprit humain passe successivement par trois états : théologique, métaphysique, positif[25]. Cette affirmation est inexacte puisque Comte n'a joué aucun rôle dans la genèse de la théorie brentanienne des phases. Brentano n'a découvert Comte qu'en 1868 grâce à la traduction française de l'ouvrage de Mill, *Auguste Comte et le positivisme*, paru en 1865. Pourtant, comme nous le savons d'après les déclarations de Stumpf, Brentano élaborait sa propre théorie depuis 1860, et celle-ci a joué un rôle important à la fois dans l'explication de l'état de la philosophie à son époque et dans son orientation intellectuelle[26]. Comment expliquer, demandait Brentano, que l'idéalisme allemand ait été si influent au début du XIXe siècle et qu'il ait ensuite perdu tout son prestige, entraînant, entre autres, la perte de crédibilité de la philosophie aux yeux du grand public ? La théorie des quatre phases de la philosophie est la réponse à cette question : il existe une loi du développement historique de la philosophie selon laquelle la philosophie suit un développement cyclique à chaque grande époque historique. Ce développement commence par une phase ascendante, caractérisée par la domination d'un intérêt purement théorique et d'une méthode appropriée à l'objet à étudier ; elle est suivie de trois phases de déclin : la première, la phase pratique, dans laquelle l'intérêt théorique pur est remplacé par l'intérêt pratique ; la deuxième, la phase sceptique, où se manifeste l'incapacité de nos facultés cognitives à obtenir certaines connaissances, y compris l'existence de Dieu ; et enfin, la troisième phase, qui fait appel à des méthodes de connaissance non naturelles, comme l'intuition intellectuelle chez Schelling ou la dialectique hégélienne. À l'époque moderne, la philosophie de Bacon, Descartes, Locke et Leibniz représente la phase ascendante, les Lumières allemandes et françaises la première phase de déclin, le scepticisme de Hume la deuxième, et enfin la transition opérée par Kant entre la philosophie sceptique de Hume et l'idéalisme allemand, la troisième et plus grave phase de déclin dans l'histoire de la philosophie[27]. Il s'ensuit que l'époque de Brentano fut une époque de transition, où, s'appuyant sur la conception positive de la connaissance et de la méthode empirique à suivre pour en traiter, celui-ci devait restaurer la confiance du public dans une philosophie inspirée dans certains de ses thèmes fondamentaux par la tradition aristotélico-scolastique, une philosophie qui, en même temps, par la façon moderne dont elle abordait ses problèmes, était tout à fait conforme à

25. R. Haller, « Österreichische Philosophie », art. cit., p. 60 ; B. Mezei, B. Smith, *The Four Phases of Philosophy*, *op. cit.*, p. 12 *sq.* Je n'entre pas ici dans l'analyse du problème que j'ai traité en détail ailleurs : I. Tănăsescu, *Psychologie, Seiendes, Phantasie bei Franz Brentano*, Berlin, De Gruyter, 2021, p. 155-209.

26. C. Stumpf, « Erinnerungen an Franz Brentano », *in* O. Kraus (éd.), *Franz Brentano. Zur Kenntnis seines Lebens und seiner Lehre*, München, Beck, 1919, p. 89 *sq.*

27. VPh, p. 7-23.

la mentalité scientifique de l'époque[28]. En 1998, Mezei et Smith ont consacré un texte remarquable à la théorie des phases chez Brentano, dans lequel ils ont soutenu de manière convaincante que l'un de ses mérites est de nous permettre de comprendre le développement historique de la philosophie sur la base des interactions entre certains des courants philosophiques présents dans plusieurs phases, et dans lequel ils ont offert des caractérisations mémorables de certains des aspects fondamentaux de la théorie des phases[29]. Toute leur étude repose sur le présupposé que la théorie de Brentano est avant tout une théorie des phases de déclin ; Comte, comme le précise Brentano, n'a pas prêté attention à ces phases[30]. Un autre présupposé de leur étude est que l'intérêt théorique brentanien est un intérêt théorique au sens moderne, c'est-à-dire un intérêt pour les phénomènes et les lois qui les relient. Or, bien qu'il s'agisse d'un sens de l'intérêt théorique chez Brentano, le terme signifie plus que cela, et ce « plus », à savoir le sens traditionnel de l'expression, est à mon avis plus important que le sens moderne, qui lui serait en fait subordonné, surtout dans des contextes métaphysiques. Cette thèse est confirmée par les arguments suivants :

1. Lorsqu'il introduit l'intérêt purement théorique dans la description de la phase philosophique ascendante, Brentano se réfère non pas à Comte, mais au problème de l'étonnement chez Aristote[31]. Au début de sa *Métaphysique*, celui-ci affirme que tous les hommes désirent naturellement connaître et présente l'étonnement comme le facteur déclenchant du processus cognitif. Il définit métaphysiquement la tâche de la connaissance scientifique et philosophique, à savoir la *recherche des causes et des principes de toutes choses, y compris la recherche de la première cause divine du monde*[32]. C'est la forme métaphysique traditionnelle de l'intérêt purement théorique, une forme que Brentano voit à l'œuvre non seulement chez Aristote, mais chez tous les grands penseurs des époques de développement philosophique, d'Albert et Thomas au Moyen Âge à Bacon, Descartes, Locke et Leibniz à l'époque moderne, une forme qu'il reprend pour en faire la première caractéristique de la phase philosophique ascendante qu'il a cherché à initier à travers sa propre philosophie[33].

2. Lorsque Brentano a présenté pour la première fois au lecteur sa théorie des quatre phases dans *Geschichte der kirchlichen Wissenschaften* (1867), il ne mettait pas en cause la méthode, mais seulement l'intérêt théorique pur, un intérêt qui, comme il ressort de l'ensemble de l'ouvrage, était fondamentalement un intérêt pour le problème métaphysico-théologique mentionné plus haut[34].

3. Dans l'« Introduction » du cours sur la philosophie médiévale prononcé en 1870, Brentano affirme clairement que le christianisme est la religion la plus favorable au développement de l'intérêt théorique ou spéculatif,

28. VPh, p. 23 *sq.*; GE, p. 97; F. Brentano, « Über Schellings Philosophie » (1866, 1889; désormais SchPh), dans ZPh, p. 130.
29. B. Mezei, B. Smith, *The Four Phases of Philosophy, op. cit.*, p. 15 *sq.*, p. 28, p. 30, p. 53, p. 72.
30. VPh, p. 131.
31. VPh, p. 8.
32. Aristote, Met. I. 1. 980 a 21, 981 b 27-29; Met. I. 2. 982 b, 17-21; VPh, p. 8.
33. GPhN, p. 15-20 et p. 25.
34. GKW, p. 539.

développement dont le champ d'application est très largement déterminé : « Elle [la foi chrétienne] exige l'investigation des problèmes philosophiques les plus élevés : Existence, connaissance, œuvres de Dieu ; [...] âme ; immortalité ; modes de l'union de l'âme et du corps ».[35]

4. Au début du cours sur l'existence de Dieu, Brentano déclare : « C'est pourquoi je ne nie nullement que, pour ma part, le fait qu'un penseur soit théiste ou ne le soit pas me semble d'une importance éminente dans l'évaluation de sa stature de philosophe ».[36]

Il apparaît donc clairement que toute sa théorie des phases repose sur un présupposé théologico-métaphysique, à savoir l'attitude affirmative à l'égard de la question de l'existence de Dieu, présupposé qui fonctionne comme un critère décisif pour évaluer et intégrer les différentes philosophies dans la théorie des phases[37]. Pour ces raisons, je crois qu'en discutant non seulement de sa théorie des phases de la philosophie, mais de sa philosophie en général, nous devons distinguer deux formes d'intérêt théorique[38] : La forme métaphysique traditionnelle, fortement marquée, qui prévalait dans l'Antiquité et au Moyen Âge, qui perdure également dans la métaphysique moderne et qui recherchait les causes et les principes des substances, y compris la cause divine du monde ; la forme positive et scientifique qui, dans la modernité, ne porte plus sur l'étude des substances, mais sur les phénomènes et les lois qui les relient. Cette forme d'intérêt théorique apparaît surtout dans le domaine des sciences naturelles et est délibérément valorisée et retravaillée chez Comte et Mill, où elle tend à s'affirmer contre son application métaphysique sur le plan philosophique.

Pour Brentano, les deux formes ne s'opposent pas, mais au contraire travaillent ensemble, une partie fondamentale de son programme philosophique étant précisément d'utiliser et d'analyser les résultats des recherches menées sur la base de l'intérêt scientifique au sens moderne, afin d'argumenter en faveur d'une solution optimale aux problèmes relatifs aux thèmes saillants de l'intérêt théorique au sens traditionnel. En revanche, la réception positive-sceptique de sa pensée n'opère qu'avec le sens moderne de l'intérêt théorique, une forme qui apparaît tout à fait conforme à sa quatrième thèse d'habilitation, qui se réfère clairement à la méthode des sciences naturelles, développée précisément pour servir l'intérêt théorique moderne.

À partir de là, nous pouvons reconstruire les opérations interprétatives qui sous-tendent la réception positiviste-sceptique de Brentano :

1. La réduction de ce que Brentano appelle la *naturgemäße Methode* (qui, selon lui, permet d'utiliser la méthode empirique d'une manière non positiviste,

35. F. Brentano, *Geschichte der mittelalterlichen Philosophie im christlichen Abendland*, K. Hedwig (éd.), Hamburg, Meiner, 1980, p. 2 ; voir aussi p. 1, 40 *sq.* et p. 50.

36. DG, p. LVIII.

37. D'après cela, on pourrait dire que les travaux contemporains consacrés à ce problème, par exemple les travaux consacrés au théisme de Richard Swinburne (*The Coherence of Theism*, Oxford, Clarendon, 1977), appartiennent pour Brentano à la phase ascendante du développement philosophique. Bien qu'ils se réfèrent à l'œuvre de Swinburne, Mezei et Smith n'établissent aucun lien entre celle-ci et la phase ascendante de la théorie de Brentano (B. Mezei, B. Smith, *The Four Phases of Philosophy*, *op. cit.*, p. 70 *sq.*).

38. J'ai analysé plus en détail le double sens de l'intérêt théorique pur de Brentano dans *Psychologie, Seiendes, Phantasie*, *op.cit.*, p. 174-188.

et de conclure des faits donnés dans l'expérience à leur cause transcendante) à la méthode de la science naturelle (qui, conformément à la conception de Comte et de Mill, ne permet pas une telle inférence).

2. La réduction implicite de l'horizon d'interprétation de l'expression « pur intérêt théorique », de son double sens chez Brentano à un seul sens, le sens moderne, réduction faite dans l'esprit de ce continuum de la connaissance positive que Comte croyait nécessaire pour assurer le triomphe de la pensée positiviste.

À mon avis, si on ne tient pas compte de ce fait historique fondamental qu'est le double sens de l'intérêt théorique pur, on ne peut pas comprendre la philosophie de Brentano, de même qu'on ne peut la situer correctement ni dans son contexte historique, à savoir par rapport au positivisme de Comte et de Mill, ni dans celui de la pensée du XIXe siècle en général, ni au sein de la philosophie autrichienne, y compris les principaux représentants de son école.

Je soutiendrai cette thèse en m'appuyant sur deux exemples.

J'ai déjà dit que Rudolf Haller considère la *Psychologie* de Brentano comme le *terminus a quo* de la philosophie autrichienne, thèse confirmée par Mark Textor qui parle aussi de « l'orientation anti-métaphysique de Mach et Brentano (à l'époque de la *Psychologie*) ».[39] Les arguments suivants s'opposent à cette caractérisation de la *Psychologie du point de vue empirique* :

1. L'ouvrage n'a pas seulement un caractère phénoménal, c'est-à-dire qu'il ne se limite pas à l'étude des corrélations de type loi des phénomènes[40], mais, en soulevant la question métaphysique de l'immortalité de la vie mentale après la mort, il se propose de dépasser les limites de l'expérience scientifique.

2. Dans les paragraphes 1 et 2 de sa *Psychologie*, Brentano expose la conception traditionnelle de la psychologie : la psychologie comme science de la substance psychique et de ses propriétés (§ 1), et la psychologie comme science des phénomènes mentaux et de leurs lois (§ 2). Fait peu remarqué dans l'exégèse, Brentano ne rejette pas la première conception comme incorrecte, mais choisit pour des raisons pragmatiques, notamment parce qu'elle dépend de moins de présupposés métaphysiques que la première, de travailler dans la perspective moderne. La citation suivante me semble saisir précisément son attitude à l'égard des deux définitions : « Rien ne s'oppose donc à ce que nous adoptions la définition moderne au lieu de définir la psychologie comme la science de l'âme. Peut-être les deux sont-elles correctes »[41]

3. Enfin, fait jusqu'alors négligé par les commentateurs, dans les quarante-quatre premières pages de sa *Psychologie*, Brentano se réfère pas moins de quatre fois à l'échelle comtienne des sciences, sans toutefois nommer Comte ni utiliser le terme « positif »[42]. Et ce, bien que la deuxième leçon du *Cours*

39. R. Haller, *Questions on Wittgenstein*, *op. cit.*, p. 3. M. Textor, *The Disappearance of the Soul and the Turn against Metaphysics*, Oxford, Oxford University Press, 2021, p. 12.

40. C'est aussi la raison pour laquelle Brentano qualifie la psychologie de Mill de purement phénoménale, c'est-à-dire que, contrairement à sa propre psychologie, celle de Mill se limite à l'étude des phénomènes (PeS, p. 30; voir aussi p. 90).

41. PeS, p. 34.

42. PeS, p. 3, p. 19, p. 38 *sq.*, p. 43 *sq.* Comte n'est pas non plus nommé dans sa leçon inaugurale à l'université de Vienne, bien que son échelle des sciences joue un rôle extrêmement important dans l'économie de l'ouvrage (voir le commentaire de Kraus à GE, p. 156 *sq.*; et ci-dessous, p. 57).

de philosophie positive, qui présente l'échelle des sciences dans laquelle Brentano introduira la psychologie au lieu de la sociologie comme première science humaine fondamentale, s'intitule « Exposition du plan de ce cours, ou considération générale sur la hiérarchie des sciences positives », le terme « positif » étant utilisé à plusieurs reprises par Comte tout au long du chapitre[43]. Or, à mon avis, l'absence du terme « positif » n'est pas du tout accidentelle dans ce contexte, car si Brentano avait parlé de l'échelle des sciences théoriques positives, et pas seulement de celle des sciences théoriques générales, il aurait dû, pour décrire l'histoire de sa psychologie empirique, reprendre les termes utilisés par Comte pour décrire l'histoire de chaque science positive, à savoir : théologique, métaphysique et positif[44]. Cela aurait en outre exigé que la psychologie, pour devenir la science positive qu'elle prétendait être par sa présence dans l'échelle, fasse ce qu'avaient fait les autres sciences de l'échelle pour entrer dans le stade positif, à savoir renoncer à toute la problématique théologique et métaphysique. Cependant, comme je l'ai déjà dit, il s'agit ici d'un problème que la philosophie ne pouvait pas abandonner. C'est pourquoi Brentano a choisi de décrire l'histoire de la psychologie qu'il avait voulu fonder en 1874 au moyen de la double expression beaucoup plus neutre de « traditionnel-moderne », ce qui lui permettait de conserver le problème de l'immortalité, même reformulé dans un langage moderne.

Enfin, une autre question importante pour le rapport de Brentano au positivisme comtien est la relation entre la métaphysique et une échelle des sciences construite sur l'idée de purger les sciences positives des vestiges de la métaphysique traditionnelle.

En 1866, Brentano a donné sa conférence d'habilitation sur Schelling à l'université de Würzburg, dont le texte a ensuite été repris et intégré dans une conférence plus importante présentée à la Société philosophique de Vienne en 1889. L'idée centrale du texte est que la véritable voie de la recherche philosophique n'est pas celle de l'idéalisme allemand, mais celle de la recherche fondée sur les faits. En suivant cette voie, la physique, la chimie et la physiologie ont réussi à s'imposer comme des sciences à part entière, et il devrait en être de même pour la psychologie, la sociologie, la logique et la métaphysique afin de s'imposer comme des sciences[45]. Dans ce contexte, Brentano envisage le cas où quelqu'un aurait pu douter de cette idée : « Un seul doute pourrait être soulevé. S'il est certain que rien d'autre [ne peut réussir que la recherche basée sur les faits], il n'est pas certain que ce soit de cette façon »[46] c'est-à-dire en allant de fait en fait, à la façon des recherches empiriques, car l'existence de Dieu n'est pas un fait empirique comme les autres. Dans le texte publié, Brentano n'entre pas dans la discussion de cette idée, mais la rejette d'emblée comme étant en contradiction avec la pratique de la recherche. Cependant, parmi les pages jointes au manuscrit publié par Kraus, deux pages reproduites en annexe montrent que Brentano a sérieusement envisagé l'idée que la métaphysique, en tant que discipline

43. A. Comte, *Cours...*, *op. cit.*, p. 47, p. 50 et *passim*.
44. *Ibid.*, p. 8 *sq*.
45. SchPh, p. 128.
46. *Ibid.*

philosophique fondamentale, puisse être intégrée dans l'échelle des sciences qu'il a reformulée à partir de Comte. Mais pour cela, le philosophe aurait dû renoncer à fonder la recherche sur des faits car, comme je l'ai dit, s'il s'agit de problèmes philosophiques, – l'existence de Dieu par exemple, à l'étude desquels la philosophie ne peut renoncer –, ceux-ci ne peuvent pas être abordés par la voie habituelle de la recherche empirique propre à la science moderne. Le passage en question est le suivant :

> Supposons que nous suivions l'échelle des sciences telles qu'elles se présentent selon leur plus ou moins grande complication et dépendance. Nous les trouvons aux prises avec des difficultés de plus en plus grandes, et par conséquent elles n'atteignent pas toutes leur but avec le même degré de perfection.
> N'est-il pas concevable que, dans les questions philosophiques, les difficultés soient si grandes qu'elles soient insurmontables et que leur solution fondée sur les faits, comme dans les autres sciences, soit impossible ?
> Notre façon de procéder, en tant qu'elle est sans espoir, serait tout aussi inappropriée que n'importe quelle autre et, comme toute tentative pour atteindre l'impossible, il faudrait la condamner comme déraisonnable[47].

Il est clair que Brentano fait ici référence à la deuxième leçon du *Cours de philosophie positive*, où Comte renvoie explicitement aux relations de dépendance et à la complexité croissante des sciences qui la composent[48]. Les questions philosophiques dont parle ici Brentano ne sont pas des questions de méthode, mais, comme le lecteur s'en doute déjà, il s'agit des questions qui, « dans l'intérêt de l'humanité », ne peuvent être abandonnées par la recherche philosophique, et dont nous savons déjà, par la manière dont le problème de l'immortalité est traité dans la *Psychologie*, qu'elles ne peuvent être menées à bien entièrement sur la base de la méthode des sciences naturelles. Ce n'est donc pas du tout un hasard si, même dans le cas du problème de l'existence de Dieu, la recherche fondée sur les faits ne peut être poursuivie que jusqu'à un certain point, l'idée que Dieu puisse être connu de la manière dont la science connaît et démontre ses faits étant qualifiée par Brentano de tâche impossible pour la recherche métaphysique, semblable d'ailleurs à celle que la philosophie a assumée selon Comte dans ses états théologique et métaphysique[49].

Comme je l'ai dit, Brentano n'a pas publié ce passage, mais l'a remplacé par un autre dans lequel il affirme le succès de la recherche factuelle. Cependant, le fait qu'il ait envisagé d'introduire la métaphysique avec son objet *par excellence*, la première cause divine du monde, dans une échelle des sciences qui, en ce qui concerne ses quatre premiers membres, était destinée à être purgée des notions théologiques et métaphysiques, et que l'on

47. SchPh, p. 163.

48. A. Comte, *Cours*..., *op. cit.*, p. 51 ; V. Guillin « Comte and Social Science », *in* M. Bourdeau, M. Pickering, W. Schmaus (eds.), *Love, Order, & Progress. The Science, Philosophy, & Politics of Auguste Comte*, Pittsburgh, PA, University of Pittsburgh Press, 2018, p. 137.

49. SchPh, p. 163 ; F. Brentano, « Der Atheismus und die Wissenschaft », *Historisch-politische Blätter für das katholische Deutschland* 1873, p. 858 *sq.* A. Comte, *Cours*..., *op. cit.*, p. 9 *sq.*, p. 51 *sq.* ; I. Tănăsescu, *Psychologie, Seiendes, Phantasie bei Franz Brentano*, *op. cit.* p. 158 *sq.*

trouve dans ses autres textes des affirmations qui vont dans le même sens[50] montre une fois de plus l'importance que revêtait à ses yeux le problème métaphysique traditionnel centré sur l'existence de Dieu. Par conséquent, dans son interprétation, l'échelle de Comte ne constitue plus un continuum de connaissances positives, mais une échelle qui, au moins à travers ses derniers membres, la psychologie et la métaphysique, accepte, à côté des problèmes de la science positive et de son intérêt théorique spécifique, également des problèmes centraux de la métaphysique classique. C'est pourquoi ce que Comte considère comme l'échelle des sciences théoriques positives devient chez Brentano plutôt l'échelle des sciences théoriques générales : mathématiques, physique, chimie, physiologie, psychologie, métaphysique.

Intérêt théorique et phases de la philosophie

Deux lectures possibles

Revenons maintenant au résultat de l'application par Mezei et Smith de la théorie brentanienne des phases à la philosophie contemporaine, à savoir à l'une de ses thèses centrales : La phase ascendante de la philosophie représentée par Brentano et ses élèves, y compris Husserl avec la phénoménologie précoce des *Recherches logiques*, serait suivie par l'idéalisme transcendantal husserlien, la phase pratique du déclin, le scepticisme de Heidegger, et la dernière phase du déclin, le mysticisme de Heidegger, Levinas et Derrida[51]. Du point de vue défendu ci-dessus, cette interprétation n'est pas satisfaisante : elle opère avec un critère de la phase philosophique ascendante qui ne coïncide pas avec le critère de la théorie brentanienne des phases ; plus précisément, elle opère uniquement avec le sens moderne et scientifique de l'intérêt purement théorique[52], sans remarquer le rôle joué chez Brentano par l'intérêt théorique pour les problèmes traditionnels mentionnés ci-dessus. De ce point de vue, les *Prolégomènes* et les *Recherches logiques* en général, aussi importants soient-ils pour la philosophie analytique contemporaine, ne peuvent appartenir à la phase ascendante du développement philosophique puisque toute leur problématique n'est pas métaphysique mais logique[53] – je laisse de côté le fait que la volonté expresse de Husserl de mettre entre parenthèses tout présupposé métaphysique[54] ne permet en aucune façon de placer la phénoménologie dans la phase philosophique ascendante de la philosophie contemporaine. En laissant de côté la polémique de Brentano avec Husserl sur la question de savoir si la logique est ou non une discipline pratique[55], je crois que si Brentano avait considéré la problématique phénoménologique dans la perspective de sa théorie des phases, il l'aurait placée dans la même phase de déclin, la phase sceptique, où il plaçait l'hyperempirisme de Bain et Mill ou le positivisme de

50. M 96, p. 31753; dans M. Antoneli, *Seiendes, Bewußtsein, Intentionalität im Frühwerk von Franz Brentano*, *op. cit.*, p. 450; Brentano « Die Gesetze der Wechselwirkung der Naturkräfte... », art. cit., p. 36 *sq.*

51. B. Mezei, B. Smith, *The Four Phases of Philosophy*, *op. cit.*, p. 38-42.

52. *Ibid.*, p. 2, p. 30, p. 32, p. 49, p. 51.

53. *Ibid.*, p. 45-48.

54. E. Husserl, *Logische Untersuchungen* (1900-1901), U. Panzer (éd.), Hua XIX/I, Den Haag, Martinus Nijhoff, 1984, p. 24-29.

55. Husserl, *Briefwechsel*, Bd. I. *Die Brentanoschule*, E. et K. Schuhmann (eds.), Dordrecht, Kluwer Academic Publishers, 1994, p. 27-35.

Comte, et où doit généralement être placée toute philosophie dans laquelle la problématique métaphysique de Brentano n'a pas sa place.

Quant à la première phase de déclin, la phase pratique, elle est décrite par Brentano comme suit : l'affaiblissement des croyances religieuses traditionnelles et de l'autorité des institutions politiques fait que les gens ordinaires se tournent vers la philosophie pour satisfaire leur besoin d'orientation spirituelle. Pour cette raison, la recherche théorique diminue, l'intérêt théorique perd de sa pureté et est remplacé par un intérêt pratique orienté vers la résolution des problèmes pratiques de la vie, comme ce fut le cas avec l'épicurisme et le stoïcisme dans l'Antiquité ou avec les Lumières allemandes et françaises à l'époque moderne. Avec cette réorientation, le discours philosophique se vulgarise, devient dogmatique et perd la rigueur de sa première période de développement. Dans l'interprétation proposée par Mezei et Smith, la première phase de déclin se produit avec le passage de la phénoménologie husserlienne à l'idéalisme transcendantal. La dimension pratique de cette phase consiste dans le fait que « l'adoption de l'attitude théorique est [...] l'obligation morale du philosophe »[56] Cependant, l'idée de la première phase de déclin chez Brentano ne consiste pas dans l'obligation d'adopter l'attitude théorique, mais, au contraire, dans la substitution à l'intérêt théorique de l'intérêt moral, qui nous prescrit de trouver la bonne attitude face à la vie[57]. La difficulté de l'interprétation de Mezei et Smith devient évidente : lorsque nous interprétons la phénoménologie transcendantale husserlienne de cette manière, elle en vient à représenter, par rapport à sa phase antérieure de développement, à savoir la pensée brentanienne et la phénoménologie primitive, ce que l'épicurisme et le scepticisme représentaient par rapport à la période classique de la philosophie grecque.

Quant à la philosophie de Heidegger, elle est considérée comme représentant la réaction sceptique au dogmatisme de la phénoménologie transcendantale[58]. Chez Brentano, le scepticisme apparaît comme une réaction à la perte de rigueur philosophique typique de la première phase de déclin et consiste à se méfier de la capacité des facultés humaines à atteindre certaines connaissances philosophiques, y compris certaines connaissances de la divinité, comme c'est le cas avec le scepticisme grec, le scepticisme de Hume ou la critique de Kant[59]. Chez Heidegger, en revanche, elle se manifeste par une méfiance à l'égard de l'attitude théorique et de la pensée traditionnelle en général[60].

Quant au troisième état de déclin, il est décrit par Brentano de la manière suivante : la nature humaine ne pouvant se satisfaire des limites imposées aux facultés de connaissance par le scepticisme, elle en vient à satisfaire son besoin de connaissance en recourant à des méthodes non naturelles (extases de Plotin, dialectique hégélienne, etc.), totalement éloignées de l'expérience et de la logique ordinaires.

56. B. Mezei, B. Smith, *The Four Phases of Philosophy*, *op. cit.*, p. 50.
57. VPh, p. 8, p. 10 *sq.*
58. B. Mezei, B. Smith, *The Four Phases of Philosophy*, *op. cit.*, p. 57 *sq.*
59. VPh, p. 8, p. 11 *sq.*, p. 19-22 ; GPhN, p. 46 *sq.*
60. B. Mezei, B. Smith, *The Four Phases of Philosophy*, *op. cit.*, p. 57 *sq.*

C'est pourquoi, souligne Brentano, les résultats ainsi obtenus ressemblent davantage à des productions littéraires qu'à la rigueur logique des textes des philosophes travaillant selon la méthode des sciences naturelles[61]. De tous les résultats auxquels les auteurs parviennent en appliquant la théorie brentanienne des phases à la philosophie contemporaine, ceux obtenus en appliquant les caractéristiques de la dernière phase sont les plus concluants. La philosophie tardive de Heidegger illustre pleinement l'éloignement des normes méthodiques et de la rigueur logique typique de la recherche empirique de Brentano dans la mesure où le discours philosophique tend à acquérir de plus en plus de caractéristiques typiques du discours poétique[62].

Bien que les deux auteurs ne le disent pas expressément et bien que Brentano distingue trois et non deux phases de déclin, sur la base de leurs exposés on peut distinguer deux significations du terme « déclin » chez Brentano, concrétisées dans les trois phases discutées : le déclin au sens plein, dans lequel se perdent à la fois le problème de l'intérêt théorique pur, au sens originel et métaphysique, et la véritable méthode pour le traiter, comme c'est le cas dans la première et la dernière phase du déclin, et le déclin dans un sens partiel, plus faible, propre au scepticisme, dans lequel, bien que le problème pérenne de l'intérêt théorique soit perdu, la rigueur méthodique est néanmoins préservée à des degrés divers d'une époque historique à l'autre. En d'autres termes, si d'un point de vue méthodologique Comte et Mill peuvent être caractérisés comme appartenant à la phase de développement philosophique, d'un point de vue théorique, et plus précisément du point de vue de l'objet de l'intérêt théorique, ils appartiennent à la phase de déclin sceptique. Comme nous l'avons déjà dit, pour Brentano, la méthode seule ne garantit pas l'appartenance à la phase philosophique ascendante. Ainsi, pour Brentano, une philosophie, qu'elle soit d'inspiration analytique anglo-américaine ou continentale, qui ne reprend pas la problématique philosophique pérenne des phases ascendantes antérieures, est toujours une philosophie de déclin ; et cela, même si elle utilise une méthode correcte !

Il faut dire ici que l'interprétation positiviste-sceptique n'est pas seule responsable de la large diffusion de cette image unilatérale de la philosophie brentanienne construite sur la compréhension moderne de l'intérêt théorique. Brentano lui-même a largement contribué à favoriser l'interprétation que nous venons d'évoquer lorsque, à des moments décisifs de sa carrière académique, il a choisi de présenter son travail au grand public en mettant l'accent sur l'identification de la philosophie à la psychologie plutôt qu'à la métaphysique. La métaphysique, bien qu'elle apparaisse dans ces textes, ne se présente pas comme une spéculation sur la cause divine du monde, mais comme une discipline qui étudie des faits qui sont recevables aussi bien dans les sciences naturelles que dans la psychologie. C'est le cas dans la leçon inaugurale *Sur les*

61. VPh, p. 9, p. 12 *sq.*, p. 15 *sq.*, p. 21 *sq.* ; SchPh, p. 104, p. 122, p. 124 *sq.*

62. B. Mezei, B. Smith, *The Four Phases of Philosophy*, *op. cit.*, p. 62, p. 64. Voir à cet égard les déclarations de Heidegger sur *Andenken* et le rôle des penseurs et poètes essentiels, Hölderlin par exemple, dans la création d'une nouvelle pensée et d'un nouveau langage de l'être dans La *Lettre sur l'humanisme* [1946] (*Wegmarken*, Frankfurt a. M., Klostermann, 1976, p. 335-339). Mezei et Smith étendent également ces caractéristiques à la conception de la totalité et de l'infini de Levinas et à la philosophie de Derrida (*ibid.*, p. 67-75).

raisons d'une perte de confiance dans le domaine de la philosophie, prononcée en avril 1874 à l'université de Vienne, où Brentano identifie tacitement la philosophie à la psychologie, intègre cette dernière, sans nommer Comte, dans l'échelle comtienne des sciences, et soutient que la philosophie a un avenir puisque, en tant que dernier membre de l'échelle des sciences, elle suivra le même chemin que les autres sciences théoriques. Par conséquent, elle se constituera également à l'avenir en tant que science mature capable de faire des découvertes qui mèneront à des résultats pratiques[63]. Dans *Mes derniers vœux pour l'Autriche* (1895), la métaphysique n'apparaît pas non plus dans ce dernier sens, mais n'est abordée qu'une seule fois de manière extrêmement générale, à savoir comme l'une des disciplines philosophiques aux côtés de l'épistémologie, de la logique, de l'esthétique et de l'éthique. En revanche, l'identification de la psychologie à la philosophie est maintenue et l'identité de méthode entre la philosophie et les sciences naturelles est expressément soulignée[64]. Cependant, comme le montre une note rédigée à l'occasion d'un cours sur diverses questions philosophiques, donné durant le semestre d'hiver 1875-1876, il ne s'agit pas d'un fait accidentel, mais d'une stratégie délibérée choisie par Brentano pour mettre l'accent, dans l'autoprésentation de sa propre philosophie, sur la psychologie, et non sur la métaphysique, en tant que discipline philosophique fondamentale à construire sur la base de la méthode des sciences naturelles : « La réponse [à la question de savoir pourquoi il a choisi de prouver dans sa leçon inaugurale que la philosophie est possible en tant que science en tant que psychologie et non en tant que métaphysique] est simple. Il s'agit d'assurer à la philosophie en général une place parmi les sciences. Et pourquoi aurais-je mené la bataille sur un terrain plus difficile, alors que j'aurais pu attaquer mon adversaire sur un terrain où la victoire était plus facile et plus rapide à obtenir ».[65] De plus, au-delà du fait qu'il était plus facile d'argumenter en faveur de la psychologie en tant que philosophie scientifique, mettre en avant la métaphysique risquait de diminuer sa crédibilité et n'aurait fait que renforcer l'étiquette de philosophe néoscolastique.

Enfin, le dernier point que je voudrais aborder est le suivant : dans la littérature, on a souvent tenté de caractériser la philosophie de Brentano par divers traits : multidimensionnalité, invisibilité, etc.[66]. Je voudrais proposer ici une caractérisation de cet ordre, conforme à ce que j'ai dit plus haut, à savoir la bi-temporalité de la philosophie de Brentano, le fait qu'il pense naturellement dans deux horizons temporels : l'horizon traditionnel, aristotélicien-scolastique, et l'horizon moderne, positiviste, étant entendu qu'il y a de nombreux cas où des éléments de l'horizon moderne, la méthode, par exemple, sont utilisés pour aborder des problèmes pérennes de la tradition philosophique. Comme il est naturel, avec le temps, la dimension traditionnelle

63. ZPh, p. 97 *sq.;* PeS, p. 6.

64. F. Brentano, *Mes derniers vœux pour l'Autriche*, Stuttgart, 1895, p. 31-40.

65. M 14/15, p. 1 ; apud J. Werle, *Franz Brentano und die Zukunft der Philosophie. Studien zur Wissenschaftsgeschichte und Wissenschaftssystematik im 19. Jahrhundert*, Amsterdam-Atlanta, GA, Rodopi, 1989, p. 113.

66. Voir W. Huemer, « Brentano's Four Phases and the Rise of Scientific Philosophy », *in* I. Tănăsescu, A. Bejinariu, S. Krantz Gabriel, C. Stoenescu (eds.), *Brentano and the Positive Philosophy*, *op. cit.*, p. 402, 410 et les caractérisations qu'il mentionne.

de sa pensée est devenue de moins en moins visible, tandis que la dimension moderne de son œuvre a attiré de plus en plus d'attention, notamment parce qu'elle est beaucoup plus proche de la manière dont les tâches de la pensée sont comprises aujourd'hui. Dans ce contexte, l'objectif de cette étude était précisément de montrer que la dimension traditionnelle mentionnée n'est pas seulement la partie obsolète, indigne d'être analysée dans la perspective des intérêts de recherche actuels, une partie qui peut être isolée et laissée de côté, en refusant de tenir compte d'œuvres qui affichent immédiatement leur dimension métaphysico-théologique, comme par exemple les cours sur l'existence de Dieu ou sur la philosophie médiévale. Cependant, cette dimension est au cœur même de sa philosophie, y compris les théories, telles que la théorie des phases de la philosophie, que nous avons été jusqu'à présent très sûrs de pouvoir interpréter exclusivement à partir de notre perspective moderne.

Ion Tănăsescu
Institut de philosophie et de psychologie de l'Académie roumaine

DOSSIER

La philosophie autrichienne

L'ÉCOLE DE BRENTANO ET LA RÉALITÉ SOCIALE

Guillaume Fréchette

On associe souvent la philosophie sociale issue de la tradition phénoménologique à l'intentionnalité collective, c'est-à-dire à la thèse que la réalité sociale vient à l'existence grâce à une forme d'intentionnalité distincte de celle des actes des individus, celle de l'intentionnalité des groupes, où l'attitude intentionnelle des agents individuels implique celle des autres agents du groupe. Après avoir souligné les difficultés phénoménologiques et ontologiques de cette thèse et en prenant comme cas de figure la conception principale de la réalité sociale défendue dans l'école de Brentano, je montre qu'on peut préserver l'intuition phénoménologique guidant cette thèse tout en évitant certaines de ses difficultés.

Encore aujourd'hui, les historiens de la phénoménologie ont souvent tendance à considérer la philosophie autrichienne comme une entité distincte de la phénoménologie. Dans sa récente histoire de la phénoménologie par exemple, Zahavi passe le rôle de la philosophie autrichienne dans le développement de la phénoménologie complètement sous silence, au profit d'un historique grand format où la pensée d'Aristote, l'idéalisme allemand et le néokantisme occupent les places d'honneur parmi ses précurseurs [1]. Selon les fins poursuivies, cette approche peut être appropriée, mais dans l'étude plus ciblée de certaines questions, comme celle de la réalité sociale qui nous intéresse ici, elle oblitère l'unité et la continuité de la psychologie descriptive d'origine autrichienne dans la tradition phénoménologique. En effet, la plupart des principes régissant la phénoménologie de Husserl découlent de la psychologie descriptive de Brentano et ce dernier est celui qui a introduit le terme et le concept de

1. D. Zahavi (ed.), *The Oxford Companion to the History of Phenomenology*, Oxford, Oxford University Press, 2012.

phénoménologie dans ses leçons de Vienne – leçons fréquentées par Husserl – pour caractériser la psychologie descriptive[2].

Dans ce qui suit, on verra que le cas de la réalité sociale non seulement illustre bien cette unité et cette continuité de la psychologie descriptive ou phénoménologie d'origine autrichienne, mais qu'en plus, il montre qu'une telle approche permet plusieurs variations, allant de l'empirisme brentanien au réalisme des phénoménologues de Munich. Enfin, elle relativise la position souvent dite cruciale de l'intentionnalité collective pour une théorie phénoménologique de la réalité sociale, ce qui permet aussi de réévaluer la position de Searle dans le contexte de la philosophie autrichienne.

L'intentionnalité collective et sa place dans la tradition phénoménologique

Le concept d'intentionnalité collective est l'idée que les faits et institutions sociaux sont le produit d'actes intentionnels collectifs qui ne sont pas réductibles à des actes intentionnels singuliers. Pour prendre un exemple étudié en détail par le phénoménologue Adolf Reinach, l'existence de droits et obligations tels qu'ils sont décrits dans le code civil allemand est fondée sur des actes d'un type particulier qu'il appelle des actes sociaux[3]. L'exemple par excellence de tels actes est la promesse. Pour Reinach, la promesse que j'exprime par « je vais acheter cette voiture », et que je peux aussi exprimer autrement simplement en signant un contrat d'achat, n'est pas à confondre avec ma *volonté* d'acheter cette voiture. Je peux certes exprimer ces deux actes de la même manière, en disant « je vais acheter cette voiture », mais au-delà de la ressemblance de surface trompeuse des deux énoncés, l'acte de promettre *p* est différent de l'acte de vouloir *p*. L'acte de promettre *p* a des conditions de satisfaction différentes de celle de l'acte de vouloir *p* : je peux vouloir acheter cette voiture, puis en être empêché pour une quelconque raison, pour finalement abandonner cette idée d'acheter une voiture sans que cela ne change rien de fondamental à la structure de mon acte volitif : après tout, on n'obtient pas toujours tout ce qu'on veut. Dans le cas de ma promesse d'acheter cette voiture, les choses sont différentes : la promesse, dit Reinach, engendre des droits et des obligations : au moment où je signe le contrat d'achat de la voiture, le vendeur est en droit d'exiger que le prix de vente lui soit versé. Rien de semblable ne résulte de ma volonté d'acheter une voiture.

La distinction entre volonté et promesse est fondamentale pour Reinach : une promesse est un acte intentionnel *sui generis*, non-réductible à une autre forme d'acte intentionnel. Dans *Les fondements* a priori *du droit civil*, il remarque que plusieurs autres actes semblables, des actes sociaux comme questionner, commander, exiger, avertir, révoquer, etc. sont à la base des faits sociaux décrits dans le droit civil. Bref les faits sociaux sont le produit d'actes sociaux particuliers, dont l'intentionnalité a un caractère social,

2. Je développe ces points plus en détail dans G. Fréchette, « The Origins of Phenomenology in Austro-German Philosophy. Brentano, Husserl », *in* J. Shand (dir.), *A Companion to Nineteenth-Century Philosophy*, Oxford, Wiley-Blackwell, 2019, p. 418-453.

3. A. Reinach, *Les fondements* a priori *du droit civil*, trad. fr. R. de Calan, Paris, Vrin, 2004.

c'est-à-dire qu'elle implique une interaction avec quelqu'un d'autre, comme dans le cas de la promesse. L'idée de base ici est que si les actes sociaux ne sont pas réductibles aux actes singuliers, l'intentionnalité collective n'est pas réductible non plus à l'intentionnalité singulière.

Cette idée a regagné en popularité au début du XXIe siècle grâce notamment aux travaux de Searle sur la réalité sociale[4], où il défend une conception étonnamment proche de celle de plusieurs des phénoménologues réalistes mentionnés. Kevin Mulligan et Barry Smith ont largement souligné et analysé cette proximité entre Searle et les phénoménologues de Munich et Göttingen[5]. En gros, cette proximité découle d'une vision commune de l'intentionnalité collective selon laquelle

> ce ne sont pas toutes les occurrences de « nous avons l'intention », « nous croyons », et « nous désirons » qui peuvent être réduites à « j'ai l'intention », « je crois », et « je désire » etc. avec une croyance mutuelle en surplus[6].

Or pour Searle, mais aussi pour les phénoménologues réalistes, ce sont ces occurrences de « nous avons l'intention », « nous croyons » et « nous désirons » et seulement elles qui attribuent une fonction à un objet – qui attribuent par exemple une valeur économique donnée, disons 50 euros, à un morceau de papier, qui lui donne la fonction statutaire (*status function*) de jouer le rôle d'une valeur de 50 euros. C'est sur la base de l'acceptation collective, le « nous avons l'intention », que cette fonction est assignée. Autrement dit, les faits et phénomènes sociaux comme l'argent, les contrats, ou même l'État tirent leur origine d'actes d'intentionnalité collective.

Pour les phénoménologues réalistes, la réalité de ces faits et phénomènes sociaux est fondée dans la nécessité de certaines lois d'essence des entités impliquées. Il s'agit de lois relevant du synthétique *a priori* : une promesse, ou un mariage, par exemple, implique un certain nombre de principes ou lois qui découlent de l'*essence* de ce qu'ils sont et qui ne sont pas déduits d'actes concrets de promesse ou de mariage concrets. Qu'une promesse crée des droits et des obligations, c'est une loi qui tire sa nécessité de l'essence de la promesse, et non d'une généralisation empirique. Autrement dit, les promesses ou les mariages étant compris comme des entités qui, bien que créées par des actes concrets, ont une essence indépendante de l'existence de ces actes concrets, les phénoménologues réalistes introduisent une nouvelle catégorie d'entités, les essences, pour soutenir la thèse de la réalité des faits

4. J. Searle, *La construction de la réalité sociale*, trad. fr. C. Tiercelin, Paris, Gallimard, 1998 ; J. Searle, *Making the Social World*, Oxford, Oxford University Press, 2010.

5. K. Mulligan, « Phenomenology : Philosophical aspects », *in* sN. J. Smelser et Paul B. Baltes (eds.), *International Encyclopedia of the Social and Behavioral sciences*, Oxford, Pergamon, 2001, p. 11363-11369 ; K. Mulligan, « Persons and Acts – Collective and Social. From Ontology to Politics », *in* A. Salice, H. B. Schmid (dir.), *The Phenomenological Approach to Social Reality*, Zug, Springer, 2016, p. 17-45 ; J. Searle et B. Smith, « The Construction of Social Reality. An Exchange », *American Journal of Economics and Sociology* 62 (2), 2003, p. 285-309 ; B. Smith, « Searle and de Soto : The New Ontology of the Social World », *in* B. Smith, D. Mark et I. Ehrlich (eds.), *The Mystery of Capital and the Construction of Social Reality*, Chicago, IL, Open Court, 2008, p. 35-51.

6. J. Searle, *Making the Social World*, *op. cit.*, p. 50 (notre traduction).

et des phénomènes sociaux, ce qui fait des faits sociaux des entités distinctes et irréductibles aux faits physiques.

Comme toutes les ontologies réalistes, l'ontologie sociale des phénoménologues de Munich et Göttingen s'expose à l'objection de la parcimonie ontologique, ce qu'on appelle souvent également l'objection du rasoir d'Occam : *entia non sunt multiplicanda praeter necessitatem*. Dans ce cas précis, l'objection peut être formulée de la manière suivante : toute chose étant égale par ailleurs, si entre deux théories T1 et T2 visant à expliquer les mêmes phénomènes, T1 est ontologiquement plus économe que T2, alors il est rationnel de préférer de T1 à T2. En effet, l'introduction d'entités telles que des promesses, des mariages, de l'argent, etc. qui sont ne sont pas réductibles à des entités physiques ou psychologiques, mais qui sont des entités irréductibles et de plein droit, offre certes une explication cohérente de la façon dont se constitue la réalité sociale, mais elle nous contraint à introduire un nouveau type d'entité qui ne trouve aucune place dans le contexte d'une explication générale et naturaliste du monde en termes de relations causales entre entités physiques. Si un tel type d'explication est à préconiser en sciences, et si l'étude des phénomènes sociaux est une science, alors deux options sont disponibles : soit on rejette le naturalisme, avec les conséquences que cela entraîne – comme le font les phénoménologues réalistes –; soit on l'accepte, en réduisant la catégorie des entités sociales à des entités physiques.

La deuxième option est celle défendue par Searle. Comme les phénoménologues de Munich, Searle soutient non seulement que les actes sociaux sont caractérisés par l'intentionnalité collective, mais aussi que les faits sociaux (les mariages, l'argent, etc.) sont régis par des lois de nécessité. Contrairement aux phénoménologues réalistes cependant, il ne croit pas que ces lois de nécessité soient fondées dans l'essence des faits sociaux, mais plutôt dans les règles constitutives (*constitutive rules*) par lesquelles ces entités sont créées. Un exemple de règle constitutive est celui des règles qui régissent le jeu d'échecs : ce sont les règles elles-mêmes qui constituent le jeu d'échecs, « qui créent pour ainsi dire la possibilité même d'y jouer. Les règles constitutives fondent (et régissent également) une activité dont l'existence dépend logiquement de ces règles »[7]. À leur tour, les règles constitutives ne sont que des conventions qui ont été stipulées à un certain moment de l'histoire. Autrement dit, la conception de l'intentionnalité collective défendue par Searle peut faire l'économie d'entités sociales irréductibles parce que la nécessité des règles constitutives découle simplement d'une convention et non de quelque chose comme l'essence de l'entité sociale en question. Cela lui permet de reconduire le statut d'existence des faits et institutions sociaux à celui des entités physiques qui ont la fonction statutaire en question : dans le cas de l'existence de l'argent, il s'agit simplement de l'existence d'un morceau de papier d'une certaine forme et de sa fonction statutaire, celle par exemple d'avoir une valeur de 50 euros.

7. J. Searle, *Les actes de langage*, trad. fr. H. Pauchard, Paris, Hermann, 1972, p. 72-73. Comparer également J. Searle, « How to Derive "Ought" from "Is" », *in* W. D. Hudson (ed.), *The Is / Ought Question*, London, Macmillan, 1969, p. 131.

On a reproché à la conception de Searle de ne pas véritablement avoir les moyens de ses fins. Barry Smith notamment a souvent critiqué Searle en ce sens, en faisant valoir que les phénoménologues réalistes peuvent éviter certains des problèmes posés par la conception de Searle[8]. Un de ces problèmes est le suivant : comment est-ce que les mariages, les dettes, les prix ou les promotions peuvent être réels s'ils ne sont pas des composantes du monde physique ou reconductibles à de telles composantes ? En ce sens, il semble que le réalisme que défend Searle – suivant lequel, pour construire socialement des faits sociaux comme l'argent ou la propriété, il doit y avoir un matériau physique, quelque chose d'ontologiquement objectif, des faits bruts (*brute facts*) dont l'existence est indépendante des observateurs et sur la base desquels les faits sociaux sont construits[9] – n'est compatible avec son naturalisme qu'en admettant seulement une classe restreinte de faits sociaux, à savoir ceux qui sont clairement reconductibles à des faits bruts. Autrement dit, le naturalisme de Searle ne pourrait vraiment accommoder une théorie générale des faits sociaux basée sur l'intentionnalité collective. Si Smith a raison, l'objection de parcimonie ontologique contre la version phénoménologique-réaliste de l'intentionnalité collective n'aurait plus sa raison d'être puisque cette théorie expliquerait un ensemble plus vaste de phénomènes sociaux que la théorie de Searle qui aurait seulement une application restreinte[10].

À l'inverse cependant, la version phénoménologique-réaliste de l'intentionnalité collective est coûteuse : elle doit accommoder une catégorie d'entités qui n'est pas réductible à des entités physiques, ni d'ailleurs à des entités subjectives ou psychiques comme des représentations. Ce sont les essences de promesses, de mariages, etc. évoquées plus haut, mais aussi les entités créées par ces actes de promesse : même si Reinach ne dit jamais explicitement que les faits sociaux en question sont des états de choses, c'est la seule position qu'il peut défendre[11]. La version phénoménologique-réaliste de l'intentionnalité collective doit alors relever deux défis : celui d'offrir une description phénoménologique de notre expérience qui rende saillante et convaincante l'existence de l'intentionnalité collective, mais aussi celui de montrer comment les faits et phénomènes sociaux ne peuvent jouer leurs rôles ou fonctions que s'ils sont des entités irréductibles, non réductibles à des entités psychiques ou physiques. Les conditions de succès du premier défi sont plus souples car elles sont remplies par degrés : comme c'est le cas pour toute description phénoménologique qui renvoie à notre expérience, la précision et l'exhaustivité sont des qualités qu'une description possède à un degré plus ou moins élevé. Cependant, les conditions de succès du second défi sont incomparablement plus rigides car elles n'admettent pas de degrés :

8. B. Smith, « Searle and de Soto : The New Ontology of the Social World », *op. cit.*, p. 38 *sq.*, et B. Smith, et W. Zelaniec, « Laws of Essence or Constitutive Rules ? Reinach *vs.* Searle on the Ontology of Social Entities », *in* F. De Vecchi (ed.), *Eidetica del diritto e ontologia sociale. Il Realismo di Adolf Reinach*, Milano, Mimesis, 2012, p. 83-108.

9. J. Searle, *La construction de la réalité sociale*, *op. cit.*, p. 190 *sq.*

10. Dans *Making the Social World*, cette objection a été prise en compte, et le matériau physique ne tient plus de condition nécessaire à l'assignation d'une fonction. La simple existence d'une représentation peut jouer ce rôle.

11. A. Reinach, *Les fondements* a priori *du droit civil*, *op. cit.*, p. 47-50.

comme c'est le cas pour tous les débats de méta-ontologie opposant le réalisme et le nominalisme sur l'existence et l'irréductibilité d'une entité donnée, une position n'a pas plus ou moins tort par rapport à l'autre. Une seule a raison, et l'autre a tort. Conséquemment, la question de savoir si le second défi a été relevé avec succès demeure toujours une question ouverte à l'introduction de nouveaux arguments. Cette impossibilité structurelle de relever le second défi avec un succès définitif pour les défenseurs de la version phénoménologique-réaliste de l'intentionnalité collective les désavantage par rapport à ceux qui n'introduisent pas de nouvelles entités et qui conséquemment n'ont pas à relever le second défi. C'est ici que la psychologie descriptive ou phénoménologie autrichienne des faits sociaux offre une alternative attrayante.

La psychologie descriptive des phénomènes sociaux

Concrètement, la psychologie descriptive de Brentano part de l'idée qu'une analyse de la vie mentale dans ses éléments fondamentaux doit être le point de départ de toute science psychologique. Les éléments fondamentaux qu'il identifie sont ce qu'il appelle les trois classes d'actes psychiques : les représentations (*Vorstellungen*), les jugements (*Urteile*), et les actes d'intérêt, plus spécifiquement d'amour ou de haine (*Lieben / Hassen*). Or puisque la psychologie descriptive étudie les phénomènes mentaux et que ces derniers sont aussi au centre des disciplines comme les arts, la science, la religion et la société, il en résulte que les analyses de la psychologie descriptive ont une implication directe dans l'étude des phénomènes sociaux, culturels, religieux et scientifiques[12]. Et si les classes fondamentales de phénomènes psychiques sont les représentations, les jugements, et les actes d'amour et de haine, alors les faits et phénomènes sociaux doivent être reconductibles à ces phénomènes psychiques fondamentaux, même si l'étude des phénomènes sociaux, à l'inverse, peut éclairer certains aspects de la psychologie individuelle[13].

Des trois classes fondamentales d'actes psychiques, c'est la classe des actes d'intérêt (amour / haine) qui est la plus importante pour l'élaboration d'une théorie des faits et phénomènes sociaux. La raison est la suivante : c'est seulement sur la base d'une éthique complètement développée qu'on peut ériger une philosophie du droit, une philosophie de l'État, et par extension, une philosophie des institutions sociales. Or l'éthique, pour Brentano, est une des branches pratiques de la psychologie descriptive qui est basée sur l'analyse des actes d'amour et de haine. Conséquemment :

> Lorsque l'éthique se développe pleinement et de tous les côtés, elle peut absorber toute la philosophie de l'État et du droit. La communauté religieuse, ce que l'on appelle l'Église, fait également partie des associations sociales poursuivant des buts éthiques. Différentes questions surgissent ici à nouveau, comme celle de savoir s'il est bon que des communautés religieuses se forment, que ce soit de manière générale ou dans certaines circonstances. De plus, quel rapport une telle communauté doit-elle avoir avec l'État, si celui-ci doit dépendre d'elle ou si elle doit dépendre de lui, si l'union ou la séparation des

12. F. Brentano, *Psychologie du point de vue empirique*, trad. fr. M. De Gandillac, Paris, Payot, 1944, p. 26 *sq*.
13. Cf. *ibid*., p. 60-61.

> pouvoirs spirituel et temporel est plus favorable aux buts les plus élevés de l'humanité, etc.[14].

Autrement dit, une philosophie des faits, phénomènes et institutions sociales doit être fondée sur l'éthique comme discipline pratique, qui elle tire ses fondements théoriques de la psychologie descriptive. Donc toute philosophie des objets sociaux, par exemple du mariage et de l'état, doit être fondée sur l'étude des actes d'amour et de haine car ces actes sont ce qui fonde les objets sociaux en question. Je me permets cette longue citation tirée des cours de philosophie pratique de Brentano professés à Vienne à la fin des années 1880 car elle résume très bien les points saillants de sa conception des faits sociaux :

> On peut caractériser l'État comme naturel dans la mesure où il est issu des besoins naturels de socialisation de l'Homme. L'Homme est un *zoon politikon.* Celui qui se suffit à lui-même est ou bien une bête ou un dieu. On ne doit cependant pas considérer l'État comme naturel au sens où il aurait toujours existé, comme s'il était venu au monde avec l'Homme comme partie intégrante, bras et jambes, de celui-ci. Au contraire, l'État n'a gagné sa réalité qu'en tant que produit d'activités psychiques, et lorsqu'on dit, pour cette raison, qu'il est une « invention humaine », sans par-là vouloir en dire plus, cela peut convenir. Mais ce serait naturellement stupide de penser que quelqu'un, un jour, s'est assis et s'est imaginé l'État, pour ensuite l'enseigner aux autres. Et pourtant, on lit dans le *Droit public* de Schlöger que les Hommes auraient fait cette invention pour leur bien, un peu comme l'invention de l'assurance-incendie. Il en va de même pour la théorie du contrat. Rousseau, dans son *Contrat social,* fait conclure un tel contrat par le peuple souverain qui nomme un gouvernement pour le maintenir. Une telle chose serait peut-être possible à la fin, mais pas à l'origine. Nous devons plutôt nous représenter le processus qui a conduit à l'État comme un développement progressif. Chaque étape était une activité psychique, mais aucun des innombrables porteurs de cette activité n'avait d'idée de ce que serait le résultat. Une comparaison peut expliquer comment cela s'est passé. Je veux parler de la comparaison avec l'émergence progressive du langage oral. C'est aussi sur ce point que porte le débat sur la question de savoir si le langage est donné naturellement ou s'il est issu de l'invention d'un individu ou de l'accord de plusieurs. Il n'est pas « naturel », au sens où il serait venu au monde bras et jambes avec nous, mais il est « naturel », en ce sens qu'il répond au besoin naturel des hommes de communiquer. Il n'est pas non plus une œuvre d'invention. Personne ne l'a imaginé, il n'est pas le résultat d'une combinaison calculée. Il est né progressivement et d'innombrables personnes ont collaboré à sa formation, mais encore une fois, pas comme les ouvriers d'une construction pour laquelle il existe dès le départ un projet et un plan directeur pour l'exécution. Personne n'avait en tête le résultat final, chacun ne pensait qu'à ce qui était le plus proche, c'est-à-dire à la manière dont il pourrait s'entendre *in concreto* avec un autre. Mais parce que tant de gens, dans des circonstances semblables, aspiraient à quelque chose de semblable et faisaient de plus en plus d'expériences sur la meilleure façon de servir ce besoin d'entente, et (comme cela se produit dans tous les domaines

14. F. Brentano, *Grundlegung und Aufbau der Ethik,* Hamburg, Meiner, 1952, p. 10 (notre traduction).

de l'activité humaine) se laissaient guider par les lois de l'habitude, il en résulta peu à peu non seulement quelque chose de plus en plus approprié, mais aussi quelque chose qui présentait dans ses différentes parties des régularités et des analogies particulières, comme s'il s'agissait d'une composition calculée. Mais il n'y avait pas de réflexion sur l'harmonie dans la formation du langage, et il était donc achevé, et personne ne connaissait la construction et l'harmonie de ses parties, jusqu'à ce que les grammairiens viennent écrire un plan de l'ensemble, que personne n'avait en réalité conçu. Ainsi, l'État n'est pas non plus l'œuvre de la réflexion, sinon il serait nécessairement l'œuvre d'un seul. Il s'est formé progressivement dans son organisation et personne n'en avait la compréhension, personne n'en avait une vue d'ensemble complète, personne ne savait interpréter les services des différentes parties et la nature de l'ensemble. Ce n'est qu'ensuite que les juristes et les philosophes du droit se sont penchés sur l'œuvre achevée. Si l'État était une œuvre d'invention ou le résultat d'un contrat formel, le chemin aurait dû être parcouru en sens inverse [15].

La main invisible

Ce qui est le plus frappant dans cette description des objets sociaux proposée par Brentano, c'est l'étroite parenté de cette conception avec celle de la main invisible. La théorie de la main invisible tire son origine des Lumières écossaises. On en retrouve une première version dans l'explication, par Adam Smith, de la redistribution des richesses entre le maître et ses serviteurs dans sa *Theory of Moral Sentiment*, tout comme dans la discussion du principe d'auto-intérêt dans son *The Wealth of Nations*. On retrouve aussi la métaphore de la main invisible dans l'explication, par John Millar, de la fin de l'esclavagisme [16]. Dans les trois cas (comme dans plusieurs autres qu'on ne peut mentionner ici faute d'espace) l'idée est que les phénomènes socio-économiques, souvent, ne sont pas guidés par l'intention d'une autorité donnée, ou encore par une forme d'action collective, mais plutôt qu'ils émergent des actions concrètes des individus, guidés par leurs propres intérêts, sans que cela n'implique quelque forme de consensus. Comme l'expose Ferguson en 1767 dans *An Essay on the History of Civil Society* :

> Tous les pas de la multitude, tous ses mouvements, même dans ce qu'on appelle les siècles éclairés, c'est toujours les yeux fermés sur l'avenir qu'elle les fait ; les nations rencontrent, comme par hasard, des établissements qui sont, à la vérité, le produit de l'action des hommes, et non pas le résultat des desseins formés par eux [17].

La même idée de base guide la conception de l'origine de l'argent développée par Carl Menger. Pour Menger,

> L'argent n'est ni une création de l'État, ni le produit d'un acte législatif, et la sanction de celui-ci par l'autorité de l'État est donc étrangère à la notion

15. F. Brentano, *Grundlegung und Aufbau der Ethik*, *op. cit.*, p. 399-400 (notre traduction).
16. J. Millar, *The Origin of the Distinction of Ranks; or, An Inquiry into the Circumstances which give rise to Influence and Authority in the Different Members of Society*, éd. et introd. A. Garrett, Indianapolis, IN, Liberty Fund, 2006.
17. A. Ferguson, *Essai sur l'histoire de la société civile, tome premier*, trad. fr. C. F. Bergier et A. J. Meunier, Paris, Desaint, 1783 [1767], p. 337-338.

même d'argent [...]. L'argent n'est ni le produit d'un accord formé à son propos par des hommes qui agissent économiquement, ni non plus le produit d'un acte législatif. L'argent n'est pas une création des peuples. En tous lieux, des individus particuliers agissant de manière économique au sein de la population sont parvenus à mieux concevoir leurs intérêts économiques en même temps qu'à mieux connaître d'une façon facile à imaginer qu'en cédant leurs marchandises, moins faciles à écouler, contre d'autres dotées, elles d'une plus grande facilité à l'être, ils avançaient significativement vers leurs propres objectifs économiques – c'est ainsi que l'argent a surgi en nombre de centres de civilisation indépendants les uns des autres [18].

Ce qui unit ces différentes conceptions des institutions économiques, c'est d'abord une forme d'individualisme qu'elles partagent : Il n'y a aucune intentionnalité collective à l'œuvre, mais plutôt des actions individuelles guidées par des intérêts personnels. Dans le cas de Menger, cela se traduit par un individualisme méthodologique selon lequel les phénomènes sociaux doivent être expliqués comme les résultats d'actions individuelles. Un autre point qui ressort des conceptions économiques basées sur la théorie de la main invisible, et qui découle de la première, est l'idée que la valeur est corrélative des intérêts des individus. Les choses obtiennent leur valeur en fonction de leur contribution à la satisfaction des intérêts d'un agent qui ne sont pas déjà satisfaits par les biens qu'il possède déjà. Dans le cas de Menger, cette conséquence correspond au subjectivisme axiologique.

Le langage comme phénomène social

On l'a vu, la conception esquissée par Brentano est en ligne directe avec celle défendue par Menger : les faits ou phénomènes sociaux comme les mariages, l'État, l'argent ou le langage sont les conséquences non planifiées d'actes de volonté concrets visant non pas l'établissement d'un fait social, mais tout simplement la satisfaction d'un besoin, la socialisation étant un besoin naturel de l'homme. Cette idée, Marty l'a développée en détail dès sa thèse de doctorat [19], mais tout au long de sa carrière et jusque dans son *opus magnum* de 1908, les *Untersuchungen zur Sprachphilosophie*.

La position de Marty se pose d'abord en critique des théories nativistes de l'origine du langage défendues à l'époque notamment par Wilhelm Wundt et Hermann Paul, principalement sous l'influence de Heymann Steinthal. Alors que Steinthal, et Wundt à sa suite, défendent l'idée que le langage s'est développé sur la base d'un certain nombre de gestes et d'onomatopées chez les humains primitifs, eux-mêmes déclenchés par un mécanisme psychophysique inné, comparable à un simple réflexe [20] – pour cette raison, cette théorie est

18. C. Menger, *Principe d'économie politique*, trad. fr. G. Campagnolo, Paris, Seuil, 2020 [1871], p. 664-665.

19. A. Marty, *Ursprung der Sprache*, Würzburg, Stuber, 1875.

20. Steinthal illustre cette théorie dans son *Abriss* au moyen de la métaphore suivante : « la première apparition du langage chez l'enfant et l'homme primitif est surtout une libération de l'âme de la pression des sensations qui l'assaillent [...] de même qu'un corps élastique qui est ébranlé est mis dans un état sonore [...] de même l'homme, excité par les sentiments et les conceptions qui l'assaillent, tinte dans le langage et se libère des impressions qu'il a reçues en les livrant à l'air par la parole ». H. Steinthal, *Abriss der Sprachwissenschaft*, Berlin, Dümmler, 1871, p. 363 (notre traduction).

qualifiée de nativiste quant à l'origine du langage –, Marty fait plutôt valoir, en ligne avec la théorie évolutionniste de Darwin, mais avec les travaux de Jespersen et Bréal, que l'origine du langage est à retracer dans le besoin de compréhension mutuelle et dans la mise en place intentionnelle, motivée par ce besoin, de moyens de désignation. C'est en gros l'idée de la théorie empiriste de l'origine du langage, qui est basée également sur l'analogie entre le développement du langage et l'acquisition du langage chez l'enfant. En effet, pour Marty, ce que montrent les recherches empiriques en linguistique – tant dans la recherche sur l'acquisition du langage chez les enfants qu'en anthropologie et en zoologie – nous permet de reconstruire l'origine du langage de la manière suivante :

1. On peut supposer que les humains primitifs avaient des phénomènes psychiques semblables aux nôtres et qu'ils avaient la capacité de produire des actions volontaires.
2. Puisque la communication est l'essence du langage, il est vraisemblable que les premiers humains aient voulu communiquer leurs phénomènes psychiques, et de manière analogue, qu'ils aient voulu communiquer des informations sur les événements physiques.
3. Les outils linguistiques ont été développés à partir de cette intention (de communication), sur la base de diverses lois de psychologie génétique (par exemple les lois d'association, d'habitude, etc.).
4. Conséquemment, le langage s'est développé à partir des actes mentaux individuels et à partir de leur conséquence non intentionnelle, de manière « non planifiée mais non pas par hasard » (*planlos, aber nicht wahllos*) :

> Ce n'est donc pas la devise « par hasard », mais plutôt « de manière non planifiée » qui ici – comme en ce qui concerne la naissance du droit et de l'État – désigne de manière concise la différence entre l'empirisme correct et l'empirisme insoutenable. Celui qui a mis en évidence le fondement intellectuel de cette action sans but précis a définitivement coupé l'herbe sous le pied de la théorie de l'invention, mais aussi du nativisme qui fait appel, sous une forme ou une autre, à des instincts tout faits ou qui présente brièvement la naissance du langage comme un miracle inexplicable[21].

Les actes de langage comme actes sociaux

Les institutions sociales sont des produits naturels de l'activité humaine ; ces produits sont des conséquences non voulues des phénomènes mentaux des individus. Et à chaque fois qu'une institution sociale émerge, que ce soit le mariage, l'état ou la religion, c'est qu'elle résulte d'un besoin. Bref tout acte contribuant à la création d'institutions sociales est un acte qui, par sa simple réalisation, contribue à la satisfaction d'un besoin. Lorsque Marty dit que les actes de communication sont des actes *absichtlich*, ce qu'il veut dire c'est que ce sont des actes qui sont motivés par certains besoins. Mon acte

21. A. Marty, « Über Sprachreflex, Nativismus und absichtliche Sprachbildung, 6. Aufsatz », *Vierteljahrsschrift für wissenschaftliche Philosophie* 14, 1890, p. 61. (notre traduction).

de prononcer « ceci est une table » est en un certain sens un moyen : celui de manifester un contenu mental (*Kundgabe*). Mais le même acte exprime aussi un besoin : celui de communiquer quelque chose, ou plus spécifiquement, celui d'influencer la vie psychique de mon interlocuteur. C'est ce que Marty appelle l'acte de signifier (*Bedeuten*) : lorsque je dis « ceci est une table » à l'endroit de mon interlocuteur, le contenu de jugement ainsi exprimé devient le moyen d'en arriver à mes fins, à signifier à proprement parler (c'est-à-dire à influencer la vie psychique de mon interlocuteur). En tant que *Mittel zum Zweck*, le contenu de jugement ainsi exprimé gagne une dimension normative dans la structure complexe de l'acte de langage dans lequel il est inséré : il commande à mon interlocuteur de formuler pour lui-même le même jugement[22].

À chaque fois qu'une institution sociale émerge, que ce soit le mariage, l'état ou la religion, c'est qu'elle résulte d'un besoin.

Pour Marty, les actes de langage sont des actes sociaux, mais contrairement aux phénoménologues réalistes, un acte social n'implique pas pour lui d'intentionnalité collective. Dans quelle mesure exactement les actes de langage sont-ils alors pour lui des actes sociaux? Ils le sont en ce qu'ils présupposent la présence d'un interlocuteur auquel ils sont adressés et qu'ils ont une dimension normative, c'est-à-dire qu'ils commandent la formation de certains phénomènes psychiques par leur interlocuteur, en guidant ainsi ses actions, et leur condition de succès est la satisfaction du besoin qui motive l'acte. Leur structure de base est celle d'un acte volitif : en prononçant « ceci est une table » à l'endroit de mon interlocuteur, j'exprime ma volonté que celui-ci forme le même jugement. Pour Marty et Brentano, l'acte volitif est composé de deux moments inséparables : il comprend d'une part l'*actus elicitus voluntatis*, c'est-à-dire l'acte dans lequel la volonté s'exprime ou est extériorisée (chez Marty : la *Kundgabe*, la manifestation de nos propres phénomènes psychiques), et d'autre part l'*actus a voluntate imperatus*, c'est-à-dire le désir, besoin, ou exigence (Brentano parle de *Verlangen*) que quelque chose se produise comme conséquence de notre volonté[23]. Dans le cas de Marty, c'est le moment normatif de l'acte de langage, le *Bedeuten* : le besoin ou l'exigence que mon interlocuteur forme le même jugement que moi[24].

Le besoin

Nous l'avons dit, les actes de langage sont des actes motivés par certains besoins, généralement le besoin de communication et d'entente mutuelle, qui est satisfait, dans le cas que nous avons illustré, lorsque l'exigence que mon interlocuteur forme le même jugement que moi est remplie. Oskar Kraus, un

22. La théorie de la communication de Marty n'est pas sans rappeler l'idée de la discussion réussie dans la *Théorie de l'agir communicationnel* de Habermas. Cette association n'est pas fortuite, Habermas reprenant lui-même les thèses d'Austin. Austin et Grice ont été au moins indirectement influencés par Marty, comme le montre Kevin Mulligan dans « How Perception fixes Reference », *in* A. Burri (ed.), *Sprache und Denken*, Berlin, De Gruyter, 1997, p. 122-138.

23. *Cf.* F. Brentano, *Grundlegung und Aufbau der Ethik*, *op. cit.*, p. 235 *sq.*

24. A. Marty, *Untersuchungen zur Grundlegung der allgemeinen Grammatik und Sprachphilosophie*, Halle, Niemeyer, 1908, p. 280 *sq.*

étudiant de Marty et plus tard aussi de Brentano, avait bien noté comment la théorie des faits sociaux de Brentano et Marty, où ceux-ci ne sont rien d'autre que les besoins des agents en tant qu'ils sont satisfaits – s'intégrait parfaitement à celle de l'économie défendue par les économistes autrichiens. En comparant l'*Ursprung der Sprache* de Marty aux théories économiques des Autrichiens, il souligne :

> Le développement de l'échange, de la monnaie et de la division du travail présente de nombreuses analogies avec le développement du langage; le besoin de compréhension a toujours créé le langage, tout comme l'ensemble des besoins humains a créé l'organisme particulier de l'économie humaine. La construction et la vie du corps social sont le produit d'actes conscients, mais pas le produit d'un plan; ainsi, un « empirisme » est également le point de vue correct dans la question de l'origine de l'économie. Il me semble qu'un approfondissement de ce sujet donnerait une nouvelle confirmation des théories de Marty dans le domaine linguistique; car les analogies entre les échanges linguistiques et économiques ne sont pas extérieures, mais s'enracinent profondément dans la relation intime entre les deux[25].

L'idée de Kraus semble être que la structure des actes de langage est la même que la structure des actes économiques, qui mène à la création de l'argent. Dans les deux cas, c'est l'acte volitif avec ses deux moments, l'*actus elicitus voluntatis* et l'*actus a voluntate imperatus*, qui est en jeu : un bien économique (*ein Gut*), tout comme un bien social comme la communication et la compréhension mutuelle, est à comprendre comme un « moyen de satisfaction des besoins » (*Bedürfnisbefriedigungsmittel*)[26]. C'est ce qui est visé par l'*actus a voluntate imperatus*, et c'est ce qui fait le pont entre le caractère psychique de la volonté et le domaine social de l'action[27]. Un énoncé *devient* un ordre, un objet quelconque *devient* un bien économique (un objet gagne sa fonction statutaire, dirait Searle), ou plus généralement une réalité *devient* un bien, nous dit Kraus, lorsque les conditions suivantes sont réunies :

> Pour qu'une réalité devienne un bien, il faut qu'il y ait : 1) un besoin, c'est-à-dire la volonté de réaliser ce que l'on désire. 2) Une réalité qui possède la capacité, la *dunamis*, de réaliser ce qui est désiré dans certaines conditions. 3) La connaissance de cette réalité, de sa capacité et des conditions de la part de celui qui est dans le besoin. 4) Le pouvoir de la personne dans le besoin de créer certaines conditions dans la réalité en question (pouvoir de disposition et art d'utiliser selon Böhm-Bawerk)[28].

À un certain niveau, Searle et les Brentaniens sont d'accord : l'imposition de la fonction statutaire (là où un objet donné *devient* un bien économique) est un moment essentiel pour que des règles constitutives comme « x compte

25. O. Kraus, *Das Bedürfnis. Ein Beitrag zur beschreibenden Psychologie*, Leipzig, Friedrich, p. 31 (notre traduction).
26. *Ibid.*, p. 55 « par "bien", les théoriciens de l'économie nationale n'ont jamais rien compris d'autre qu'un "moyen de satisfaction des besoins" ».
27. La théorie des intentions criminelles de Karl Hauser, qui reprend la conception brentanienne des faits sociaux, illustre bien cela. *Cf.* K. Hauser, « Zur Lehre vom strafrechtlichen Vorsatz », *Der Gerichtssaal* 54, 1897, p. 1-44 et 161-185.
28. *Cf.* O. Kraus, *Das Bedürfnis*, *op. cit.*, p. 58.

comme y dans c » aient une teneur normative. Et lorsque Searle ajoute que « là où l'imposition de la fonction statutaire [...] devient une question de politique générale, la formule [x compte comme y dans c] devient une règle constitutive »[29], les Brentaniens n'auraient rien à objecter si le caractère normatif de la « politique générale » (*general policy*) n'est fondé sur rien d'autre qu'une certaine convergence des *acta a voluntate imperatus* des agents impliqués dans les cas spécifiques. Pour un Brentanien, c'est la seule normativité en jeu dans les actes sociaux.

On peut penser que Searle s'y opposerait car les *acta a voluntate imperatus* ne sont pas des « nous avons l'intention », ce ne sont pas des instances d'intentionnalité collective. Mais si on regarde les conditions mentionnées par Kraus pour qu'une réalité donnée devienne un objet social, elles correspondent aux prérequis pour l'intentionnalité collective de Searle, à la différence que pour les Brentaniens, en principe, un seul *actus a voluntate imperatus* pourrait suffire à établir une fonction statutaire. C'est certes une différence de principe notable, mais dans les faits, puisque ce n'est pratiquement jamais le cas qu'un seul acte établisse effectivement une fonction statutaire, elle ne pas réellement déterminante. Bref la convergence des *acta a voluntate imperatus*, dans les faits, joue le même rôle que l'intentionnalité collective.

L'approche phénoménologique des Brentaniens a au moins trois avantages : d'abord, elle offre une description phénoménologique des faits et phénomènes sociaux qui est reconductible aux expériences, intentions et vécus individuels des agents qui est compatible avec une conception évolutionniste de ces faits et phénomènes qui stipule que ces faits ont émergé et pris forme à partir d'une certaine pratique, qu'ils ont évolué et se sont institutionnalisés selon certaines formes au fil d'un processus. Le phénoménologue réaliste ne peut tenir compte de cette évolution puisque c'est seulement à partir de l'accord collectif d'un groupe qu'une certaine réalité prend sa fonction statutaire et qu'elle gagne son moment normatif qui lui permet d'établir des obligations. En absence d'évidence empirique, on ne peut certes statuer de manière définitive sur l'origine de l'argent ou du langage. Cependant, l'explication par analogie que les Brentaniens défendent propose une sorte d'empirisme indirect dont la plausibilité est difficile à remettre en cause : on peut effectivement penser que le développement du langage s'est produit historiquement de manière analogue à celui de l'acquisition du langage chez l'enfant, de manière progressive et non planifiée. L'accord collectif que présupposent les phénoménologues réalistes dans l'établissement des institutions sociales impose des conditions plus strictes à l'existence des institutions sociales qu'on peut difficilement harmoniser avec quelque chose comme le caractère progressif et non planifié de l'origine des institutions sociales.

Ensuite, l'alternative à l'intentionnalité collective que propose la conception brentanienne est comparable à la description des phénoménologues réalistes en termes de précision et d'exhaustivité, mais elle a surtout l'avantage de localiser la normativité des actes sociaux à un niveau plus primitif, celui des

29. J. Searle, *La construction de la réalité sociale*, *op. cit.*, p. 65 (traduction modifiée).

besoins. Pour les phénoménologues réalistes, c'est seulement à partir de l'accord collectif qu'un acte intentionnel donné gagne sa dimension normative, c'est à partir de cet accord collectif qu'un acte de langage devient un acte social comme celui exprimé par « je promets de te conduire au cours de musique » qui génère des obligations. Si cette explication peut être convaincante pour certains cas d'actes sociaux comme la promesse, d'autres cas laissent penser que la dimension normative des actes sociaux est parfois ancrée directement dans le besoin. On peut penser à l'ordre que le cambrioleur exprime par « donnez-moi immédiatement le contenu de la caisse » en s'adressant à la caissière d'une banque en la pointant de son arme, et à d'autres cas semblables.

Enfin, en faisant l'économie d'un nouveau type d'entité, les états de choses, comme corrélats des actes d'intentionnalité collective, l'approche brentanienne s'épargne la tâche de relever le deuxième défi mentionné en introduction, à savoir celui de montrer que les rôles et fonctions des institutions sociales ne peuvent être remplis que par des entités irréductibles à des entités physiques ou psychiques. Au moins pour Brentano, mais aussi pour plusieurs autres de ses étudiants, ces rôles et fonctions sont joués par des contenus d'actes d'intérêt : via leur expression, ceux-ci engendrent des obligations qui ont une valeur normative générale non pas parce que celles-ci sont des entités distinctes des actes mentaux des individus, mais parce que quiconque fait une promesse veut aussi l'obligation qui résulte de la promesse, et dire qu'une obligation a un caractère normatif ne veut rien dire d'autre que celui qui veut cette obligation se comporte de manière correcte[30]. Autrement dit, les obligations ne sont que des fictions basées sur des comportements corrects ou incorrects d'agents sociaux. Cela suppose, comme Brentano le maintient, qu'un acte volitif correct est un acte comme il doit être et qu'on fait l'expérience de cette correction dans la perception interne. La question de savoir ici si et comment on fait une telle expérience reste certes ouverte, mais on peut penser qu'une description phénoménologique plus précise et exhaustive pourrait y répondre mieux. Ceux qui introduisent des états de choses comme porteurs des obligations n'ont pas cette flexibilité[31].

Guillaume Fréchette
Université de Genève

30. J'adapte ici à la promesse ce que dit Brentano plus généralement sur les actes volitifs et affectifs (actes d'intérêt) et sur leur structure : « Si nous nommons un objet "bon", nous ne lui donnons pas un prédicat déterminant (*sachlich*), comme lorsque nous nommons quelque chose par "rouge" ou "rond" ou "chaud" ou "pensant". Il en va des expressions "bon" et "mauvais" sous ce rapport comme des expressions "existant" et "non-existant". Nous ne voulons pas par-là ajouter une autre détermination à celle de la chose en question, mais nous voulons dire que celui qui reconnaît une certaine chose et en rejette une autre porte un jugement vrai. [...] De même, si nous nommons certains objets bons et d'autres mauvais, nous ne disons rien d'autre que celui qui aime ceux-ci, et déteste ceux-là, se comporte correctement ». F. Brentano, *Grundlegung und Aufbau der Ethik*, *op. cit.*, p. 144 (notre traduction).

31. Cette publication a été produite dans le cadre du SNFS Consolidator *The Origins of Contemporary European Thought 1837-1938. Texts and Genealogy* (projet 213751) financé par le Fonds national suisse de la recherche scientifique. L'auteur remercie le Fonds national suisse pour son soutien financier.

DOSSIER

La philosophie autrichienne

DES DEUX CONCEPTS DE LA LOGIQUE DANS LA PHILOSOPHIE AUTRICHIENNE
Autour d'un inédit de Casimir Twardowski sur Franz Brentano

Wioletta Miskiewicz

Nous rappelons dans cette étude l'existence, à Vienne dans la première moitié du XXe siècle, de deux concepts concurrents de la logique : celui de Höfler-Meinong (brentanien) et celui du Cercle de Vienne. Or, cette distinction est absente du débat autour de la tradition philosophique spécifiquement autrichienne qui aurait abouti à la naissance du néopositivisme logique (« thèse Neurath-Haller »). Dans un manuscrit inédit de Twardowski consacré aux grandes lignes de la réforme brentanienne de la logique (dont la traduction est disponible à la fin de l'article), on peut voir que la différence entre ces deux logiques ne concerne pas simplement l'étendue de leurs domaines, mais la *matière qu'elles étudient* et implique en conséquence un statut différent de la logique formelle. Parallèlement, notre reconstruction de cet épisode de l'historiographie philosophique jette une nouvelle lumière sur la relation entre l'École de Lvov-Varsovie et l'École de Twardowski dans son ensemble.

Casimir Twardowski (1866-1938), philosophe et psychologue né à Vienne dans une famille polonaise, fut l'un des plus proches disciples de Franz Brentano. En 1895 il devint professeur en Galicie, à l'université habsbourgeoise de Léopol[1], où il développa une remarquable école de philosophie scientifique qui s'épanouit après la renaissance étatique de la Pologne en 1918 et que

1. Léopol, aujourd'hui en Ukraine, a porté différents noms au cours de son histoire (en ordre chronologique : *Lwów* en polonais, *Lemberg* en allemand, puis de nouveau *Lwów*, et enfin *Lvov* en russe romanisé et finalement *Lviv* en ukrainien romanisé). Dans nos recherches, nous utilisons « Léopol », le toponyme traditionnel français assimilé à partir du latin médiéval (*Leopolis*), ainsi que les adjectifs « léopolien/-enne ». *Cf.* De Bilinski, « Université Lemberg-Léopol », *Revue internationale de l'enseignement* 2, 1879, p. 247-263.

Quine considère comme l'une des sources de la philosophie analytique. Cet âge d'or de la philosophie polonaise [2] a pris fin avec l'invasion de la Pologne par l'Allemagne et l'URSS en septembre 1939. Après avoir perdu deux importants centres universitaires (Léopol et Vilna) dont les archives n'ont encore toujours pas été entièrement retrouvées, après avoir été combattues idéologiquement en Pologne après 1945, l'école de Twardowski, connue dans le monde entier surtout pour ses logiciens, reste néanmoins une source d'inspiration pour certaines investigations philosophiques contemporaines [3]. Au cours des dernières décennies, cette tradition est généralement associée au nom de « l'École de Lvov-Varsovie », qui constitue un domaine de recherche internationale dynamique.

À la fin de cet article esquissant les deux concepts concurrents de la logique dans la philosophie autrichienne de la première moitié du XXe siècle, nous proposons la traduction d'une des archives inédites de Casimir Twardowski [4]. Ce document mérite l'attention à double titre. Premièrement, la connaissance approfondie de Twardowski en matière de philosophie de Brentano fait de son exposé du projet de la réforme brentanienne de la logique un document unique et qui mérite de devenir une référence pour les futures interprétations d'un brentanisme fidèle aux sources. Deuxièmement, en lien direct avec le sujet de notre article, on y découvre, que dans le projet de Brentano le statut heuristique de la logique formelle est modifié, ce qui impose de réviser le regard que l'on porte généralement sur le débat autour de la prétendue finalité logiciste de la philosophie autrichienne, et, parallèlement, de la philosophie analytique polonaise.

Le rôle capital du néopositivisme viennois dans l'articulation de la pensée analytique du XXe siècle est indéniable. Cependant, la thèse avancée par certains historiographes selon laquelle il constituait aussi l'aboutissement de la philosophie autrichienne en tant que telle est discutable. Or, c'est dans ce contexte que s'inscrit également l'affirmation de l'existence au sein de la philosophie autrichienne d'une sous-catégorie, désignée comme « la tradition austro-polonaise ». Ces deux hypothèses, portées par la présomption de certaines continuités conceptuelles dans les domaines concernés, sont de nature téléologique. C'est ainsi que, dans l'article « *De Veritate* : Austro-Polish Contributions to the Theory of Truth from Brentano to Tarski » [5], J. Woleński et P. Simons prennent la notion de vérité-correspondance comme fil conducteur de leur enquête visant à révéler les racines de la définition de la vérité de Tarski [6]. Les auteurs cherchent à établir, par le biais de l'affirmation de la présence continue d'une conception de vérité articulée dans les langues

2. *Cf.* S. Lapointe, M. Marion, J. Woleński et W. Miskiewicz (eds.), *The Golden Age of Polish Philosophy*, Dordrecht, Springer Verlag, 2009; W. Miskiewicz, « Sur la philosophie polonaise au XXe siècle : autour d'un paradigme écarté », *Revue des études slaves*, Paris, Sorbonne, 2014, p. 651-668.

3. Mentionnons à titre d'exemple J. Searle, J. Levinson, F. Moltmann ou A. Thomasson.

4. Ce document intitulé « Franciszek Brentano », numérisé dans le cadre du projet franco-polonais que nous dirigeons depuis 2005 est en ligne. On peut le consulter sur : http://www.elv-akt.net/ressources/archives.php?id_archive=47.

5. J. Woleński et P. Simons, dans K. Szaniawski (dir.), *The Vienna Circle and the Lvov-Warsaw School*, Dordrecht-Boston-London, Kluwer Academic Publishers, 1989, p. 391-442, désormais cité : *De Veritate*....

6. La définition considérée par les auteurs comme « *one of the century's seminal works* », *ibid.*, p. 392.

formalisées selon les formations de prédications, l'existence d'une « tradition austro-polonaise ininterrompue » qui va de Brentano, Marty, Meinong et Twardowski à Łukasiewicz, Kotarbinski, Lesniewski et Tarski.

En contrepied de ces interprétations, le fragment inédit que nous traduisons pour clore cette étude montre que Brentano conçoit la logique en rupture avec la tradition qui voit la vérité fondamentalement comme une propriété absolue des expressions structurées. Relevant de l'activité apophantique, la conception de la logique qui y est défendue par Twardowski, préconise la modification de la pratique de la logique formelle. Grâce à ce manuscrit, on voit clairement que l'idée d'une logique fondée exclusivement sur les formes des prédications n'est ni celle de Brentano, ni celle de Twardowski[7]. Cela remet donc en question les prémisses mêmes des interprétations historiographiques affirmant l'existence d' « une philosophie autrichienne » et d'« une tradition austro-polonaise » articulables d'une manière nécessaire par rapport au formalisme du Cercle de Vienne.

La « thèse Neurath-Haller » et l'École de Lvov-Varsovie

Le débat autour de la question de l'existence d'une philosophie autrichienne spécifiquement différente de la philosophie allemande a été initié par Rudolf Haller (1929-2014) en 1979, quand il a publié *Studien zur österreichischer Philosophie*[8]. Dans le premier chapitre de son ouvrage, intitulé « Philosophie autrichienne », il expose sa conviction que le Cercle de Vienne était l'aboutissement de l'histoire de la philosophie autrichienne dans son ensemble.

Selon Haller, ce qui caractérise le plus la philosophie de son pays, c'est une orientation fondamentalement réaliste permettant de résister aux tendances idéalistes (avant tout contre Hegel). Il explique ainsi également pourquoi la philosophie en Autriche n'aurait jamais subi le « tournant kantien »[9]. Haller se donne pour mission de restituer « la préhistoire méconnue du Cercle de Vienne »[10]. Selon lui, avant de s'achever dans le positivisme logique du Cercle de Vienne, la lignée autrichienne aurait commencé, en s'appuyant sur Leibniz et Hume, avec J. F. Herbart (1776-1841), B. Bolzano (1781-1848) et R. Zimmermann (1824-1898), pour s'épanouir avec Brentano (1853-1917), A. Meinong (1853-1920) et A. Höfler (1853-1922), ainsi qu'avec leurs satellites : la *Prager Gruppe* (A. Marty, C. Stumpf) et la « Lemberger-Warschauer Schule » de Twardowski[11]. Haller ne prétend pas à la paternité de cette idée car, en utilisant dans son article le terme « *Vorgeschichte* », il se réfère directement à la première section du texte programmatique du Cercle de Vienne signé en 1929 par H. Hahn, O. Neurath et R. Carnap. C'est dans le premier chapitre de ce Manifeste que les grandes lignes de la thèse de Haller, enrichies cependant

7. S. Richard montre que Twardowski critique la conception *correspondantiste* de la vérité censée assurer la continuité conceptuelle à la tradition austro-polonaise (« Twardowski sur la vérité », *Revue philosophique de Louvain* 115 (4), 2017, p. 619-645. Nous y reviendrons plus loin.

8. R. Haller, *Studien zur österreichischen Philosophie : Variationen über ein Thema*, Amsterdam, Rodopi, 1979.

9. *Ibid.*, p. 8.

10. *Ibid.*, p. 5 (nous traduisons).

11. *Ibid.*, p. 13. Cette thèse a été apparemment articulée par Haller pour la première fois dans R. Haller, « Nachwort zu dem Gespräch mit Neider von H. Rutte », *Conceptus* 28-30, 1977, p. 43-56.

par une dimension clairement idéologique car reflétant les inclinations libérales et marxistes de ses auteurs, émergent pour la première fois.

Le premier, à notre connaissance, à utiliser le terme « The Neurath-Haller thesis » est Barry Smith dans « Austrian Origins of Logical Positivism »[12]. B. Smith approfondira par la suite cette problématique dans plusieurs articles dans lesquels il fera preuve d'une attitude à la fois positive et critique envers cette vision téléologique de la philosophie autrichienne. Ses publications visent à montrer que les écrits de Haller développent et enrichissent l'idée proposée par Neurath dans la première partie du Manifeste. Il remet en revanche en question l'opinion de Haller qui voit le cercle autour de Schlick comme une formation issue de l'anticléricalisme et du socialisme autrichien.

Friedrich Stadler, sociologue et historien viennois qui défendait alors une position particulièrement engagée en faveur de la démarche de Haller, cherchant à démontrer un lien entre l'attitude social-démocrate et la vision scientifique du monde, soutenait qu'entre les deux guerres, l'Université de Vienne était divisée en deux camps qui s'affrontaient dans un *Kulturkampf* : démocrates contre antidémocrates, bourgeois contre ouvriers, cléricalisme contre sciences[13]. B. Smith objecte cependant que si l'on prend en compte aussi les intellectuels libéraux conservateurs autrichiens comme Mises ou Hayek, cette théorie ne peut que s'effondrer. C'est pourquoi il faut la considérer plutôt comme une sorte de « *over-tidy wishful thinking* »[14].

De notre côté, nous pouvons ajouter que la conjecture Haller / Stadler, qui postule la présence chez les socialistes autrichiens de l'époque d'une prédisposition à adhérer au néo-positivisme, témoigne du difficile processus de *Vergangenheitsverarbeitung*[15] chez les philosophes autrichiens. Elle est liée au rôle de leur pays avant et pendant la Seconde Guerre mondiale. Néanmoins elle repose sur une illusion politique qui apparaît clairement au début du Manifeste et concerne la proximité idéologique entre la vision du monde marxiste et celle du Cercle de Vienne. Or, l'espoir que le marxisme soviétique, s'il venait à triompher, reconnaîtrait le positivisme logique comme une voie d'avenir pour le matérialisme dialectique était d'une grande naïveté politique. Pour les idéologues staliniens, ces deux visions du monde qui se prétendaient, toutes deux, *scientifiques*, étaient en concurrence directe[16]. L'histoire de la philosophie analytique polonaise après 1945 en est la preuve[17].

12. K. Szaniawski, *The Vienna Circle and the Lvov-Warsaw School, op. cit.*, p. 25.

13. F. Stadler, *Studien zum Wiener Kreis. Ursprung, Entwicklung und Wirkung des Logischen Empirismus im Kontext*, Frankfurt a. M., Suhrkamp, 1997, p. 42.

14. B. Smith, « Austrian Origins of Logical Positivism », *in* K. Szaniawski, *The Vienna Circle and the Lvov-Warsaw School, op. cit.*, p. 23.

15. Cette expression, moins technique que « *Aufarbeitung der Vergangenheit* » (« le travail sur le passé » d'Adorno, souvent considéré comme un objectif à atteindre), décrit plutôt les obstacles et résistances psychologiques à ce travail sur le passé nazi.

16. Le catéchisme du philosophe communiste : *Le Petit Dictionnaire philosophique* (*Kratkii filosofskii slovar*) de Mark Moisevich Rosenthal et de Pavel Fedorovich Yudin, réédité régulièrement par Gospolitizdat de Moscow depuis 1939, dénonce le positivisme logique comme un courant de la philosophie réactionnaire, une variété de l'idéalisme subjectif et l'usurpateur de la scientificité, bref : un ennemi du peuple. Le positivisme logique aurait pour but la mutilation logiciste de la logique dans ses rapports avec la réalité, la falsification des contenus des sciences de la nature et la limitation empirique de la connaissance scientifique au nom d'une mystique.

17. La *logistique*, la grande spécialité de certains philosophes polonais (*cf.* la note 21), est stigmatisée dans le dictionnaire évoqué dans la note précédente, comme une déformation idéaliste et métaphysique de la logique mathématique et utilisée dans le seul but de justifier les spéculations idéalistes subjectives du positivisme logique en vue de combattre la logique dialectique.

En revanche, lorsqu'il s'agit de la spécificité doctrinale de la philosophie autrichienne, B. Smith est plus bienveillant à l'égard de la thèse de Haller, tout en cherchant à lui apporter une inflexion. En effet, selon lui, en Europe, « les traditions de la philosophie scientifique en général et du positivisme logique en particulier peuvent être comprises comme une partie de l'héritage philosophique exact ou analytique de Brentano »[18]. Inspiré par les travaux de Chisholm et fidèle à l'esprit ontologique de Manchester[19], B. Smith propose de considérer les énoncés d'observation de Schlick comme appartenant à la classe des énoncés exprimant des expériences « immédiatement évidentes » dans le sens brentanien[20]. Il s'inscrit ainsi dans le même cadre général de la vérité-correspondance que Woleński et Simons[21].

Le principe téléologique qui motive aussi bien le concept de « la philosophie autrichienne » que celui de « la tradition austro-polonaise » est celui du progrès en philosophie considéré comme intimement lié au progrès dans les sciences. Étant donné que les protagonistes reconnaissent, à cet égard, un rôle capital à la logique et qu'ils souscrivent à l'idée d'une logique fondée sur la forme des prédications, l'évolution qu'ils décrivent trouve son aboutissement dans la logique mathématique, censée fonder non seulement les mathématiques, mais aussi l'ensemble des théories scientifiques en général (la *logistique*[22]). Or, les logiciens polonais en étaient des maîtres incontestés, ce qui pourrait même inciter à concevoir la logistique de Varsovie non seulement comme l'aboutissement de « la tradition austro-polonaise » mais aussi de « la philosophie autrichienne ». Cette supposition constitue selon nous la thèse intrinsèque au domaine de recherche connu sous la dénomination de « L'École de Lvov-Varsovie ».

On peut dater assez précisément la naissance de ce domaine à la parution en 1985 de la monographie séminale de Jan Woleński *Filozoficzna szkola lwowsko-warszawska* (littéralement : *L'École philosophique léopolo-varsovienne*) et, peu après, de sa version anglaise : *Logic and Philosophy in*

18. B. Smith, « Austrian Origins of Logical Positivism », *in* K. Szaniawski, *The Vienna Circle and the Lvov-Warsaw School*, *op. cit.*, p. 44.

19. Les « *ontologists from Manchester* » : Barry Smith, Kevin Mulligan et Peter Simons ont fondé en 1979 à Manchester un Séminaire de philosophie austro-allemande. Se référant dans leurs travaux à Frege et au premier Husserl (non-transcendantal), ils ont, entre autres, introduit l'usage de la traduction de « *Vorstellung* » allemand par « *presentation* » (« présentation ») au lieu de «représentation». *Cf.* W. Miskiewicz, « The Theory of Objects in On Actions and Products. A Note for the English-Speaking Reader », *in* F. Moltmann, M. Textor (eds.), *Act-Based Conceptions of Propositional Content. Contemporary and Historical Perspectives*, New York, Oxford University Press, p. 105-113.

20. B. Smith, « Austrian Origins of Logical Positivism », *in* K. Szaniawski, *The Vienna Circle and the Lvov-Warsaw School*, *op. cit.*, p. 52.

21. C'est une aporie car chez Brentano l'évidence est une propriété des actes et non pas, comme chez Descartes, l'adéquation entre la chose et son idée (représentation).

22. « Logistique », terme qui, dans son sens philosophique, a aujourd'hui pratiquement disparu des dictionnaires, incarnait entre les deux guerres l'espoir d'une réforme totale de la philosophie grâce à la nouvelle logique symbolique. Pour d'autres, elle était le synonyme de la philosophie scientifique. Voir B. Russell lors de l'ouverture du Congrès de la philosophie scientifique à Paris en 1935, *cf.* W. Miskiewicz, « Between Semantics and Logistics. The Polish Delegation at the Congress for Scientific Philosophy in Paris 1935 », dans *Sur la philosophie scientifique et l'unité de la science, Philosophia Scientiae* 22 (3), 2018, p. 97-118. Dans sa définition la plus brève (d'après le vocabulaire d'André Lalande, 1926), la logistique est la « logique symbolique » ou « logique algorithmique » où « l'on combine des notations purement formelles, définies par une axiomatique décisoire et abstraite ». Les principaux représentants de la logistique en Pologne sont : J. Łukasiewicz, S. Lesniewski, J. Tarski (Varsovie), J. Sleszynski (Cracovie), L. Chwistek (Léopol).

the Lvov-Warsaw School)[23]. Ce qui est important pour son lancement, c'est qu'au même moment paraissaient, toujours chez Kluwer Academic Publishers, dans la prestigieuse série Nijhoff International Philosophy Series, les actes d'un colloque international organisé en septembre 1986 au Centre culturel autrichien de Varsovie, sous le titre : *The Vienna Circle and the Lvov-Warsaw School*[24]. Ce symposium réunissait les principaux futurs acteurs du domaine. On y retrouve notamment les trois philosophes dont les travaux ont déjà été évoqués plus haut : Jan Woleński, Peter Simons et Barry Smith. Mais aussi Klemens Szaniawski et Marian Przelecki, les représentants directs de l'école de Twardowski. Comme nous pouvons le voir, Klemens Szaniawski[25], directeur de publication des actes, tout en prenant quelques précautions dans l'Introduction, reprend dans le titre le nom de l'intitulé de la monographie de Woleński : « Lvov-Warsaw School ».

Chez Jan Woleński, l'expression « l'école de Lvov-Varsovie » ne fait pas référence au déploiement territorial de l'*École léopolienne de la philosophie polonaise*[26] de Twardowski, mais à son extension temporelle et plus précisément à son *évolution vers le progrès*. Ce n'est donc pas uniquement une généralisation historiographique, mais également une thèse historiosophique (au sein de l'histoire de la philosophie). Elle est explicitement formulée par J. Woleński dans l'introduction de sa monographie, où il affirme l'existence, au sein de la formation analytique fondée par Twardowski, d'une phase préliminaire, léopolienne, et d'une phase varsovienne, mature, liée au développement de la logique mathématique[27]. L'idée du progrès vers la philosophie scientifique et logiciste (la logique fonde les sciences, et, pour commencer, les mathématiques) est ici immanente, comme chez Haller.

Étant donné qu'à ce jour on n'a pas pu définir une *differentia specifica* de l'école de Twardowski, il s'agit ici d'une hypothèse historiographique, fruit d'un raisonnement en retour à partir d'un point d'arrivée choisi par l'auteur. En ce sens, l'hypothèse téléologique avancée par Woleński[28], est une hypothèse *ad hoc*. Elle est préparée à travers la périodisation de l'histoire de la formation de Twardowski en cinq périodes, avec, comme moment décisif, la « période

23. J. Woleński, *Filozoficzna szkoła lwowsko-warszawska*, Warszawa, Państwowe Wydawnictwo Naukowe, 1985 ; J. Woleński, *Logic and Philosophy in the Lvov-Warsaw School*, Dordrecht, Kluwer, 1989 ; J. Woleński, *L'École de Lvov-Varsovie. Philosophie et logique en Pologne* (1895-1939), Paris, Vrin, 2011 (version écourtée).

24. K. Szaniawski, *The Vienna Circle and the Lvov-Warsaw School, op. cit.*

25. Klemens Szaniawski (1925-1990) a suivi les cours de Łukasiewicz, Kotarbinski, Tatarkiewicz, Ossowska, Ossowski et Hiz à Varsovie, dans le cadre de l'université clandestine, pendant la guerre. Résistant, il a participé à l'Insurrection de Varsovie et a été fait prisonnier des camps de concentration d'Auschwitz et de Mauthausen. Pendant les premières années qui ont suivi la guerre, il a enseigné à Łódź (où l'Université de Varsovie avait été déplacée en raison des destructions subies par la capitale). Il est ensuite éloigné par le régime de l'enseignement jusqu'au début des années 1970. Il devient finalement professeur de logique à l'Institut de philosophie de l'Université de Varsovie (*cf.* J. L. Auspitz, W. Gasparski et M. K. Milicki, K. Szaniawski, *Praxiology and The Philosophy of Economics*, New Brunswick-London, Transaction Publishers, 1992). Marian Przelecki (1923-2013) étudie, juste après la guerre à Łódź, entre autres chez K. Ajdukiewicz, J. Kotarbinska et T. Kotarbinski, et devient l'assistant de ce dernier (*cf.* M. Przelecki, *The Logic of Empirical Theoris*, London, Routledge & Kegan Paul, 1969).

26. Twardowski parle de « *Lemberger Schule polnischer Philosophie* » (C. Twardowski, « Selbstdarstellung », R. Haller (hrsg.), *Grazer Philosophische Studien* 39, 1991, p. 1-20, p. 11).

27. « En somme, on peut distinguer deux phases principales dans le développement de l'École : celle de Lvov (phase préparatoire) et celle de Lvov-Varsovie (maturité) ». J. Woleński, *L'École de Lvov-Varsovie. Philosophie et logique en Pologne* (1895-1939), *op. cit.*, p. 17.

28. Jan Woleński déclare rester dans des « limites de l'objectivisme interprétatif », *ibid.*, p. 6.

de cristallisation définitive », dans les années 1918-1930, où l'École aurait accompli une transformation majeure grâce à la création de l'école varsovienne de logique : « d'École de Lvov, elle devient École de Lvov-Varsovie ». Dans la période suivante, celle des années 1930, « elle obtint alors ses résultats les plus importants et gagna une renommée internationale, tout particulièrement grâce à l'école logique de Varsovie » conclut Woleński[29].

Dans cette articulation téléologique, le nom « École de Lvov-Varsovie » devient porteur du paradigme logiciste de recherche tel que Łukasiewicz le défend, à savoir proche de la logique frégéenne et rejetant radicalement le potentiel heuristique de la psychologie[30]. Woleński partage avec Haller une confiance inébranlable dans les progrès et la valeur absolue de la vérité logique dans les sciences, vérité qui semble définitivement garantie grâce aux méthodes de la sémantique logico-mathématique. Et même si les critiques de Poincaré à l'encontre de Russell, figure majeure du logicisme, vont ébranler le logicisme en mathématiques, elles n'auront pas d'influence notable sur la perspective privilégiée encore aujourd'hui par les chercheurs dans le domaine de l'École de Lvov-Varsovie.

Le paradigme logiciste a servi ainsi depuis un demi-siècle de référence dans les recherches sur la philosophie analytique polonaise en mettant au second plan des pans entiers de l'œuvre de Twardowski, tout particulièrement ceux relevant de ses recherches en *psychologie des notions* et en lui faisant, au contraire, la réputation d'un philosophe obsolète car non affranchi du psychologisme[31]. Pourtant, pour comprendre la totalité de son œuvre ainsi que de l'ensemble de son école, il faut tenir compte de ses travaux sur les liens entre la logique et la psychologie. Et ceux-ci restent incompréhensibles sans la prise en compte d'une part de sa théorie du jugement héritée de Brentano et de l'autre de sa critique du cartésianisme en épistémologie[32].

La continuité entre la philosophie léopolienne et le logicisme de Varsovie même le plus antiphilosophique, reste cependant indéniable et démontrable. D'ailleurs Łukasiewicz le reconnaît lui-même explicitement[33]. Cependant, si on considère la totalité de l'activité philosophique de Twardowski, on constate que la lignée logistique ne représente qu'un des parcours tracés sur l'arbre généalogique des idées développées par les différents chercheurs appartenant à différentes générations de ses élèves, et des élèves de ses élèves[34].

29. *Ibid.*, p. 17.

30. L'absence des deux principales publications psychologiques de Twardowski dans la bibliographie de la monographie de Woleński est significative à cet égard.

31. Pourtant, dans le contexte du développement des sciences cognitives et de la philosophie de l'esprit, ces recherches de Twardowski ainsi que les travaux de ses nombreux disciples non logiciens montrent une étonnante actualité.

32. C. Twardowski, *Idee und Perception. Eine erkenntnistheoretische Untersuchung aus Descartes*, Wien, Verlag von Carl Konegen, 1892 (accessible sur le site du Projet éLV); l'édition de 1892 est reproduite dans *Kasimir Twardowski. Gesammelte deutsche Werke*, A. Brozek, J. Jadacki, F. Stadler F. (hrsg), Cham, Springer, 2017, p. 17-37.

33. « Presque tous les philosophes qui pratiquent en Pologne la logique mathématique sont les élèves du professeur Twardowski, ils appartiennent donc à l'ainsi dénommée, "école philosophie léopolienne" ». J. Łukasiewicz, « O znaczeniu i potrzebach logiki matematycznej », *Nauka Polska* 1929, p. 607.

34. Dans le premier livre consacré à la philosophie analytique polonaise, celui de Henryk Skolimowski, les « antiphilosophes logisticiens » de Varsovie (Łukasiewicz, Lesniewski) sont même considérés comme marginaux au sein de la philosophie analytique polonaise (*Polish Analytical Philosophy. A Survey and a Comparison with British Analytical Philosophy*, Londres-New York, Routledge and Kegan Paul, 1967).

Revenons sur l'air du temps dans les universités habsbourgeoises avant l'avènement du militantisme scientiste du Cercle de Vienne. Même si le monde académique autrichien était effectivement divisé à partir des années 1920, il n'était cependant pas divisé entre les philosophes éclectiques (conservateurs) et les socio-démocrates (prédisposés au néopositivisme) comme le pense F. Stadler, mais bien plutôt entre les *empiristes* et les *empiricistes*. Il sera peut-être opportun d'ajouter ici que si cette dernière division ne concerne pas dans la même mesure les philosophes analytiques polonais de l'époque, c'est parce qu'aucun d'entre eux n'a adhéré entièrement au formalisme du Cercle de Vienne.

L'empirisme *contre* l'empiricisme

La distinction entre les « empiristes » et les « empiricistes » est faite par Alexis Meinong[35] dans son autobiographie philosophique publiée en 1921 dans une collection à succès de Felix Meiner : *Die deutsche Philosophie der Gegenwart in Selbstdarstellungen*. Dès l'introduction de son texte Meinong déclare qu'il est bien « empiriste » (*Empiriker*) et surtout pas « empiriciste » (*Empirizist*), car les empiricistes, au lieu de se laisser guider par l'expérience, l'approchent selon lui avec trop de convictions toutes faites[36].

Meinong évoque dans ce texte l'esprit empiriste des sciences des années soixante du XIXe siècle (« *empiristiche Stimmung der siebziger Jahre* »)[37] et sa grande influence sur les philosophes de l'époque. Il rappelle que l'esprit empirique né dans la philosophie à ce moment-là est dû non seulement aux extraordinaires progrès des sciences et des technologies, mais aussi à l'opposition à l'idéalisme hégélien, et qu'il n'y était pas question de vouloir prescrire à la nature des lois à suivre[38]. Avec ces dernières paroles, Meinong visait ni plus ni moins que la tendance radicale de l'empiricisme (*radicaler Empirizismus*), de plus en plus visible et de plus en plus militante parmi les philosophes en Autriche. C'est cette tendance « empiriciste » qui triomphe dans le Cercle de Vienne et Meinong en tant qu'« empiriste » s'en démarque dans sa *Selbstdarstellung*.

Dans l'article déjà cité, B. Smith rappelle qu'il existe, entre l'Allemagne et l'Empire des Habsbourg, une importante différence dans le fonctionnement institutionnel de la science. Selon lui, cette différence s'exprime dans l'absence de financement institutionnel de la recherche en Autriche[39]. En revanche celle-ci possède une belle tradition d'associations et de sociétés savantes, et l'une des plus importantes de la fin du XIXe siècle était la *Philosophische Gesellschaft an der Universität zu Wien*. Elle représente un lieu où s'affrontent les idées insufflées par cet esprit empirique dont parle Meinong. Meinong en est un membre actif depuis le début.

35. Le texte de Meinong paraît dans le premier volume de *Selbstdarstellungen* (*Die deutsche Philosophie der Gegenwart in Selbstdarstellungen*, Bd 1, Leipzig, Felix Meiner, 1921, p. 91-150). Nous citons d'après : A. Meinong, *Über Gegenstandstheorie. Selbstdarstellung,* Hamburg, Felix Meiner Verlag, 1988, p. 53-111.
36. *Ibid.*, p. 54.
37. *Ibid.*
38. *Ibid.*
39. B. Smith, « Austrian Origins of Logical Positivism », *op. cit.*, p. 11.

La *Philosophische Gesellschaft an der Universität zu Wien*[40] a été officiellement reconnue comme une société savante de l'Université de Vienne le 26 mars 1888. L'idée de la création de cette société remonte à Brentano : elle est née de l'élargissement d'un petit groupe de ses étudiants dirigé par Hans Schmidkunz. Alois Höfler en fut le premier président et Kazimierz Twardowski en fut le vice-président.

Alois Höfler (1853-1922) a joué un rôle capital durant la première période d'existence de la Société. C'est lui qui dirigeait la plupart du temps les discussions. Il bénéficiait d'une reconnaissance générale pour cette activité et, quand il part pour Prague en 1904, il est désigné comme *Ehrenpräsident*. Höfler est considéré avant tout comme spécialiste des questions pédagogiques et sa notoriété philosophique ne se confirmera que tardivement, avec la publication en 1922, en coopération avec Meinong, de la *Logik* (1922). Dans cet ouvrage, l'« heuristique », pratiquée à partir des analyses des différents faits de l'histoire des sciences et de la théorie de la pensée, fait partie intégrante de la logique.

Kazimierz Twardowski admire Höfler depuis ses études au Theresianum, une école viennoise très élitaire où celui-ci fut professeur. Une fois professeur à Léopol, où Twardowski propagera l'esprit empirique de Brentano, sa conception de la logique, inspirée par l'esprit de la *Wissenschafstlehre* de Bolzano, sera proche de celle de Höfler et Meinong.

Dans l'un de ses cours les plus fréquentés à l'université de Léopol (par manque de place, l'Université était obligée de louer la salle du Conservatoire), intitulé *De la méthode des recherches scientifiques*, Twardowski définit le domaine de la théorie de la recherche en sciences de la même façon que Höfler et Meinong leur logique :

> Cette théorie des recherches, ou, pour le dire autrement, la science de leur méthode, se compose de deux parties : l'heuristique et la systématique. La première se penche sur les manières de détecter, de chercher et de trouver les lois tandis que la seconde analyse les façons de les ordonner et de les établir correctement[41].

Contrairement aux nouvelles tendances empiricistes des années 1920, la philosophie des sciences portée par cette conception ne vise pas à dire aux scientifiques comment ils doivent faire de la science, mais cherche, avant de se pencher sur les analyses formelles des théories, à analyser *a posteriori* comment la science se fait effectivement. C'était là l'esprit qui dominait à la *Philosophische Gesellschaft*, celui de Brentano, Höfler, Meinong et Twardowski. Et ce à quoi Meinong fait référence dans sa *Selbstdarstellung*.

Pour les adeptes de la thèse Haller-Neurath, la difficulté consistait non seulement à prouver historiquement la réception de Bolzano et de Brentano

40. Nommée désormais : « *Philosophische Gesellschaft* ». *Cf.* R. Meister, « Die Geschichte der Philosophischen Gesellschaft an der Universität Wien 1888-1938 », *in* R. Reininger (ed.), *50 Jahre Philosophische Gesellschaft an der Universität Wien 1888-1938*, Wien, Verlag der Philosophischen Gesellschaft an der Universität Wien, 1938, p. 3-20. Nous esquissons son histoire principalement à partir de ses *Jahresberichte* accessibles en ligne sur le site de l'*Österreichische Nationalbibliothek*.

41. À consulter sur le site du *Projet éLV* : http://www.elv-akt.net/ressources/archives.php? id_archive=41, p. 10.

par les néopositivistes[42], mais aussi à intégrer doctrinalement la pensée de Bolzano et de Brentano dans leur hypothèse téléologique. La réédition par la *Philosophische Gesellschaft* de l'œuvre de Bolzano, difficilement accessible pendant de longues années suite à sa mise à l'Index par l'Église, présentait à cet égard une opportunité précieuse[43]. Ainsi, Uebel en 1999[44] et Blackmore en 2001[45] ont suggéré qu'Alois Höfler constituait le chaînon manquant dans l'évolution de la philosophie dans la Monarchie des Habsbourg vers le Cercle de Vienne. Dans « L'histoire de la philosophie autrichienne et ses institutions : Remarques sur la Société de l'Université de Vienne (1888-1938) »[46], D. Fisette – qui, comme premier auteur francophone, expose l'importance de cette société méconnue – critique ces interprétations partisanes. Cependant, lui aussi semble ignorer la spécificité, décisive à cet égard, de la logique de Höfler, liée intimement à la théorie idiogénique du jugement[47].

La théorie idiogénique du jugement de Brentano et sa réforme de la logique

Brentano a annoncé sa réforme de la logique dans le deuxième volume de sa *Psychologie vom empirischen Standpunkt* (1874)[48]. Il en a également parlé dans ses cours à Vienne entre 1874 et 1895. Cependant, et ce fait a limité de manière très importante la réception de ce projet capital : il ne lui a jamais explicitement consacré d'ouvrage. Ainsi, sa réforme de la logique n'est guère connue que de « seconde main ».

Twardowski, qui faisait partie du cercle le plus proche de Brentano, était régulièrement invité à la maison et avait l'accès aux manuscrits de son professeur[49]. Quand le 16 décembre 1890 Brentano expose son projet de la réforme de la logique devant la *Philosophische Gesellschaft*[50], Twardowski travaille sur son doctorat consacré à la théorie de représentation dans le corpus des écrits latins de Descartes.

Le point de départ de la réforme de la logique proposée par Brentano est donné par le *constat empirique* résultant de l'analyse de la cognition dans le processus de *juger* comme activité (*urteilen*). L'activité apophantique est

42. B. Smith mentionne lui-même que Brentano n'est présent dans les travaux du Cercle de Vienne que comme objet de critique pour son éthique (B. Smith, « Austrian Origins of Logical Positivism », *op. cit*).

43. Le fait que V. Kraft (en 1901), Ph. Frank (en 1903), O. Neurath (1906), O. Hahn (en 1908) et E. Zilsel (en 1913) étaient membres de la *Gesellschaft* n'est pas un argument suffisant pour affirmer l'existence d'un « proto-Cercle de Vienne » comme le fait T. Uebel. *Cf.* T. Uebel, *Otto Neurath und der erste Wiener Kreis*, New York, Springer, 2000.

44. T. Uebel, « Otto Neurath, the Vienna Circle and the Austrian Tradition », *in* A. O'Hear (ed.), *German Philosophy since Kant*, Cambridge, Cambridge University Press, 1999, p. 249-269.

45. T. Blackmore, « Alois Höfler (1853-1922) », *in* L. Albertazzi, D. Jacquette, R. Poli (eds.), *The School of Alexius Meinong*, New York, Routledge, 2017, p. 157-190.

46. D. Fisette, « L'histoire de la philosophie autrichienne et ses institutions : remarques sur la Société philosophique de l'Université de Vienne (1888-1938) », *Philosophiques* 38 (1), 2011, p. 71-101.

47. Łukasiewicz rejette dès 1904 le volant heuristique de la logique de Twardowski, en l'associant au « bavardage philosophique flou » qui, dit-il, le repoussait toujours chez « tous les philosophes allemands ». *Cf.* W. Miskiewicz, « La critique du psychologisme et la métaphysique retrouvée. Sur les idées philosophiques du jeune Łukasiewicz », *Philosophia Scientiae* 15 (2), 2011, p. 35.

48. Remarquons que ce volume est malheureusement peu lu et difficile d'accès. Corrigé pour la deuxième édition (1911), puis publié par Oscar Kraus en 1925, il a été réédité chez Felix Meiner : *Von der Klassifikation der psychischen Phänomene*, Hamburg, Felix Meiner Verlag, 1971.

49. Les autres disciples qui avaient aussi ce privilège étaient C. Stumpf, A. Meinong, A. Marty et O. Kraus.

50. https : //digital.onb.ac.at/RepViewer/viewer.faces ? doc=DTL_2412981.

de manière spécifique une activité cognitive différente de l'activité de (*se*) *représenter* (*vorstellen*). Distinguer ces deux fonctions psychiques permet selon lui de retrouver l'imbrication physique effective de la logique dans l'expérience apophantique effective.

Il faut tenir compte de la théorie du jugement de Brentano et de sa réforme de la logique.

Le deuxième constat empirique fondamental pour la théorie du jugement de Brentano est qu'émettre un jugement ne consiste pas à mettre ensemble les mots : juger ne consiste pas à « compiler » ou « diviser » les significations pour construire les prédications. L'expérience montre selon Brentano que juger c'est tout d'abord *émettre un jugement d'existence*, confirmer ou infirmer l'*existence* d'un quelque chose encore innommable au sein d'une expérience heuristique concrète (*Existenzialsatz*). Cette expérience effective est, selon Brentano, par nature complexe et il la compare à un accord musical. C'est justement comme un moment de cet accord que Brentano envisage ainsi l'évidence comme la propriété de l'action et non pas, comme chez les philosophes depuis Descartes, comme l'accord d'une signification et d'une chose ou d'une prédication et d'un état de chose[51].

En général, l'activité apophantique consiste donc, selon Brentano, tout d'abord à confirmer ou à nier un quelque chose avant même de l'exprimer comme un item. La situation heuristique n'est aucunement entendue par lui comme un « état de chose » référent commun des prédications[52].

Cette théorie du jugement est désignée comme *idiogénique* à la différence d'une théorie *allogénique* où l'action heuristique de juger est envisagée comme une combinaison de représentations réunies dans un jugement[53]. Dans la théorie idiogénique *l'activité apophantique* constitue une action spécifique et différente de l'activité de se représenter dans la mesure où elle n'est pas subordonnée aux représentations. Juger, ce n'est pas représenter dans l'esprit plusieurs « choses » de suite ou à la fois. Juger ne consiste pas à rechercher des mots à associer entre eux, où chaque mot correspondrait à une représentation (adéquate à la chose si possible). La mise ensemble des

51. Dans son doctorat, Twardowski aborde le corpus latin de Descartes comme une classe finie de propositions, ce qui permet selon lui une reconstruction cohérente du concept de « *perceptio* ». Néanmoins, en disciple fidèle de Brentano, il a recours aux données d'expérience pour apprécier la valeur heuristique du concept. En ce sens, il emprunte le même chemin que Brentano pour construire sa théorie du jugement.

52. Depuis son doctorat (1892), Twardowski a pris ses distances avec la théorie de la vérité-correspondance.

53. Il faut mentionner ici, qu'il existe une sorte d'erreur *étymologique originaire* dans la construction de la terminologie adéquate. Elle était commise par Franz Hillebrand dans *Die neuen Theorien der kategorischen Schlüsse* (Wien, Hölder, 1891), où il utilise le couple de termes « idiogénétique / allogénétique ». Cette erreur, reproduite initialement par Twardowski, a été corrigée par ses disciples et explicitée par Daniela Tennerowna en 1914 de la manière suivante : le terme vient bien du « ἴδιος » (propre, particulier), mais « -génétique » ne doit pas être utilisé, car Brentano refuse par principe dans sa théorie de la connaissance le questionnement fondationnel génétique cartésienne; *idem* pour « allogénétique » (D. Tennerowna, « Istnienie jako tresc sadzenia i sadu », *Przeglad Filozoficzny* XVII, 1914, p. 465). Malheureusement, nous pouvons constater que dans l'introduction à l'édition des œuvres allemandes de Twardowski en 2017 (A. Brozek, J. Jadacki, F. Stadler (hrsg), *Kasimir Twardowski. Gesammelte deutsche Werke, op. cit.*, p. XI), les éditeurs reprennent cette erreur terminologique qui entretient le malentendu cartésien au sujet de Twardowski.

mots (et des représentations) ne constitue que l'étape suivante : celle de la *construction* des expressions[54].

Comme le rappelle Twardowski dans le texte que nous proposons à la fin de cet article, la réforme de la logique de Brentano consiste à « *traduire* »[55] toutes les propositions catégoriques en énoncés d'existence. Brentano était convaincu de pouvoir réaliser de cette façon une réforme radicale, incluant même la reformulation des syllogismes. Pourtant ce projet allait complètement à contre-courant des nouvelles tendances qui captaient déjà les énergies académiques : d'une part, la victorieuse bataille antipsychologiste de Husserl (dirigée en partie contre Brentano) et, d'autre part, le développement des logiques symboliques et la suprématie progressive de la logique frégéenne fondée sur la proposition structurée de manière prédicative. Cela n'empêche que Twardowski, même si devenu pour cette raison rapidement minoritaire au sein de sa propre école, conscient des limites de la conception logistique, y tenait.

Kazimierz Twardowski contre la *symbolomanie* et la *pragmatophobie*

L'approche frégéenne de l'énoncé (*Satz*) en tant que proposition structurée de manière prédicative est devenue largement majoritaire au XXe siècle en philosophie. Accompagnée de l'antipsychologisme husserlien, elle est devenue une norme dans l'épistémologie académique.

Dans *Philosophie et psychologie*, Pascal Engel explicite la spécificité de cet antipsychologisme husserlo-frégéen et montre les limites de ce débat eu égard à la théorie de la connaissance en général. Engel permet de comprendre l'origine frégéenne du mépris (explicite) de Łukasiewicz pour l'*Erkenntnistheorie* au point de vue empirique de Twardowski et de Brentano :

> Frege ne s'intéressait pas beaucoup à la manière dont on pourrait définir les notions comme celle de « justification » ou de « raison ». Il tendait à considérer toute tentative pour définir ces notions comme vaine – parce qu'il s'agit de notions primitives indéfinissables – soit comme courant le risque de réintroduire subrepticement des notions psychologiques. C'est pourquoi il méprisait l'*Erkenntnistheorie* de son époque, qu'elle soit empiriste ou néo-kantienne.[56]

54. En regardant la littérature du sujet, on constate toutefois une évolution que l'on peut observer en comparant par exemple la version 2000 et 2020 de l'article de Mark Textor, « Brentano's Theory of Judgement » dans la *Stanford Encyclopedia of Philosophy*. En s'éloignant de la *superveniens theory* (« *propositional content of a judgement supervenes on the content of several non-propositional acts* », 2020), l'auteur continue néanmoins de privilégier l'attitude propositionnelle en sous-estimant le fait que, rigoureusement parlant, dans le réalisme épistémologique de Brentano (et de Twardowski), l'« extérieur de la conscience » est un concept obsolète. À cet égard, on peut voir aussi les travaux réunis dans A. Grzankowski, M. Montague (eds.), *Non-Propostional Intentionality*, Oxford, Oxford University Press, 2018 et les travaux d'Uriah Kriegel dans *Brentano's Philosophical System : Mind, Being, Value*, Oxford, Oxford University Press, 2018 ou son *Routledge Handbook of the Franz Brentano and the Brentano School*, New York, Routledge, 2019. Ces publications montrent que la pertinence du biais frégéen dans l'explicitation de l'œuvre de Brentano (*cf.* R. Poli, « Twardowski's theory of modification againts the background of traditional logic », *Axiomathes* 4, 1993, p. 41-57) et qui prend explicitement comme point de départ « l'analyse rigoureuse du langage » et non pas de l'expérience épistémologique, commence à être revisité. Rappelons dans ce contexte les travaux pionniers de Mauro Antonelli.

55. F. Brentano, *Psychologie vom empirischen Standpukt II*, *op. cit.* p. 285 : « *kategorischen Sätze in die Existenzialsätze übersetzen"* ».

56. P. Engel, *Philosophie et psychologie*, Paris, Gallimard, 1966, p. 342.

Ce biais frégéen dans la réception de Brentano et de ses disciples est d'autant plus discutable que pour ce dernier, l'articulation du jugement en sujet et prédicat ne correspond pas de manière originaire à la nature spécifique du juger dans le sens du jugement en tant qu'action. Contrairement à ce que pensaient Kant et Frege, pour Brentano « être » n'est pas un prédicat de second ordre.

Au fur et à mesure de l'augmentation du prestige scientifique du néopositivisme viennois au sein de la formation analytique polonaise formée par Twardowski à partir de Léopol, des attitudes antiphilosophiques sont apparues au sein de la *logistique* développée autour de Łukasiewicz et de Lesniewski à Varsovie. Face au constat que la majorité de ses élèves était séduite par la conception de la logique frégéenne avec son approche allogénique du jugement, Twardowski a conçu, vers 1925, le projet d'écrire une monographie sur Franz Brentano afin de mettre les choses au point. Le texte dont la traduction est proposée ici était prévu comme introduction à cet ouvrage. Twardowski espérait pouvoir enrayer la progression de la tendance logiciste et il voulait aussi préciser les enjeux *scientifiques* de la logique en général en indiquant les limitations épistémologiques du logicisme et du néopositivisme... À notre connaissance, le projet a malheureusement été abandonné[57].

Auparavant Twardowski avait déjà publié en 1921 un article intitulé « Symbolomanie et pragmatophobie »[58], où il dénonçait avec force l'égarement philosophique que représente selon lui la philosophie réduite à la symbolique, et tout particulièrement celle de la logique mathématique, dont le formalisme est selon lui bien moins parfait que celui des mathématiques. Twardowski y regrette que la symbolique soit devenue pour certains philosophes polonais, et il pense surtout à Łukasiewicz et à Lesniewski, l'unique *objet* de leur philosophie. Soulignons qu'il s'agit d'« objet » au sens technique que Twardowski donne à ce terme.

Il faut observer que les logisticiens polonais demeurent néanmoins dans le cadre de la théorie des artefacts que Twardowski a esquissée en 1911 dans son traité *Des Actions et produits*. Ce fait est malheureusement trop souvent ignoré dans la littérature du sujet[59]. Lesniewski affirme que ses systèmes, qu'il voit comme des ensembles concrets finis de signes graphiques matériels, sont des artefacts matériels du monde réel ! Les *propositions* sont chez Łukasiewicz identiques aux successions de signes graphiques ou vocaux qui les composent. C'est pourquoi, en reconnaissant les symboles dans leur nature physique, individuelle et concrète (par exemple les traces d'encre sur le papier ou de la craie sur le tableau), Łukasiewicz ne se considère pas comme un nominaliste.

57. On ne sait pas cependant quelles archives se trouvent encore en Ukraine.

58. « Symbolomania and Pragmatophobia », *in* C. Twardowski, *On Actions, Products and other Topics in Philosophy*, J. L. Brandl, J. Woleński (eds.), A. Szylewicz (trad.), Amsterdam-Atlanta, Rodopi, 1999, p. 261-270.

59. Sur les malentendus dans la réception de ce traité de 1911 qui explicite pourtant les principaux traits de la métaphysique de Twardowski voir : W. Miskiewicz, « *On Actions and Products* (1911) by Kazimierz Twardowski : its Historical Genesis and Philosophical Impact », *in* F. Moltmann, M. Textor (eds.), *Act-Based Conceptions of Propositional Content. Contemporary and Historical Perspectives*, New York, Oxford University Press, 2017, p. 161-180.

En revanche Twardowski voit clairement les limites heuristiques de l'attitude de ses disciples logisticiens. Les symboles sont pour lui à la fois les expressions et les représentations. Ce qui est décisif pour son approche, c'est que les symboles relèvent de la complexité de l'activité apophantique effective. Dans une importante note en bas de page de *Des Actions et produits*[60], Twardowski critique du point de vue terminologique[61] la définition du jugement dans la logistique :

> [...] ce que nous nommons ici l'« énonciation », certains le nomment « jugement ». C'est ce que fait le professeur Łukasiewicz en définissant le jugement comme « une séquence de mots ou d'autres signes qui disent qu'un certain objet possède, ou non, une certaine propriété [...]. Tout en considérant le jugement comme une séquence de mots ou d'autres signes, le docteur Łukasiewicz distingue pourtant aussi ce qui fait la signification de cette séquence. En effet, il parle par ailleurs des « jugements qui ont la même signification », qu'il décrit comme les jugements qui « expriment la même pensée dans des mots différents » [...]. Or une telle pensée, si on cherche à la dire, n'est rien d'autre qu'un jugement au sens du produit d'un acte de juger; si le mot « jugement » devrait servir à désigner « une séquence de mots ou d'autres signes » qui expriment cette sorte de pensée, il manquerait alors un mot pour la désigner[62].

De prime abord on pourrait penser que l'objection que Twardowski adresse à Łukasiewicz est la même que celle que Husserl formule dans ses *Recherches Logiques* contre les théories psychologistes dans la fondation des sciences. Mais penser ainsi, c'est oublier que Husserl est à la recherche de la *mathesis universalis* et que son argumentation s'inscrit dans une démarche cartésienne visant à justifier de manière absolue, et dans le cadre de la Grande Corrélation[63], la possibilité même de la connaissance adéquate. Or, chez Twardowski, disciple fidèle de Brentano à cet égard, la connaissance est un fait empirique qui n'a pas besoin d'être fondé en ce qui concerne sa possibilité comme telle. En effet, les investigations épistémologiques de Twardowski sont liées aux modalités de la découverte des connaissances *concrètes* et à *leur* justification[64].

60. Nous ne pouvons pas nous arrêter ici sur les raisons pour lesquelles la traduction française de ce traité de Twardowski (« Fonction et formation. Quelques remarques aux confins de la psychologie, de la grammaire et de la logique », dans *À l'école de Brentano de Würzburg à Vienne*, Paris, Vrin, 2007), ne peut pas être considérée comme une source fiable pour étudier la théorie des actions et des produits de Twardowski. Observons seulement que cette traduction a été faite à partir d'une compilation des différentes versions en différentes langues du texte d'origine de Twardowski.

61. Twardowski commence toujours ses analyses par les considérations langagières et lexicales.

62. C. Twardowski, *O czynnosciach i wytworach* (*Des Actions et produits*), Krakow, Ksiegarnia Gubrynowicza i syna, 1911, § 44. Dans le paragraphe précédent, Twardowski définit l'expression d'un jugement, « *powiedzenie* » (énonciation), comme « un produit psychophysique créé grâce à l'activité psychophysique d'énoncer, de déclarer ». C'est en suivant la distinction linguistique d'E. Benveniste entre « énoncé » et « énonciation » (ce dernier relevant de l'activité), que nous avons choisi de traduire le terme polonais « *powiedzenie* » par « énonciation » : « Il faut distinguer les entités qui ont dans la langue leur statut plein et permanent et celles qui, émanant de l'énonciation, n'existent que dans le réseau d'*individus* que l'énonciation crée et par rapport à l'*ici-maintenant* du locuteur ». http://stella.atilf.fr/).

63. W. Miskiewicz, « Le Sphinx de la connaissance : Husserl et l'énigme de l'*a priori* corrélationnel », *Revue de Métaphysique et de Morale* 99 (3), 1994, p. 345-363.

64. J. Woleński et P. Simons, qui projettent dans « *De veritate...* » la définition de la vérité-correspondance de Tarski, rencontrent dans leur démarche en retour sur la tradition autrichienne, des apories qu'ils cherchent à contourner en introduisant l'idée du "degré" de la correspondance dans la définition même de la vérité-

Selon Twardowski, la surestimation de l'appareil symbolique par rapport à la réalité cognitive de son utilisation effective, est fatale à toutes les sciences, même si celles-ci résistent plus ou moins bien aux risques que cela entraîne en fonction de leur type. Twardowski, qui garde toujours les questions didactiques à l'esprit, souligne aussi que la symbolomanie et la pragmatophobie causent les plus grands dégâts avant tout par l'emprise qu'elles exercent sur les esprits en formation. Selon lui, ceux-ci risquent de perdre les capacités critiques dans l'appréciation de la symbolique et risquent de développer, en *homme machine* (en français dans le texte), une disposition à admettre la priorité « de la forme sur le contenu, du semblant sur le réel ». Cette disposition peut selon Twardowski persister malheureusement même chez des individus qui réussissent à s'affranchir de la suprématie de l'approche symbolique[65].

En se déclarant « empiriste » par opposition aux « empiricistes », Meinong rejette leur programme philosophique fondé sur la souveraineté absolue de l'intellect armé des formalismes au mépris de l'inattendu propre à la réalité vivante des sciences. Il revendique ainsi une attitude réaliste largement partagée au sein de la *Philosophische Gesellschaft.*

Paradoxalement, tout en invalidant explicitement la thèse de Neurath-Haller, la démarche de Meinong confirme *de facto* une partie de cette thèse à savoir l'affirmation de l'existence d'un réalisme gnoséologique spécifique pour cette région de l'Europe (rappelons que Bolzano était désigné comme « Anti-Kant »). Néanmoins, comme nous avons cherché à le montrer, ce ne sont pas les néopositivistes qui l'incarnent.

Lorsqu'il s'agit en revanche de la thèse sur « la tradition austro-polonaise », on constate que la naissance de la branche logiciste initiée dans l'école de Twardowski par Jan Łukasiewicz représente à cet égard une dissidence au sein de la philosophie léopolienne issue de la synthèse de Bolzano et de Brentano accomplie par Twardowski. D'ailleurs ce dernier a dénoncé ouvertement le logicisme et sa vision scientiste du monde en 1929, dans son discours à l'occasion du 25e anniversaire de la Société philosophique polonaise (PTF).

Ce discours et encore plus l'existence même d'un manuscrit écrit par Twardowski en réaction contre les logisticiens polonais, invalide directement, pour ne pas dire empiriquement, l'hypothèse d'une évolution nécessaire de l'école léopolienne vers son aboutissement dans l'école varsovienne et dans la théorie de la vérité de Tarski. De même que l'empirisme logique n'est pas l'aboutissement de la philosophie autrichienne en général, de la même manière l'école sémantique logico-mathématique de Varsovie n'est pas, du point de vue de l'histoire de la philosophie, l'accomplissement ultime de l'esprit léopolien de Twardowski, mais l'un de ses développements possibles. Plus précisément, celui-ci, concerne avant tout les expressions et plus particulièrement les

correspondance, qu'ils échelonnent entre une version forte et une version faible (*strong correspondence* et *weak correspondence*, J. Woleński, P. Simons, « *De veritate…* », *op. cit.*, p. 393). Observons, que du point de vue de la raison théorique, dans le cas d'une proposition *p* au moment *t* la correspondance peut être de fait plus ou moins complète, mais relativiser par degré la notion de la correspondance dans la définition-même la vérité-correspondance est discutable dans le cadre du réalisme gnoséologique.

65. C. Twardowski, « Symbolomania and Pragmatophobia », *in* C. Twardowski, *On Actions, Products and other Topics in Philosophy*, *op. cit.*, p. 270.

langages formalisés, ce qui est explicite dans le nom même de la théorie de la vérité de Tarski[66].

Pour décrire l'évolution effective de l'école analytique polonaise, Tadeusz Kotarbiński utilise avec malice une métaphore filiale en parlant tantôt de la « philosophie-mère », qui a rayonné sur toute la Pologne (et même au-delà) depuis Léopol, et tantôt d'une « philosophie-fille » varsovienne[67]. Celle-ci est selon lui en effet « plus restreinte dans ses fondations théoriques ». On peut ajouter que cette fille s'est de fait définitivement émancipée au fil du temps, en devenant une branche des mathématiques. Peut-on pour autant affirmer que c'était l'unique héritière? Ce qui est certain c'est que la guerre et ses conséquences géopolitiques ont empêché les autres filles de grandir librement et surtout de sauvegarder et faire connaître leurs accomplissements[68].

Nous venons de rappeler l'existence de deux conceptions de la logique en Europe centrale au cours de la première moitié du XXe siècle : celle des philosophes proches de la *Philosophische Gesellschaft* et celle du Cercle de Vienne. La différence entre ces deux notions ne relève pas simplement de l'étendue du domaine de la logique car il existe entre elles une différence fondamentale dans les matières étudiées et dans la détermination programmatique des « ressources traitées »[69]. Dans la première conception la logique se compose d'une part de l'heuristique relevant des processus cognitifs et de l'histoire des pratiques scientifiques, et d'autre part, de la systématique formelle des théories ; alors que la seconde conception de la logique privilégie les formalismes et l'analyse des expressions structurées *qui constituent les résultats stabilisés* des activités apophantiques concrètes des scientifiques.

Dans le fragment inédit que nous proposons pour finir au lecteur francophone, cette différence est mise en évidence par Twardowski.

Wioletta Miskiewicz
PhD 1986, PhD 2000, HDR PSL/ENS 2024
CNRS / Archives Henri Poincaré / Nancy
Archives Numériques éLV
http://www.elv-akt.net/

66. A. Tarski, « Le concept de vérité dans les langages formalisés », trad. fr. G. G. Granger dans *Logique, sémantique, métamathématique*, Paris, Colin, 1972.

67. T. Kotarbinski, « Grundlinien und Tendenzen der Philosophie in Polen », *Slavische Rundschau* 5, 1933, p. 218-229, p. 219.

68. Mentionnons à titre d'exemple la phénoménologie analytique léopolienne (Léopold Blaustein), la philosophie du droit de Vilna autour de Czezowski, la philosophie de la médecine à Cracovie autour de W. Szumowski, mais surtout la psychologie développée par Twardowski et qui fut victime principale à la fois du matérialisme dialectique et de la norme antipsychologiste du logicisme. Rappelons à ce sujet les mots de P. Engel : « N'avions-nous pas appris que l'un des péchés capitaux en philosophie était le *psychologisme*, l'illusion consistant à confondre la nature objective d'un concept avec son origine naturelle dans l'esprit? », P. Engel, *Philosophie et psychologie*, *op. cit.*, p. 14.

69. Dans la traduction anglaise, on peut lire : « *demarcation of the material to be dealt with* » (C. Twardowski, *On Actions, Products and other Topics in Philosophy*, *op. cit.*, p. 18). La *Selbstdarstellung* de Twardowski qui n'a pas été publiée de son vivant. Elle a fait (y inclut la traduction) l'objet de notre mémoire scientifique original d'HDR soutenue en janvier 2024 à l'ENS/PSL : « *Autobiographie philosophique » de Kazimierz Twardowski comme source pour la reconstruction de son œuvre. Recherches aux confins de la philosophie et de l'histoire*, à paraître). Notons néanmoins la modernité de la conception de Twardowski.

CASIMIR TWARDOWSKI
« FRANÇOIS BRENTANO »[1]

François **Brentano** (1838-1917) a embrassé dans ses recherches presque tous les domaines de la philosophie. Cependant sa plus grande influence s'est exercée – et s'exerce encore – dans le domaine de la psychologie. Par conséquent, on accorde moins d'attention à ses travaux relevant des autres domaines des sciences philosophiques. Ce qui est cependant le moins connu parmi les philosophes, et singulièrement parmi les logiciens, ce sont probablement les idées de Brentano à la lumière desquelles il apparaît comme un réformateur de la logique formelle.

Cela vient du fait que Brentano lui-même n'a pas suffisamment publié pour faire connaître ses travaux consacrés à la logique réformée. Il l'a pourtant exposée pour la première fois déjà durant le semestre d'hiver 1870/1871 à l'université de Würzburg. Par la suite, il a consacré à plusieurs reprises ses cours à cette logique réformée à l'université de Vienne, mais lorsqu'il s'agissait de publier, il s'est limité à quelques observations succinctes dans sa *Psychologie vom empirischen Standpunkt*, volume 1, 1874, p. 283-284 et p. 302-305. Il y expose en effet trois nouvelles formes du syllogisme proposées dans le but de remplacer les règles du syllogisme en vigueur. Il y affirme que les syllogismes Darapti, Felapton, ainsi que Bamalip et Fesapo, sont incorrects.

Même si ces considérations ont eu un certain écho dans la littérature philosophique, non seulement parce qu'elles ne pouvaient pas donner d'image complète de la « nouvelle » logique, mais aussi parce que leur aspect paradoxal a suscité l'incrédulité et la réticence pour ce genre de « réforme » en logique. Bien que Brentano – en publiant ces considérations – ait exprimé aussi son intention d'éditer ses cours de logique, il n'a cependant jamais mené ce projet à bien. C'est la raison pour laquelle son système de logique n'est devenu accessible que par le biais du travail d'un de ses élèves, Franz Hillebrand, qui a publié un ouvrage contenant un exposé abrégé du système brentanien sous le titre *Die neuen Theorien der kategorischen Schlüsse* (Hölder, Vienne, 1891, p. 102). Cependant, le titre même de cet ouvrage fait que les gens n'y ont pas cherché et, encore aujourd'hui n'y cherchent pas d'exposé de la logique de François Brentano ! En conséquence sa connaissance est très peu répandue.

Il ne serait peut-être pas inutile de présenter aux lecteurs polonais les traits fondamentaux de la réforme de la logique formelle proposée par François Brentano. Face aux récents remous de certains milieux logiques, la mise en relation de ces divers courants et tendances avec les tentatives accomplies par François Brentano peut être intéressante, tant du point de vue historique que

1. Il s'agit d'un brouillon, probablement d'une première version d'un texte qui s'arrête brusquement. On peut le dater approximativement de 1925. Le document numérique à partir duquel cette traduction a été réalisée est consultable dans les Archives éLV : http://www.elv-akt.net/ressources/archives.php? id_archive=47. C. Twardowski, adepte de l'utilisation des formes assimilées des prénoms pour des raisons philosophiques liées aux corpus des langues, traduit le prénom de Brentano, « Franz », en polonais : « Franciszek ».

systématique. Quoi qu'il en soit de ce contexte récent, les idées de François Brentano méritent d'être connues rien qu'en raison de leur originalité propre.

La base du système de la logique brentanienne est constituée par la théorie existentielle des jugements. Selon cette théorie au point de vue empirique, chaque jugement reconnaît ou rejette l'existence d'un objet (de quelqu'un ou de quelque chose), le confirme ou le nie. Les jugements existentiels sont, selon Brentano, non seulement des jugements exprimés dans des énoncés tels que « Dieu existe », « Les fantômes n'existent pas », mais aussi tous les autres jugements – peu importe la forme que prennent les énoncés par lesquels nous les exprimons. Donc :

Une proposition générale affirmative « Tous les hommes sont mortels » se réduit à la forme existentielle « Il n'existe pas d'homme immortel ».

Une proposition générale négative « Aucune pierre n'est vivante » se réduit à la forme existentielle « Il n'existe pas de pierre vivante ».

Une proposition particulière affirmative telle que « Un homme est malade » ou telle que « Certaines personnes sont malades » se réduit à une forme existentielle « Il existe des gens malades ».

Une proposition négative particulière comme « Certaines personnes ne sont pas savantes » se réduit à une forme existentielle « Il existe des gens non savants ».

En conservant la symbolisation usuelle des quatre énoncés (jugements) catégoriques ci-dessus et en prenant pour symbole de l'énoncé du jugement affirmatif le signe « + », pour symbole niant l'existence le signe « - », et en utilisant enfin le petit « s » et le petit « p » pour symboliser le non-S et le non-P, on peut écrire :

S a P = -Sp, S e P = -SP, S i P = + SP, S o P = + Sp, ce qui indique que la proposition « Tous les S sont des P » est égale à la proposition « Il n'existe pas un S non-P » ; la proposition « Aucun S n'est pas P » est égale à celle de : « Il n'existe pas un S qui soit pas P » ; la proposition « Certains S sont P » est égale à celle de : « Il existe des S qui sont P », et la proposition « Certains S ne sont pas P » est égale à celle de : « Il existe des S qui ne sont pas P ». Les jugements exprimés par les deux énoncés de chaque couple sont identiques.

Cette réduction des énoncés et des jugements catégoriques aux jugements existentiels a été publiée par Brentano en 1874, dans l'œuvre citée plus haut « Psychologie » / : p. 283 : /. J'exprime presque la même opinion que Brentano avec mes [...]. B. Bolzano dans : / : Wissenschaftslehre.

[...]

Quant à la notion de la méthode scientifique, il convient de remarquer qu'une description exhaustive nous amènerait trop loin et trop profondément dans une problématique complexe du domaine de la théorie de la connaissance ; cependant, nous soulignons en premier lieu que chaque science se compose d'une suite de propositions (jugements) logiquement liées et justifiées, et en second lieu que la recherche scientifique englobe aussi bien les actions qui mènent à la découverte de ces jugements, que celles qui cherchent à les vérifier et donc à les justifier. Je parle de la découverte des jugements, et non des faits, car premièrement, il existe des sciences, comme la logique et les mathématiques, qui n'opèrent pas avec les faits, et deuxièmement, même les sciences qui s'en occupent, ne se limitent pas à cela : elles examinent aussi les liens entre les faits. Puisque chaque conquête scientifique, chaque constat d'un fait ou d'un lien entre les faits, ou bien d'une relation entre les objets détachés des mathématiques s'accomplit et s'articule dans un jugement, nous nous exprimons de manière plus simple et plus précise, en disant que la recherche scientifique consiste à découvrir et à justifier les jugements, d'autant plus que ni les faits ni les relations n'ont pas besoin de justification. En revanche, les jugements qui constatent un fait ou une relation ou encore un lien ont besoin d'être justifiés.

La découverte et la justification des jugements vont très souvent de pair, mais pas toujours. Quand un mathématicien constate, à partir d'une thèse, un corollaire, il exerce deux activités en même temps. Cependant, lorsque Archimède a trouvé la formule servant à calculer les surfaces partielles d'une parabole en découpant les différentes surfaces de pièces de cuivre de même épaisseur et en les pesant, cette activité l'a amené à la découverte d'un jugement exprimant la grandeur d'une surface partielle d'une parabole. Cependant, la justification de ce jugement a été rendue possible uniquement grâce à la déduction à partir des équations mathématiques exprimant les propriétés générales des paraboles. La distinction entre la découverte et la justification des jugements (les deux principaux traits de la recherche scientifique) permet d'éclairer la question de la relation entre la recherche scientifique et l'expérience. En essayant de répondre à la question de savoir si la recherche scientifique est basée sur l'expérience, nous devons diviser cette question en deux parties. La première partie concerne l'expérience comme étant la base ou le point de départ de la découverte des jugements scientifiques. La deuxième partie concerne l'expérience comme base de la justification des jugements scientifiques. Dans ce domaine, la réponse à cette question sera suivante : il existe les sciences qui comptent en dernière instance sur l'expérience pour vérifier, et donc pour justifier leurs thèses et leurs jugements. Il s'agit des sciences empiriques (j'évite le mot « expérimentales », car il est ambigu, et de ce fait, il est inutile de l'employer dans la terminologie scientifique; il correspond aussi bien au terme étranger « empirique » qu'au terme « expérimental »). En fait, en sciences empiriques, peu importe que le jugement exprime de façon déterminée une thèse ou bien seulement une possibilité hypothétique, il faudra l'admettre ou le rejeter. (Décider de la conformité ou non avec l'expérience, avec les faits ... Montrer comment créer et vérifier les hypothèses). Mais il existe aussi des sciences, qui, en vérifiant ou en justifiant leurs thèses, procèdent indépendamment de l'expérience : elles se basent en dernière instance sur la détermination de certaines notions et sur les certitudes qui résultent avec une nécessité logique de toutes ces déterminations; ainsi, elles sont admises d'avance, admises *a priori* comme vraies indépendamment de l'expérience. Ces sciences dites aprioriques sont indépendantes de l'expérience parce que leurs objets ne correspondent à rien de réel puisqu'ils sont une création de la pensée abstraite. Par exemple, si la géométrie affirme que dans l'espace euclidien, les droites parallèles ne se croisent jamais (ou bien – ce qui revient au même – qu'elles se croisent à l'infini), elle énonce un jugement sur les droites, c'est-à-dire sur des créations de la pensée abstraite, et par conséquent sur ce qu'on appelle les abstractions, car en effet la droite en tant qu'objet bidimensionnel n'est pas donnée dans l'expérience. Et ce jugement est une certitude qui résulte – avec une nécessité logique – directement de la notion des droites parallèles, donc des droites entre lesquelles la distance est constamment égale. Non seulement on ne peut pas justifier ce jugement en faisant appel à l'expérience, mais on ne doit pas non plus le justifier par l'expérience. C'est un jugement certain *a priori*, donc indépendant de l'expérience. Il en est de même pour les jugements faisant partie de la logique en tant que science sur la vérité des jugements. La règle selon laquelle on peut renverser les jugements généraux-affirmatifs *per accidens*, permet d'établir qu'avec la vérité du jugement : « Des hommes sont des êtres mortels », la vérité du jugement « Certains êtres mortels sont des hommes » est aussi inévitablement liée. Cette loi se justifie indépendamment de l'expérience, elle est le résultat de la notion du jugement général-affirmatif et de la notion du renversement des jugements.

– Lorsqu'il s'agit de la façon de justifier les jugements scientifiques, toutes les sciences se divisent en deux groupes : l'un englobant ce que l'on appelle les sciences empiriques, où l'on justifie les jugements en se basant sur l'expérience ; ce sont les sciences des faits et de leurs liens, donc des relations ; l'autre groupe englobant les sciences dites *a priori*, donc non-empiriques, c'est-à-dire des sciences qui possèdent une justification indépendante de l'expérience ; ce sont les sciences qui concernent les abstractions, à savoir les objets de concepts dérivés et les liens qui les unissent, donc des relations. Les sciences aprioriques sont les mathématiques et la logique (théorie des relations), toutes les autres sciences font partie des sciences empiriques.

Cependant cette division disparaît lorsque nous considérons non pas tant la manière de justifier les propositions des sciences, mais la manière dont elles obtiennent leurs théorèmes. En effet, aussi bien les sciences empiriques que les sciences aprioriques peuvent parvenir à leurs théorèmes à partir de l'expérience, ou, sans l'aide de celle-ci, par la voie du raisonnement, de l'intuition géniale, des hypothèses audacieuses (*verte*) [2].

2. Twardowski renvoie ici au verso de la page où se trouve un texte difficile à reconstituer complètement, qui commence par « Les hypothèses existent aussi en science aprioriques, p. ex. en mathématiques » et qui se termine par « 100 ans après cette découverte, on l'a enfin démontrée ! ». Il donne d'abord, calculs à l'appui, deux exemples d'assertions vraies pour les premières valeurs de n et fausses en général. D'abord un polynôme dont les valeurs pour n = 1 ... 5 sont premières, mais pas pour n = 40, et ensuite les nombres dits « de Fermat » dont les quatre premiers sont des nombres premiers mais pas le cinquième. Ce dernier est, note Twardowski, divisible par 641. Il conclut par un cas où la vérification de quelques cas numériques mène à une assertion vraie pour toute valeur entière, le « petit théorème de Fermat », énoncé dans une lettre de Fermat à Bernard Frénicle de Bessy. La remarque finale fait référence à Euler qui est le premier à publier une preuve, cent ans après la lettre (où conformément aux usages de son temps Fermat ne donne pas de preuve – même s'il est probable qu'il en avait une en effet). Merci à Dan Drai pour son aide dans la reconstitution du texte.

L'exemple d'Archimède évoqué ci-dessus est un cas où l'on a découvert un jugement d'une science *a priori* par la voie empirique ; à l'inverse, Le Verrier, par le biais du raisonnement, par la voie de calculs mathématiques est arrivé à la conviction de l'existence d'une planète inconnue par le raisonnement, par la voie de calculs mathématiques ; il a découvert par la déduction un jugement d'une science empirique – l'astronomie. Bien sûr, la découverte empirique d'Archimède, avant d'entrer dans l'inventaire consacré de la science, a exigé une justification *a priori* et la découverte apriorique de Le Verrier a dû être empiriquement vérifiée avant que l'astronomie ne la reconnaisse comme vraie. Lorsqu'il s'agit de la justification des jugements, les sciences empiriques exigent absolument le recours à l'expérience, tandis que les sciences aprioriques nécessitent une justification par le biais indépendant de celle-ci ; en revanche, lorsqu'il s'agit de la découverte des jugements, les deux catégories de sciences permettent aux chercheurs de procéder sans contraintes, de la façon indiquée par la nature de la question, par l'état actuel de la connaissance et par l'inventivité individuelle du chercheur.

Mais l'expérience (empirie), si elle n'est pas exclue des sciences aprioriques lorsqu'il s'agit de la découverte des jugements qui leur appartiennent, elle est la source ultime de toutes les notions, même les plus détachées, avec lesquelles ces sciences opèrent et composent leurs théorèmes. Et de ce point de vue, il n'y a pas de différence de principe entre les sciences empiriques et aprioriques – sauf peut-être une différence de degré, au sens où les notions des sciences aprioriques naissent grâce au travail d'un raisonnement plus poussé, ce qui n'est pas le cas pour les notions des sciences empiriques; ainsi, elles s'éloignent davantage des éléments empiriques qui constituent pourtant leur ultime ancrage.

En résumant les précédents développements sur le rapport de la recherche scientifique et de l'expérience, on peut répondre de la manière suivante à la question de savoir si toute recherche scientifique est basée sur l'expérience :

A. Toute recherche scientifique s'appuie sur l'expérience dans la mesure où celle-ci est la source ultime des notions avec lesquelles elle opère, les notions que la science produit par la combinaison des éléments empiriques.
B. En découvrant les théorèmes ou les jugements scientifiques, soit on peut se baser soit sur l'expérience, soit on peut procéder par le biais du raisonnement plus ou moins indépendant de l'expérience.
C. Cependant lorsqu'il est question de la justification, de la vérification des jugements découverts par l'expérience ou sans son aide, la recherche scientifique se divise en deux domaines bien différents : dans l'un, la vérification des jugements s'appuie en définitive toujours sur l'expérience; dans l'autre, la justification des jugements se fait indépendamment de l'expérience. Il apparaît ici que la distinction entre les sciences non fondées sur l'expérience, dites aprioriques, et les sciences fondées sur l'expérience, dites empiriques (auxquelles appartiennent toutes les sciences, à l'exception

des mathématiques et de la logique) peut être établie uniquement en fonction du processus de la justification des jugements.

En analysant le vaste champ des sciences empiriques, on découvre des domaines de recherche qui se distinguent parmi les recherches empiriques. En effet, même si chaque recherche dans le domaine des sciences empiriques concerne les faits et les rapports entre eux, les faits ne nous sont pas toujours donnés directement dans l'expérience, et parfois, ils ne peuvent même pas être donnés pour la simple raison qu'ils sont irrémédiablement passés et ne se reproduiront jamais. C'est justement de tels faits, avec les liens qui les unissent, qui constituent l'objet de l'histoire. [...]

Traduction française par Wioletta Miskiewicz

DOSSIER

La philosophie autrichienne

CARL MENGER, RÉFORMATEUR DE L'ÉCONOMIE, DEVANT ARISTOTE ET KANT

Gilles Campagnolo

La réforme de l'économie politique par Carl Menger (1840-1921), penseur prééminent de sa discipline et fondateur de l'école d'économie dite « autrichienne », se caractérise par un recours à l'analyse conceptuelle qui le rattache à la philosophie autrichienne du dernier tiers du XIXe siècle, au point qu'il est possible de voir en lui un philosophe (économique). Cet article revient sur les origines de sa réforme, à partir de ses lectures d'Aristote et de Kant. Par une voie qui lui est propre dans le contexte viennois, Menger fondait une « science pure »[1].

L'approche de Carl Menger (1840-1921), fondateur de l'école d'économie dite « autrichienne », se fonde sur une analyse conceptuelle. Elle est manifeste dans ses *Principes d'économie politique* (*Grundsätze der Volkswirtschaftslehre*[2]) et avec le souhait manifesté à son éditeur, Wilhelm Braumüller, que l'ouvrage de 1871 fût réintitulé « science pure théorique de l'économie » (*reine theoretische Wirtschaftslehre*). Quoique non exaucé, ce vœu significatif avait montré l'intention de l'auteur. Il n'y eut pas de réédition du vivant de Menger et celle que son fils Karl donna en 1923 respecta le titre d'origine.

Malgré ce titre générique, aussi banal que l'usage du terme *Nationalökonomie*, pour « économie politique » – car le sens « national » doit ici être à la fois contextualisé et banalisé –, Menger fondait bien une école d'économie, l'« école autrichienne », dont les batailles et les hauts faits allaient émailler la discipline durant le siècle suivant. Menger faisait œuvre de fondateur et

1. Pour l'étude approfondie d'autres que les deux mentionnés en titre, voir : G. Campagnolo, « Vingt ans d'études sur le fondateur de l'école autrichienne d'économie », *Austriaca* 92, 2022, p. 249-273.

2. C. Menger, *Principes d'économie politique de 1871 de Carl Menger* (désormais *Principes*...), trad. fr. G. Campagnolo, Paris, Seuil, 2020. Première traduction intégrale et première édition critique incluant les notes manuscrites inédites que l'auteur voulait insérer pour une réédition qui n'eut pas lieu. Préface par Bertram Schefold.

devenait le héraut d'une refondation philosophique des sciences sociales et économiques sur la notion d'individualisme méthodologique subjectif[3].

Jusqu'alors la discipline avait été dominée par l'école « classique » dans la trace d'Adam Smith et de David Ricardo, avec John Stuart Mill lui donnant son apogée au milieu du siècle. Des contestations et des tentatives de réforme s'étaient produites dans le monde germanophone et c'est contre elles d'abord que Menger s'élevait depuis Vienne. Menger affrontait l'école dite « historique » fondée dans les années 1840 par Wilhelm Roscher, dont les efforts couronnés de succès académique allaient conduire la discipline dans une impasse dans les années 1870, quand une nouvelle école historique, dite « jeune », allait être guidée par le successeur de Roscher, Gustav von Schmoller. Schmoller et Menger devinrent adversaires acharnés et protagonistes de la « Querelle des méthodes » (le *Methodenstreit*), qui occupa le dernier tiers du XIXe siècle. L'anti-« prussianisme » de Menger est avant tout cet antihistoricisme en économie.

L'ouvrage de Menger de 1871, ses *Principes*, annonçait un large programme théorique dont il devait seulement présenter l'introduction conceptuelle détaillée. Cependant, les nécessités du combat académique qui s'était engagé menèrent le Viennois à détailler sa méthodologie, ainsi que ses positions subjectiviste, réaliste et déductiviste. Cet effort aboutit au grand ouvrage de 1883, les *Recherches sur la méthode dans les sciences sociales et en économie politique en particulier*, paru à Leipzig chez Dunckler et Humblot[4]. Menger dépensa là l'énergie qui manqua à la complétion de la réédition des *Principes* et du projet théorique complet qu'il introduisait.

C'est au point qu'issu du même berceau viennois (mais à la génération suivante), Josef Schumpeter allait, dans son *Histoire de l'analyse économique*, déplorer la dépense que cette « querelle d'Allemands » (pour user d'une expression française surannée, mais ici parlante) du *Methodenstreit* avait causée, de part et d'autre[5]. Il nous semble pourtant, inversement, que cette dépense fut moins « inutile » qu'il peut paraître rétrospectivement, une fois acquis le statut enfin pleinement « scientifique » de la discipline. Or ce résultat fut obtenu par Menger, alors même qu'il poursuivait d'une plume acerbe, dans ses *Lettres ouvertes sur les erreurs de l'historicisme allemand* en 1884[6], sa polémique anti-schmollérienne et anti-berlinoise.

Quoique Souabe, Schmoller avait pris d'emblée le parti de Berlin dans le processus d'unification allemande sous la houlette des Hohenzollern accompli par Bismarck. Récompensé par son premier poste, à l'université de Strasbourg redevenue allemande en 1870, puis devenu chef de file de l'école historiciste à Berlin, Schmoller fut quasiment maître des nominations des économistes dans les Universités du *Reich* durant des décennies. C'est dans la polémique

3. Le label « individualisme méthodologique » allait être forgé par un disciple de Menger, Friedrich von Wieser, à partir de la caractérisation conceptuelle que Menger avait fournie.

4. C. Menger, *Recherches sur la méthode dans les sciences sociales et en économie politique en particulier*, (désormais *Recherches…*), trad. fr. G. Campagnolo, « EHESS-translations », Paris, Éditions de l'EHESS, 2011. Première traduction intégrale comportant présentation et dossier détaillé.

5. J. Schumpeter, *Histoire de l'analyse économique*, vol. III, trad. fr. J.-C. Casanova, Paris, Gallimard, 1983.

6. Le volume des *Recherches…* contient également (toujours par nos soins) une traduction partielle des *Irrthümer des deutschen Historismus* (Wien, Hölder, 1884).

qui consuma le temps de ces adversaires acharnés qu'il faut donc interroger la réforme mengérienne dans le cadre de son berceau viennois.

Comme les philosophes de la capitale de l'Autriche-Hongrie, Menger ambitionnait une refonte du savoir, mais dans la science qu'il visait, celle des phénomènes sociaux et économiques, d'autres obstacles étaient à vaincre que dans les sciences de la nature. Pour ces dernières, Ernst Mach avait proposé l'« empiriocriticisme » et le combat avait été mené contre les écoles « néokantiennes » de Bade et de Marbourg. Menger évoluait donc sur ce fond d'opposition entre les empires allemand nouvellement formé et autrichien sur le déclin, mais aussi dans une séparation assez nette entre les Facultés de l'Université de Vienne qui avait comme conséquence la liberté de suivre sa propre voie. S'il y avait dans l'hostilité envers Berlin des éléments généraux (nous en dirons un mot), la question se posait en partie différemment touchant la philosophie générale et la philosophie des sciences naturelles, d'une part, et l'économie politique germanophone, d'autre part. Menger combattit le rôle de l'influence de l'école allemande dans sa discipline et il put le faire à sa manière propre, celui de la réforme d'une science qui passait de l'*économie politique* à l'*économie pure*.

Quant au contexte plus large de la rivalité entre Vienne et Berlin, il avait été résolu par les armes en 1866 à Sadowa. Toutefois, il avait résulté en un choix difficile dans le Sud de l'Allemagne, où l'on avait regardé traditionnellement vers l'Autriche plutôt que vers la Prusse, vers Vienne plutôt que vers Berlin. Une fois la prééminence militaire décidée, quand ce conflit se déplaça vers le monde des idées, le chef de file de l'école historiciste, Schmoller, dut sa position à son ralliement initial à la politique bismarckienne et il imbriqua enjeux scientifiques et politiques au sein des facultés d'économie du *Reich*. Il cofonda le *Verein für Socialpolitik* en 1872 à Eisenach conformément à sa vision « contextuelle » de la vie économique.

Pour s'en tenir à l'histoire des idées philosophiques, c'est aux sources de la réflexion mengérienne que l'on pourra en appeler pour considérer la voie que Menger prit pour sa réforme : d'abord son recours à Aristote, puis à l'œuvre de Kant. Concernant Aristote, Menger agissait à l'instar de ses pairs et de maints philosophes viennois, mais il vint contredire, textes à l'appui, l'interprétation dominante de l'École allemande. Quant à son rapport à l'œuvre de Kant, il peut surprendre, et manifeste aussi la voie distincte que suivait le fondateur de l'école autrichienne d'économie. Si les écoles qui assuraient le regain du criticisme à Bade et à Marbourg étaient combattues à Vienne, Menger passe outre ce débat et se replace dans la perspective de réforme générale qu'est la « révolution copernicienne », étendue cette fois aux sciences de l'esprit (*Geisteswissenschaften*), comme s'il entendait œuvrer à la deuxième partie de la tâche entreprise par Kant sur les sciences de la nature.

En bref, à l'orée de l'examen du positionnement de Menger devant Aristote et Kant, il convient de retenir que le Viennois assumait consciemment de renouveler l'économie politique, qu'il entendait en faire une science pure et de plein droit, tandis que les pièces manquent qui lient ses écrits à ceux des autres philosophes de Vienne. Cette situation est moins surprenante qu'il y paraît, si l'on y voit l'effet de la séparation des Facultés, d'une part, et de ce que la philosophie des sciences naissante portait avant tout sur les sciences de la nature. Enfin, la prudence extrême que Menger s'imposait à l'égard d'autres disciplines que la sienne était à la mesure de la violence de sa polémique avec ses confrères allemands.

Documents à l'appui, ajoutons que Menger voulut sciemment « faire école »[7] et que, s'il évite de se prononcer par ailleurs, c'est aussi qu'il a besoin de garder les mains libres à cet égard. Il nous reste donc ses notes abondantes avec quelques indications d'options qu'il ne publia pas toujours, suspendant la publicité de ses vues touchant l'ontologie des objets sociaux, par exemple. D'ailleurs, son individualisme sciemment *méthodologique* suffisait à soutenir son approche subjectiviste. Le manque d'archives touchant son avis sur les travaux de Franz Brentano, de Bernhard Bolzano, de Mach ou d'Alexius Meinong et de leurs écoles respectives étonne donc moins, mais il demeure comme une lacune[8], tandis qu'abonde le matériel relatif au *Methodenstreit*[9]. Devant cette limitation, notre stratégie est de ressaisir la pensée économique qui se trouve elle-même dans les lectures d'Aristote et de Kant et la manière dont Menger géra ce combat « austro-allemand ». On en déduira dans quelle mesure son économie rejoignait à sa façon le « réalisme viennois » dans ce qui demeure jusqu'à nos jours l'« école autrichienne »[10].

Des notions chez Menger qui concordent avec celles d'Aristote

Entre Aristote et Menger, il n'y a pas seulement vingt-cinq siècles d'histoire pendant lesquels un aristotélisme souvent réinventé a joué un rôle majeur en Occident, mais une lecture ambivalente qui trouve à s'illustrer exemplairement dans le cadre du XIXe siècle. D'abord, et peut-être de façon surprenante à nos yeux, l'argument d'autorité que fournit l'œuvre du Stagirite joue encore souvent dans les facultés des humanités, y compris celles consacrées à ce que l'on allait appeler « sciences sociales » et qui se disaient *Kameralwissenschaften* depuis le XVIIe siècle dans le monde germanique. Ensuite, une vision holiste de la Cité antique servait dans l'École historique à justifier l'approche de l'économie par des « concepts collectifs » (*Kollektivbegriffe*) que le nom d'Aristote servait à couvrir de son autorité. Enfin, Menger semblait quant à lui consacrer dans ses textes le rôle d'un *essentialisme* qui aurait uni sa conception à celle d'Aristote ; or c'est discutable (et encore discuté[11]) et, surtout, cela cache d'autres aspects plus… essentiels précisément, selon nous, de sa lecture.

7. La correspondance entre Menger et le *Kultusministerium* en charge des Universités le montre (lettre du 19 mars 1903, consultée au *Staatsarchiv* de Vienne).

8. Une exception : Eugen von Philippovich a suivi en parallèle les cours des deux Facultés d'économie et de philosophie de Vienne et il aurait pu rapprocher méthodologie économique et philosophie des sciences de la nature.

9. Voir le dossier détaillé en troisième partie du volume *Recherches*…

10. Voir le numéro thématique « (Re)découvrir l'école autrichienne de l'économie nationale », *Austriaca* 90, 2020.

11. Voir notamment B. Smith, « Aristotle, Menger and Mises : an Essay in the Metaphysics of Economics », *History of Political Economy* 22, 1990, supplément, p. 263-288. Le débat se poursuit encore, jusque dans l'article tout récent qui prend la position inverse : N. Slenzok et K. Turowski, « Non-Aristotelian Elements in Carl Menger's Methodology », *History of Political Economy* 57/1 (en ligne : DOI 10.1215/00182702-11540278).

Sur ces trois points, un bilan sur pièces (que les archives livrent) découvre possiblement le point de rencontre entre Aristote et Menger[12].

Nous avons montré ailleurs, par l'examen de la bibliothèque de Menger conservée au Japon, comment celui-ci lisait consciencieusement l'*Éthique à Nicomaque*[13]. Dans ce fonds d'archives, l'*Organon* et les *Politiques* manquent malheureusement, mais les notes que Menger a laissées dans sa copie des *Principes*[14] montrent que, comme pour l'*Éthique*, il avait dû abondamment les annoter[15]. Menger s'était fixé un programme de recherche qui lui faisait souhaiter réviser et améliorer ses *Principes* : il allait puiser dans la lecture d'Aristote qu'il avait entamée dès avant la première parution de 1871 (puisque figurent des notes imprimées portant sur Aristote) et qu'il poursuivit tout au long de sa carrière. Ses notes manuscrites dans les archives en témoignent sans qu'il soit toujours possible de dater ces inscriptions. Il paraît en outre probable que l'analyse des notions fondamentales (telles qu'on les lit au livre Δ de la *Métaphysique*, par exemple) ait nourri la réflexion de Menger. Ainsi, soit celui-ci y puisait-il sa réflexion, soit il a lui-même *rejoint* des positions d'Aristote, ce qui constituait une *redécouverte* de sa pensée elle-même à travers l'œuvre qu'il lisait et interprétait[16]. Illustrons ce propos.

En premier lieu, Menger pense les échanges matériels dans la vie des agents économiques (*wirtschaftenden Menschen* dans le lexique mengérien[17]) régis par un ordre « naturel » (ou *réaliste*) des besoins. Ceux-ci sont par définition *individuels* : c'est le désir de satisfaction qui meut chaque humain qui ressent subjectivement ce dont il a besoin, et de ce fait envie, sans qu'un jugement extérieur puisse s'imposer à lui dans un cadre d'échanges libres. Toutes les influences, qui jouent éventuellement de la connaissance inévitablement limitée que chacun a de son environnement, peuvent s'exercer, mais le but propre de chaque être est de persister dans son être, c'est-à-dire de se maintenir en vie et d'améliorer celle-ci, voire de se reproduire. Cela, qu'un être humain cherche *naturellement* et nécessairement, Menger le nomme *Bedürfnisbefriedigung* (ou « satisfaction du besoin »). Cette notion première des *Principes* guide l'action dite *économique* des individus, et c'est la place de ces derniers qui procure le premier cas d'étude.

12. G. Campagnolo, *Critiques de l'économie politique classique*, Paris, Puf, 2004, chap. VII, p. 196-216, rééd. Paris, Éditions Matériologiques, 2014, p. 326-354.

13. G. Campagnolo, « Une source philosophique de la pensée économique de Carl Menger : l'*Éthique à Nicomaque* d'Aristote », *Revue de philosophie économique* 6 (2), 2002, p. 5-35.

14. Il y a trois exemplaires envoyés dans ce but par son éditeur, interfoliés de pages blanches intercalaires que Menger a chargées de ses notes. Celui portant le n° 3, qui est au Japon, est le plus couvert de notes pertinentes. Les deux autres se trouvent à l'université Duke (Caroline du Nord) où nous avons pu les consulter également.

15. Ils furent probablement conservés par le fils Menger et emportés dans l'exil de celui-ci aux États-Unis en 1938. Ils n'ont pas été trouvés à ce jour, y compris par nos recherches à Duke, au centre d'archives de la Perkins Library.

16. Menger lisait les textes grecs dans l'original ainsi que des traductions allemandes (*Nikomakische Ethik*, trad. all. J. Riedler, *Aristoteles Werke, Schriften zur praktischen Philosophie*, Stuttgart, Offander, 1856, avec *Ökonomik. Ein Fragment* les trois textes apocryphes alors encore attribués au Stagirite).

17. Voir mon glossaire des termes mengériens dans *Principes…*, p. 751-774.

Une lecture individualisante de la notion de « *zôon politikon* »

Menger s'appuie sur Aristote pour établir l'exactitude de la séquence logique, méthodologique et chronologique qui voit apparaître, dans cet ordre, l'individu, puis la famille et enfin l'État, bien plutôt que l'inverse. S'il ne se prononce pas sur l'ontologie, il use de l'argument d'autorité qu'il trouve dans sa lecture du Stagirite, un argument qu'il renverse à son profit : pour ce faire, il produit une interprétation ligne à ligne où il met en évidence dans le texte d'Aristote une approche *économique* explicitant le comportement de l'agent individuel. Les historicistes jugeaient que la citation de « l'homme animal politique » de l'incipit des *Politiques* d'Aristote prouvait la primauté du groupe (et *in fine* de l'État), contre celle de l'individu : ils se réclamaient de l'autorité de l'Ancien pour justifier le holisme « institutionnaliste » dans un but politique.

Cette objection à l'encontre d'un « individualisme méthodologique » avant la lettre chez Menger fut prise au sérieux par celui-ci : se trouvait-il en contradiction avec la leçon d'Aristote? Sur la base de la poésie et des mythes des Anciens, le point chronologique paraît difficile à établir, mais si la Cité grecque arriva « ensuite », il faut expliquer sa survenue. Menger cherche un appui dans le texte du Stagirite qui recourait à la mythologie et à la poésie. D'abord, Menger conteste que l'expression aristotélicienne puisse s'interpréter de bonne foi comme évidemment holiste. Il soutient que l'autorité d'Aristote étaie ses propres thèses si la formule « animal politique » est correctement restituée dans l'ensemble du texte du début de la *Politique* :

> Il [Aristote] ne dénie en aucune manière la possibilité d'exister à l'homme non-civilisé qui a cette tendance [à la socialisation], mais qui n'est pas encore parvenu jusqu'à l'édification d'un État [...]. L'expression d'Aristote souvent invoquée d'« *anthropos zôon politikon* » ne démontre pas que l'homme a toujours vécu dans le cadre de l'État et que ce dernier soit aussi ancien que l'homme lui-même [18].

Dans l'appendice VII des *Recherches* de 1883, titré « Sur la conception attribuée à Aristote, selon laquelle l'apparition de l'État serait donnée originellement en même temps que l'existence des hommes » [19], Menger relit ce début de la *Politique* et il délivre son interprétation. Il trouve insoutenable la version holiste des historicistes : « *unhaltbare, ja geradezu sinnlose* » [20].

Aristote repartait d'Hésiode pour évoquer l'antériorité des Cyclopes dans la constitution du monde. Qu'Aristote croie lui-même ou non au récit d'Hésiode [21], il le reprend afin d'expliciter les comportements relatifs à la

18. *Ibid.*, p. 361. La démonstration de Menger sur le texte d'Aristote est détaillée dans notre *Critique... op. cit.*, p. 202-216 et 2014, p. 333-354, ainsi que dans « Une source philosophique... », *op. cit.*
19. C. Menger, « Über die dem Aristoteles zugeschriebene Meinung, dass die Erscheinung des Staates eine ursprüngliche zugleich mit der Existenz des Menschen gegebene sei », *Untersuchungen... : Recherches...*, Appendice VII, p. 361-364.
20. C. Menger, *Untersuchungen...*, p. 267 : « intenable et même tout à fait insensée (l'opinion selon laquelle l'apparition de l'État est originaire, et exactement contemporaine de l'existence humaine) », *Recherches...*, p. 361.
21. Voir P. Veyne, *Les Grecs ont-ils cru à leurs mythes ?*, Paris, Seuil, 1983.

vie matérielle individuelle et familiale des Cyclopes[22], puis des hommes pas encore civilisés qui agissent à leur image, par définition, avant l'apparition des hommes de la *Kultur*, de la civilisation. Ces derniers vont vivre dans des communautés réglées, si primitives soient-elles ; avant cela, il y a déjà des comportements d'échange liés à la nécessité de survivre. Menger prend appui sur les références avancées par Aristote pour souligner qu'*avant* que la direction du monde eût des règles (données par les Dieux, qui mirent fin au temps des Cyclopes), des relations d'échange existaient donc déjà par nécessité.

Antérieurement aux États, aux tribus, aux clans, les rapports entre individus étaient possibles et nécessaires. Le regroupement des familles vint après l'émergence même des familles pour la reproduction individuelle ; l'individu qui ne se reproduit pas voit sa vie limitée à son propre terme, mais il lui a fallu la mener de toute manière, même solitaire : il y a un « avant » l'émergence des communautés, logique, sans doute même chronologique, afin de comprendre leur surgissement même. Les lois des échanges ont quelque réalité (et sont donc connaissables) de cette éternité-là au moins d'avant les cités, voire d'avant les hommes – puisque les Cyclopes échangeaient. Leurs échanges, dans la mesure où ils étaient volontaires, devaient suivre des lois semblables à ce que le raisonnement enseigne : en vérité, reconnaître cela, c'est redécouvrir la nature de l'échange individuel, quel que soit le cadre où il se trouve ultérieurement (re)pris.

À l'ombre de l'édification que recèlent les récits des poètes, Menger lit chez Aristote le statut autonome de l'échange matériel, qui sous-tend toute relation interindividuelle. Cette reconstruction rationnelle s'appuie sur Aristote et Menger y voit les conditions de l'effectuation réelle des échanges, dans la dépendance d'enchaînements causaux conformes à l'*essence* du rapport mis en jeu. En renversant l'argumentation sur le plan chronologique et logique, il se contente de la donnée méthodologique : son individualisme est fondé. La totalité politique est une formation, qui vient à son moment, dans tous les cas « après » et dont le cadre s'impose seulement parce que lui préexistent ces comportements individuels qui subsistent toujours. Des étapes ultérieures du développement voient l'émergence d'institutions claniques puis étatiques.

Si la communauté humaine n'est pas *per se* indispensable aux rapports d'échange, *mais pas l'inverse*, alors le cadre adéquat en économie est l'étude la plus générale de ces relations d'échange sur la base du comportement individuel. Menger annonce ce que la science économique ultérieure, plus proche de nous, allait appeler « théorie de la décision », mais le point fondamental est la réforme des sciences sociales, et de l'économie politique en particulier sur le fondement individualiste. La primauté accordée à l'État par les historicistes de Berlin allait à l'encontre du texte aristotélicien, qu'elle mésinterprétait loin de s'appuyer à raison sur lui – Menger renversait la compréhension qui avait le plus souvent cours. Notons qu'il modifiait le sens attribué à la notion d'*homo œconomicus* chez les économistes « classiques »

22. « Et c'est ce qui dit Homère : *Chacun dicte sa loi à ses enfants et à sa femme* car ces Cyclopes vivaient en familles dispersées; et tel était anciennement le mode d'habitation », cité p. 269 de la *Politique*, I, 1, 1252b23, trad. fr. J. Tricot, Paris, Vrin, 1995, p. 27.

en fournissant la fondation qui leur manquait. D'un même coup de maître, il faisait d'une lecture antique une découverte moderne.

Le rejet des positions « allemandes » sur la base aristotélicienne

Les historicistes allemands voulaient, au contraire de Menger, que l'État primât dans tous les cas. Et leur opinion prédominait sans conteste parmi les notions communes du temps au sein des sciences sociales (*Socialwissenschaften* [*sic* à l'époque]) encore alors souvent appelées « sciences de l'État » (*Staatswisssenchaften*).

Certes, il est aussi question d'institutions chez Menger, mais c'est dans la mesure où elles se trouvent contribuer à susciter un environnement favorable à l'effort individuel de satisfaction des besoins de chacun qu'elles peuvent se développer et devenir florissantes selon les circonstances. Elles résultent soit d'un projet conscient organisé (Menger dit « pragmatique »), soit d'un surgissement spontané et comme « organique » ; or le second type d'institutions est selon Menger de loin le plus fréquent et, surtout, le moins reconnu (notamment de l'école allemande). Le livre III des *Recherches sur la méthode* expose ces points que, dans le cas de la monnaie, le chapitre huitième et dernier des *Principes* illustrait déjà. Quant à l'État, en particulier, il n'était pas présent aux origines et il ne s'est pas formé par une décision commune, mais il a pris les formes que des projets individuels (de conquête, par exemple) ont données à des peuples entiers au long de régimes dont les avatars constituent proprement l'histoire de la civilisation. Ainsi la pensée de Menger ne nie-t-elle ni l'évolution des institutions ni l'effet des décisions, mais restitue leur place aux pratiques individuelles des agents sédimentées dans les aspects économiques, et aux projets qui s'affrontent sans que la résultante (y compris, voire surtout) dans la sphère politique puissent en être jamais connus consciemment qu'*a posteriori*.

Menger n'écartait pas les historicistes (au travail desquels les Appendices II et III de ses *Recherches* font toute leur place, malgré ses critiques véhémentes par ailleurs), mais les remet à leur place : secondaire, par rapport à l'approche théorique. Les produits économiques ne résultant que partiellement et indirectement de la volonté des Princes, à travers l'action des « lois générales » de l'action que tout individu suit dans le raisonnement qu'il tient pour sa survie, l'amélioration de sa vie et sa satisfaction. Les historicistes allemands errent, soit qu'ils veuillent en réalité louer leurs commanditaires princiers soit qu'ils échouent à percevoir les limites de leur conception qui est un cadre *frustrant* l'agent de sa liberté de choix et d'action. Les lois (naturelles) des échanges (individuels intentionnels) viennent *avant* les lois civiles qui apportent des cadres au sein desquels les mêmes mécanismes individuels s'expriment : ce sont eux les objets de l'étude économique pour Menger qui s'accorde avec Aristote sur la triade *survivre – vivre – bien vivre* ; s'il ne la reprend pas simplement du Stagirite, il s'y reconnaît.

Est-ce à dire que Menger suivrait Aristote en tout ? Il faut éviter cet amalgame[23]. Menger procède selon une analyse conceptuelle générale qui part des besoins individuels, ce qui insère cette analyse dans le regain de la philosophie autrichienne dans le dernier tiers du XIXe siècle. Menger s'y place en partant d'Aristote et ce renvoi aux Anciens, au Stagirite en particulier (dans l'interprétation de la formule de l'homme *zôon politikon*), sert son objectif de réforme. Le point de nature chronologique est difficile à établir archéologiquement et même anthropologiquement, mais le jugement holiste porté par les suiveurs de Schmoller sur la Cité grecque (comme « *schöne Totalität* » dans les mots de Hegel) afin de justifier l'État prussien ne tient pas. Menger y voit une idéologie moderne plutôt que le fruit de la réflexion scientifique. Il rejette l'idéologie allemande en s'appuyant sur Aristote pour faire de l'économie politique une science fondée sur l'examen de l'action individuelle. De la sorte, il écarte la *Volkswirtschaftslehre* en renversant à son profit l'autorité du Stagirite, et il veut produire cette *reine theoretische Wirtschaftslehre* devenue selon lui nécessaire pour réformer le savoir économique. Ce coup magistral lui donne place quasi comme l'un des philosophes viennois du temps. Le reproche de méconnaître la définition de l'être humain comme « animal politique » en privilégiant l'approche individuelle est écarté ; mieux, Menger fait valoir la primauté de l'individu, *heuristiquement* et *logiquement*, peut-être *chronologiquement*, et dans tous les cas *méthodologiquement*. C'est quasiment une anthropologie nouvelle qui est proposée s'il se retient de se prononcer *ontologiquement*. D'ailleurs certains disciples de Menger, comme Friedrich Hayek, allaient faire ce pas, plus tard.

Tenons-nous en au cadre du temps de Menger : par l'interprétation d'un texte de philosophie politique antique, en s'élevant tant contre l'approche holiste que contre la méthode inductive des historicistes, Menger fonde sa méthode en économie sur une base aristotélicienne. Il continue d'utiliser un argument d'autorité, mais là où ses opposants collationnaient les faits, lui a cherché des critères conceptuels de sélection des événements. Inversement, il pose cette même question aux constructions de « parallèles historiques » chez Roscher (*Parallelismenbildung*[24]) comme aux rapprochements hasardés et aux divergences arbitrairement agencées par Schmoller[25].

Sans raisonnement déductiviste qui fonde la *théorie pure*, il n'est pas de science digne de ce nom. Une fondation *générale* du savoir la conditionne, plutôt que l'accumulation, même large, d'événements singuliers. L'historicisme échoue à fournir de façon satisfaisante la base stable pour une connaissance rationnelle et pure. Il n'y a d'ailleurs, selon Aristote, que Menger suit encore ici, de science que du *général*, et l'économie se qualifie à ce titre par les régularités des « relations » (*Verhältnisse*) qu'elle fait concevoir à l'économiste. Ces régularités sont générales.

23. G. Campagnolo, « Was Menger Aristotelian ? A Rejoinder and Clarification », *Cosmos+Taxis*, 2022, p. 88-99.
24. Si Menger dédicace ses *Principes*… à Roscher (*Principes, op. cit.*. p. 263), il refuse sa méthode.
25. Des historicistes (Karl Knies, Bruno Hildebrand) avaient averti des impasses de méthode. Voir M. Weber, « Roscher und Knies und die logischen Probleme der historischen Nationalökonomie », *Wissenschaftslehre*, Tübingen, Mohr, 1922 (rééd. 1988), p. 1-145 et G. Campagnolo, *Critique de l'économie politique classique*, *op. cit.*, p. 120-124, et rééd. p. 212-218.

Les « relations » obéissent à un strict principe de causalité. Menger raisonne sur ces rapports en économie comme dans les sciences de la nature. Il l'indique dès l'incipit des *Principes*[26]. La différence avec celles-ci tient à l'*intentionnalité* des actions humaines, inappropriée quant aux particules de matière ou aux cellules vivantes. Pour les concepts collectifs chers aux historicistes, ceux-ci leur attribuent indument des intentions collectives au-delà de l'intention humaine toujours individuelle. L'observateur qu'est l'économiste se figure un comportement humain auquel il peut au contraire assigner des motivations en fonction de limites d'information (toujours imparfaite), de traitement de celle-ci (d'où le rôle de l'ignorance) et du temps (comme détour toujours inévitable[27]). Les relations que le raisonnement bâtit sont *a priori* et cette analyse conceptuelle radicalisée se retrouvera chez des disciples de Menger comme Ludwig von Mises, mais elles restent à la fois inspirées par des observations et illustrées par des faits chez Menger. Cette position délicate fut souvent interrogée dans la postérité de l'école autrichienne : la science proposée est « pure », tout en considérant le réel (c'est son réalisme)[28].

Pour conclure sur la lecture que Menger fait d'Aristote contre l'historicisme allemand (dans une variante dialectique, matérialiste et révolutionnaire dans laquelle on peut ranger Karl Marx), Menger annote en particulier les livres VIII et IX de l'*Éthique à Nicomaque* sur la relation « amicale » d'*utilité*, par opposition à la « valeur-travail ». La relation d'évaluation dans tout échange a lieu sur le modèle de ce qu'elle est entre amis et / ou partenaires, un raisonnement d'utilité subjective marginale dont la clef se trouve là, selon Menger qui soulignait ces lignes[29] :

> Le nombre des espèces d'amitié sera par conséquent de trois, autant que d'espèces d'aimable : chacune, en effet, peut donner naissance à un amour réciproque et non ignoré de ceux qui l'éprouvent. Mais ceux qui s'aiment les uns les autres se souhaitent du bien les uns aux autres sous l'aspect précis sous lequel ils s'aiment. Le motif pour lequel ils s'aiment les uns les autres est-il donc l'utile ? Alors ils ne s'aiment pas pour eux-mêmes, mais en tant précisément qu'il leur revient de leur mutuel commerce quelque bien » : le troisième type d'amitié, ni amoureuse ni vertueuse, se caractérise par l'*utilité*, c'est-à-dire l'avantage (όφελος[30]) que chacun des partenaires a dans l'échange. [...] C'est donc une coïncidence accidentelle qui fonde ces amitiés : ce n'est pas en effet en tant que l'aimé est ce qu'il est dans son essence qu'on l'aime, mais en tant qu'il apporte ici quelque bien, là du plaisir[31].

26. « Toutes choses suivent la loi de la cause et de l'effet. Ce grand principe n'admet aucune exception... » : C. Menger, *Principes...*, *op. cit.*, p. 281.
27. Ce point essentiel fut à la source du regain de l'école autrichienne chez maints disciples, depuis Hayek jusqu'à, un siècle plus tard, G. O'Driscoll et M. Rizzo, *The Economics of Time and Ignorance*, London, Routledge, 1975.
28. Aussi a-t-on pu proposer de voir un processus d'« abduction » plutôt que de déduction chez Menger : K. Milford, « Zu den Lösungsversuchen des Induktionsproblems und des Abgrenzungsproblems bei Carl Menger », Wien, Verlag der Österreichischen Akademie der Wissenschaften, 1989.
29. Dans son exemplaire annoté l'*Éthique à Nicomaque*, Menger le souligne : voir G. Campagnolo et M. Lagueux, « Les rapports d'échange selon justice et amitié utile chez Aristote », *Dialogues* XLIII / 3, 2004, p. 443-469.
30. L'économiste marginaliste italien Vilfredo Pareto allait proposer d'appeler « ophélinité » cette notion précise.
31. Aristote, *Éthique à Nicomaque*, VIII, 3, 1156 a, 10 trad. fr. R. A. Gauthier et J. Y. Jolif, 1958, p. 216.

Menger lit dans ces phrases le modèle de ce que l'économie d'aujourd'hui qualifie souvent du terme *partnership*, comme si nommer en anglais lui permettait de se réinventer. Inversement, le XIXe siècle, plus érudit sinon plus sage, se clôturait sur ce retour à Aristote à Vienne. Menger y participait en particulier quand il relisait l'*Éthique à Nicomaque*. Le raisonnement d'utilité dite « marginale », encore enseigné de nos jours dans tout cursus d'économie, s'est trouvé là : comme la plupart des annotations de Menger sur Aristote sont manuscrites dans sa copie des *Principes* et datent donc d'après la publication de 1871, il est probable que Menger retrouvait après avoir eu sa propre intuition une confirmation chez Aristote plus qu'il ne partait de lui [32]. L'argument d'autorité, encore une fois ! Cependant, il venait appuyer une démonstration déjà clairement formulée et dont le mécanisme était explicite dès les *Principes*. Menger réformait le savoir en reléguant à une étape préscientifique ce qui méconnaissait l'utilité subjective.

Un mot conclusif sur l'interprétation « psychologisante » de la réforme mengérienne

Si l'utilité marginale individuelle est subjective chez Menger, elle n'est pas psychologisante. Une manière de saisir ce point est de suivre la façon dont Oskar Kraus se dit favorable à Menger (et à l'école autrichienne), mais dont Menger retoque la raison pour laquelle Kraus l'approuve. Kraus lit la position que l'on vient d'indiquer comme une psychologisation de l'analyse conceptuelle. En 1905, il entend le démontrer textes à l'appui en amalgamant le traitement de la notion de valeur chez Aristote et chez Menger. Proche de Brentano, Kraus s'oriente vers une fondation *psychologique* de l'économie. Cette tentation s'explique, car l'« aristotélisme » de Menger [33] suscita d'emblée l'intérêt d'un psychologisme viennois alternatif à l'historicisme allemand. Et le moment de la psychologie expérimentale triomphante avec Wilhelm Wundt poussait dans ce sens. Aussi Kraus louait-il Menger en citant le livre I de l'*Éthique à Nicomaque* : « Celui qui examine les matières politiques doit se livrer à des études de psychologie » [34], puis :

> Aristote a approché la chose [la théorie de la valeur fondée sur l'utilité marginale née du besoin subjectivement ressenti] de si près que, de sa théorie à celle de l'école psychologique moderne [École autrichienne], le pont pouvait être franchi d'un pas léger [35].

Kraus envoya un tiré-à-part de cet article à Menger, qui l'annota dûment et vertement (négativement) : pourtant, cela semble aller dans le sens de notre

32. Pour la version qu'en donne Menger : G. Campagnolo, « Note sur le raisonnement marginal version Menger », *Revue française de sociologie* 46 (4), oct.-déc. 2005, p. 799-806.

33. Encore une fois, cette expression ne doit pas faire croire que Menger épousait *toutes* les notions aristotéliciennes. Il rejetait notamment l'élément de commensurabilité dans l'échange au livre V de l'*Éthique à Nicomaque* (que l'on sait que Marx reprenait de son côté au début du *Capital*). Voir G. Campagnolo, « Menger aristotélicien ? Réponse à R. F. Crespo », dans G. Campagnolo (dir.) *Existe-t-il une doctrine Menger ?*, Aix-en-Provence, Puf, 2011, p. 45-74 et « Was Menger Aristotelian ? », art. cit.

34. O. Kraus, « Die aristotelische Werttheorie in ihren Beziehungen zu den Lehren der moderner Psychologenschule », *Zeitsschrift für die gesamte Staatswissenschaft* 61, 1905, p. 573-592.

35. *Ibid.*, p. 590.

démonstration de l'intérêt de Menger pour Aristote. Si les notes de Menger sur les formules de Kraus indiquent un profond désaccord, c'est que Menger soutient le subjectivisme comme conséquence logique du raisonnement marginaliste, non comme une approche empirique psychologisante. Le subjectivisme se fonde sur la logique d'un entendement bien mené, et dès lors *pur.* Par ailleurs, signalons au passage que l'influence de John Stuart Mill sur Brentano (qui était reconnue par ce dernier) contribuait au « psychologisme » viennois, et que ce n'est donc pas le cas chez Menger, par ailleurs assez critique de Mill comme, là encore, en témoignent ses annotations manuscrites dans les volumes de Mill qu'il possédait (et qui demeurent dans sa bibliothèque).

En psychologisant essentiellement la valeur individuelle subjective, Kraus veut asseoir l'analyse notionnelle du besoin (Kraus écrit alors même son *Das Bedürfnis*[36]) sur des « vérités » tirées de l'expérience, plutôt que sur le raisonnement *a priori.* Menger semble rétorquer dans ses notes que de simples régularités d'expérience resteraient instables. Une expérience de plus pourrait venir invalider ces résultats : est-ce là du « faillibilisme » poppérien avant la lettre ? La discussion dépasse le présent cadre, mais il ressort qu'une position purement aprioriste peut aussi se réclamer de l'orientation initiale de l'économie autrichienne ; elle devait être plus tard illustrée dans la praxéologie de Ludwig von Mises. Quant à Menger, il signale le raisonnement pur à la source de la science, qui se conçoit *a priori*[37], tout en conservant « les faits comme nos maîtres à tous », une citation que Menger reprend régulièrement à l'économiste français Jean-Baptiste Say. Si l'expérience devait donner des résultats réfutant des acquis précédant, c'est que ceux-ci étaient sans doute mal fondés, mais le raisonnement marginal, *en tant que raisonnement,* ne peut pas l'être. Menger refuse donc qu'à la place de l'histoire inductive, la psychologie expérimentale (par exemple, la « loi psychophysique » de Weber-Fechner) *fonde* l'analyse en économie, quoiqu'elle puisse concorder avec elle[38]. Il y a un parallèle assez logique entre les découvertes du temps par ces sciences qui restent distinctes.

Seules des fondations pures garantissent le primat de la théorie pour chaque science. En économie, Menger l'ancre dans l'analyse conceptuelle qu'il oppose à l'accumulation des faits historiques ou psychologiques. L'induction mène la science dans une impasse. La confiance excessive dans les faits de la psychologie constituerait seulement une erreur analogue.

La nouvelle économie « pure » de Menger est-elle d'inspiration kantienne ?

Répondons d'emblée à la question posée dans le titre de cette section, afin d'écarter toute ambiguïté : selon Menger, la raison *pure,* distincte du seul entendement comme de la sensibilité, mais fondée sur elle-même (et non sur l'expérience mondaine) est à l'œuvre dans la théorie scientifique. Si l'économie doit être scientifique, alors elle relève de la raison tout autant

36. O. Kraus, *Das Bedürfnis. Ein Beitrag zur beschreibenden Psychologie*, Leipzig, Friedrich, 1894. Rappelons que la notion de « psychologie descriptive » (*beschreibende Psychologie*) est centrale chez Brentano.
37. Ce qu'allait dire plus tard l'épistémologue Alexandre Koyré touchant les sciences de la nature.
38. Un fichier s'intitule « *Gegen Wundt* » aux archives Menger conservées à l'université Duke (Caroline du Nord).

que les sciences de la nature, même s'il s'agit d'une discipline relevant de la sphère pratique, c'est-à-dire des actions dictées par la volonté humaine individuelle et subjective.

Du monde viennois, Menger partage maints traits, mais pas le rejet du kantisme de son temps. Ses notes montrent qu'il éprouve plutôt de l'intérêt pour la « révolution copernicienne » du penseur de Königsberg. Toutefois, Menger semble juger l'entreprise inachevée : Kant a réussi cette « révolution » touchant les sciences de la nature dans la *Critique de la raison pure*, mais il a laissé de côté (et *à tort* selon Menger) le savoir économique. Kant l'évoque toutefois dans la *Critique de la raison pratique* et, surtout, dans la *Doctrine du droit* (première partie de la *Métaphysique des mœurs*). Il aurait toutefois manqué le cadre du raisonnement théorique pur valide pour les sciences économiques comme pour celles de la nature.

Menger se pense comme venant corriger cette omission malheureuse pour le développement de cette science. La volonté subjective s'exprime dans l'intentionnalité motivée de l'action humaine, mais n'empêche en aucun cas d'appliquer le raisonnement marginal pur, de trouver les régularités conceptuelles pures dans les phénomènes d'échanges au-delà de toutes les variations dues aux circonstances : Menger évoque à maintes reprises des analogies avec la chimie où le degré d'impureté d'un métal n'empêche pas que les lois qui caractérisent cet élément s'appliquent dans la pratique.

Comment Menger prit-il connaissance de l'œuvre de Kant ? Menger lit à la fois la présentation qu'en donne Friedrich Überweg dans son manuel, l'un des plus répandus à l'époque[39], et les textes originaux – Menger cite, par exemple, la fameuse préface à la deuxième édition de la première *Critique*. Selon toute apparence, Menger se forge une opinion indépendante de la mise en accusation réglée du kantisme qui prévaut à Vienne. Surtout, il est convaincu qu'il lui revient de finaliser la « révolution » (ou « réforme ») qui doit faire de l'économie politique une science.

Menger se voudrait-il en somme sinon plus « kantien », du moins plus complet que Kant ? Doit-on dresser le portrait d'un Menger kantien ? C'est alors que Menger serait philosophe[40]. Il convient d'être nuancé, de revenir aux textes, notamment aux notes privées, tout en rappelant que Menger resta pleinement économiste et publia exclusivement dans le domaine des sciences sociales et de l'économie politique en particulier, selon le titre de ses *Recherches* de 1883. Menger se veut scientifique, premier même à délimiter ce qui est *purement théorique* dans cette tâche – quoiqu'il ait par ailleurs occupé des positions de conseiller auprès des ministères et de précepteur du *Kronprinz* Rudolf, il séparait ces domaines (Appendice I des *Recherches*). Menger appuie la science (« sa » science) sur des prémisses méthodologiques

39. F. Überweg, *Grundriss der Philosophie der neuer Zeit*, Berlin, Mittler, 1872. Le livre est présent dans la bibliothèque de Menger conservée au Japon : voir la liste dressée dans l'édition des *Principes*, *op. cit.*, p. 775-802.

40. Cette position fut tenue, au vu des archives, par des chercheurs japonais : K. Sugimura, *Inquiry into Menger's Methodology of Social Sciences*, Tokyo, Shogakenkyûkan, 1926 ; Y. Yamada, *Carl Menger. The Formation of Modern Economics*, Tokyo, Hakutō Shobō, 1955. Cette vision était contaminée par des rapports géopolitiques dans l'Entre-deux-guerres et des confusions sur divers courants de langue allemande ; elle est erronée, mais doit être mentionnée.

et philosophiques qui font de son œuvre une épistémologie, une philosophie économique avant la lettre.

La science économique doit faire jeu égal (quoique de façon distincte) avec les sciences de la nature et ce programme des *Principes* doit s'ancrer dans une lecture adaptée du transcendantal, à savoir des conditions de possibilité de l'exercice de la raison en économie. En d'autres termes, une « révolution copernicienne » concernant le subjectivisme. L'ouvrage de 1871 inaugure le projet que l'école autrichienne allait ensuite porter.

Comme dans la lecture par Menger d'Aristote, vue dans la section précédente, interroger un géant du passé ne revient pas à épouser toutes ses positions, mais à chercher ce qui rejoint l'intuition que Menger a sans doute déjà. Ici, elle touche le transcendantal, la formulation des conditions de possibilité de la science pure. En économie, cela écartait déjà la base psychologisante – conformément à la réaction de Menger à l'interprétation de sa doctrine par Kraus – et à doter d'une base l'individualisme subjectiviste. Que le sujet mengérien paraisse pâle, tronqué, voire juste extrapolé, au regard de la beauté de la détermination kantienne du sujet comme « unité originairement synthétique de l'aperception » (§ 16 de l'Analytique transcendantale dans la *Critique de la raison pure*), soit ; mais serait-il pertinent de demander cela à l'économiste Menger? Celui-ci ne pose pas cette question quand il dit que le subjectivisme n'est pas plus un psychologisme que chez Kant, et permet d'orienter définitivement l'économie vers la science.

Depuis un aristotélisme foncier mais partiel, la réflexion mengérienne rejoint Kant…

À la différence de l'école de Brentano, Menger ne discrédite pas l'entreprise de Kant. Un mouvement parallèle de retour existe, mais eux retournaient à une philosophie précritique pour des questions scolastiques et / ou leibniziennes et Menger revenait à Aristote[41]. Pour autant, la pensée de Menger ne se rapporte pas à Aristote en tout point. Justifier l'individualisme moderne par un argument d'autorité appuyé sur le Stagirite relevait de la gageure (relevée, on l'a vu). Fonder le raisonnement marginal subjectiviste au sein de l'échange, expliciter la théorie de l'utilité marginale (*Grenznutzlehre*) dans sa version subjectiviste, ces deux mouvements décentrent l'attention de l'observation de l'économie comme processus des nations et la concentrent sur l'individu. C'est là un parallèle possible avec le recentrement kantien du sujet sur l'unité de l'aperception, soit l'entreprise kantienne de « révolution copernicienne ». Les archives montrent que Menger intégra cet esprit du projet kantien, malgré les reproches qu'il allait formuler sur ses bornes : c'est ce geste remis en contexte qui fait voir de Menger le fondateur de l'« économie pure ».

Menger veut une science économique (*Wirtschaftslehre*) rénovée, théorique (*theoretische*) et pure (*reine*), qui puisse rompre définitivement avec l'*ars mercatoria* du corpus qui portait, dans sa version germanique, le

41. À propos de l'école brentanienne dite « réaliste » : Menger est aussi « réaliste », mais c'est dans un sens différent en économie, tel qu'on le trouve détaillé dans les chapitres que Tony Lawson et Uskali Mäki ont consacrés à Menger. Voir T. Lawson, *Economics and Reality*, London, Routledge, 1997 et U. Mäki, « Menger Economics in Realist Perspective », *History of Political Economy*, supplément au volume 22, 1990, p. 289-312.

nom de *Caméralisme* (*Kameralismus*). Le terme avait été forgé à partir de la gestion impériale du Trésor à la *Hofkammer* et il existait encore quand Menger enseignait à l'université de Vienne (une chaire d'économie s'intitulait *Kameralwissenschaften*) : il mêlait l'économie politique et la gouvernance des politiques publiques, comme aux origines formulées à Vienne par Joachim Becher, Wilhelm von Hörnigk et Wilhelm Schröder. Ce corpus était mêlé de droit naturel (depuis les juristes Johann Justi et Josef von Sonnenfels) et de finance, par les considérations sur le Trésor du Prince (chez Kaspar Klock ou Christoph Besold)[42].

Le tout aboutissait peu ou prou à une économie pensée d'abord comme « conseil au Prince », qui fut réactivée dans le *Verein für Socialpolitik* de Schmoller. Menger n'appartenait pas au *Verein* et, surtout, il récusait l'intrication des enjeux scientifiques et politiques. Son expertise se fondait sur la séparation de la recherche théorique et de l'économie appliquée. Menger sépare strictement et détaille les places respectives de la théorie, de l'histoire économique et des domaines appliqués dans les Appendices des *Recherches sur la méthode.*

À l'époque de Kant, quasiment un siècle avant sa lecture par Menger, Adam Smith avait déjà invalidé, dans les livres IV et V de sa *Richesse des nations* de 1776 et sous le nom de « mercantilisme », le traitement de l'économie comme une liste de recettes empiriques. Kant louait explicitement son entreprise. Smith fondait son examen sur une théorie de la « valeur-travail » (*labor-value*) que Kant reprend de lui, notamment à propos du numéraire[43]. La manière dont Menger récuse cette théorie de la valeur suffit à manifester ce qui l'éloigne de l'entreprise de Smith. Quant au cadre où Kant situe le monde économique, à savoir dans la question des contrats (« Division dogmatique de tous les droits acquis par contrat »[44]), soit sous le seul angle du droit privé de sa *Doctrine du droit*, il est insuffisant aux yeux de Menger.

En outre, les thèses du jusnaturalisme qui préexistaient trouvaient un écho renouvelé par l'apport des fonctions explicatives smithiennes de « sympathie » et d'« égoïsme / intérêt pour soi-même (*self-interest*) ». L'école historiciste allemande, au nom de la prédominance de l'État, reprenait certes la valeur travail, mais s'opposait à l'égoïsme « libéral » classique. Menger reprenant la cause de l'individualisme, Schmoller lui reproche de se placer dans le sillon smithien, ce qui est faux, puisque les prémisses (théorie de la valeur comme notion du besoin et raisonnement fondé sur l'utilité subjective et non la rareté objective d'un bien) sont tout à fait distinctes. Bref, Menger doit reformuler la structure du savoir économique à nouveaux frais – ce en quoi les historicistes échouaient, car, si hostiles fussent-ils aux Britanniques, ils reprenaient la valeur-travail.

42. Voir A. Tautscher, « Kameralismus », *Handwörterbuch der Sozialwissenschaften*, Stuttgart-Tübingen, 1956 et B. Schefold, préface in G. Campagnolo, *Critique…*, *op. cit*, 2014, p. 14-15.

43. « L'argent est le moyen universel qu'ont les hommes d'échanger entre eux leur travail » et la globalité des échanges est définie par Kant comme « richesse nationale [qui], en tant qu'elle a été acquise par la médiation de l'argent, n'est à proprement parler que la somme du travail avec lequel les hommes se payent entre eux » : E. Kant, *Métaphysique des mœurs, 1re partie : Doctrine du droit*, trad. fr. A. Philonenko, Paris, Vrin, 1988. p. 166-167.

44. Kant situe dans les contrats de droit privé (de sa *Doctrine du droit*) ses arguments sur la propriété intellectuelle (section « Qu'est-ce qu'un livre ? ») et la monnaie (section « Qu'est-ce que l'argent ? »).

C'est à ce point que le *projet* kantien des *Critiques* intéresse Menger : c'est une direction où « les principes de la causalité inconditionnée empiriquement doivent être au point de départ »[45]. C'est ce que Menger indique dès l'incipit des *Principes*[46]. Espérait-il que cet intérêt pour la causalité (et la liberté) eût poussé Kant à accorder également un rôle à la connaissance théorique pure en économie politique ? Kant ajoutait que « la loi de la causalité par liberté (*Causalität aus Freiheit* [*sic*]), c'est-à-dire un principe pratique pur, forme ici de toute nécessité le point de départ et détermine les objets auxquels seulement il peut être appliqué »[47]. Menger est intéressé. Il entend appliquer cette loi dans les sciences sociales et en économie en particulier, la formule qui revient annonce combien sa méthodologie et sa philosophie diffèrent des Classiques[48].

...Mais Menger ambitionne une science pure de l'économie qui était absente chez Kant

Kant proposait de porter le principe fondateur de la raison pure à son achèvement, mais le développement de la pensée économique allemande a montré que n'y avait pas eu lieu cette « révolution copernicienne » que la préface de la seconde édition à la *Critique de la raison pure* annonçait dans le champ *théorique*. Et si la raison pure existe dans le domaine pratique, là où la liberté s'exerce par la volonté et le choix, alors ce qui individualise le raisonnement économique doit permettre de la réussir : la conséquence est-elle bonne ? Selon ses notes, elle le parut au moins suffisamment à Menger pour que celui-ci identifiât la voie qu'il devait s'assigner : la raison pratique des rapports socio-économiques est, elle aussi, pure et elle aussi susceptible de se développer en théorie digne de ce nom et primant toute autre voie en science[49].

La rencontre de l'économie politique et du criticisme kantien dans la *Rechtslehre* susmentionnée touchait le domaine de la vie matérielle. Menger trouve qu'il manque un intérêt explicitement formulé pour la raison *théorique* pure *dans le savoir sur les relations matérielles entre les êtres humains*. Dans ses notes sur le manuel d'Überweg, Menger juge que Kant « ne voit pas » dans les rapports entre agents économiques matière à *théorie* pure comme telle : « *Kant ne voit aucune raison pure à l'œuvre dans la théorie de l'éco*[*nomie*] *pol* [*itique*] »[50].

Il nous semble que l'intention profonde qui pousse Menger à réformer l'économie est de formuler une telle science fondée sur la raison pure. Si

45. E. Kant, *Critique de la raison pratique*, trad. fr. F. Picavet, « Quadrige », Paris, Puf, 1985, p. 14.
46. Cf. *supra* note 25.
47. E. Kant, *Critique de la raison pratique*, *op. cit.*, p. 14
48. Quant au rapport de Menger à Smith, nous renvoyons à G. Campagnolo, « Menger vs. Smith ? Carl Menger's Reading of Adam Smith », *Journal of Contextual Economics*, 2024. En ouverture du chapitre IV des *Principes* notamment, Menger pourfend l'hypothèse de la « propension à échanger » nécessaire au cadre smithien, mais superflue dès que l'on substitue un cadre d'utilité subjective à la « valeur-travail ».
49. Il n'en va pas de même (selon Menger) pour toute science humaine : ainsi la « volonté générale » relève du politique et si Kant admirait Rousseau, Menger ne songe pas à une politique (éventuellement économique) pure, mais bien seulement à une économie (qui n'est plus politique) pure.
50. « Kant sieht in der theoretische Nat[ional]ök[onomie] keine reine Vernunft » : note marginale de Menger sur sa copie du volume d'Überweg, *Grundriss der Geschichte der Philosophie der Neuzeit*, Berlin, Mittler, 1872, p. 172.

Kant situait son entreprise contre l'héritage wolffien comme contre celui de Hume (qui l'avait certes « réveillé de son sommeil dogmatique »), alors un siècle plus tard, Menger établit l'économie comme science sur une base aussi solide contre l'école schmollérienne. Comme les sciences de la nature s'étaient émancipées de la *Naturphilosophie* idéaliste, l'économie doit sortir des impasses classiques.

Prenons un exemple : la théorie de la valeur-travail, acceptée dans l'historicisme comme le classicisme, manifestait sa déficience fondamentale à transformer la valeur en prix (le problème sur lequel devait buter à son tour Marx, si révolutionnaire son projet fût-il par ailleurs). Afin que l'économie politique devînt une science théorique pure, elle devait écarter l'orientation classique comme son insuffisante critique historiciste (même matérialiste historique) pour adopter une véritable réforme, analogue en quelque sorte à celle que Kant avait portée, mais qu'il convenait selon Menger de compléter. C'est le réformateur Menger qui semble bien avoir conduit une révolution, celle de la sorte « copernicienne » qu'il lisait chez Kant.

Selon les ouvrages conservés dans sa bibliothèque, Menger ne paraît pas s'intéresser aux travaux des écoles « néo-kantiennes » de Bade et de Marbourg. Menger ne fait pas profession de philosophe et ne participe pas à cet égard au même titre que ses collègues de Vienne à l'affrontement général contre Berlin. Son anti-« prussianisme » était non un anti-kantisme, mais un antihistoricisme. Menger ne dénie ni n'écarte les fins spirituelles de l'être humain (les notes le montrent) et il appelle à une « bonne vie » au sens, aristotélicien (là encore) de contemplation (*theoria* en grec), comme à rejoindre dans cette tâche les sciences du registre socio-économique et les sciences de la nature. Elles ont toutes leur place, pas moins élevée les unes que les autres.

De la scientificité dans la théorie économique

Avec le raisonnement qui caractérise la révolution « marginaliste » dans l'histoire de la pensée économique, la réforme mengérienne est fondée sur le subjectivisme qui fait de l'individualisme méthodologique radical la marque de fabrique de l'« école autrichienne ».

Dans des circonstances et un environnement donnés (conditions de production, d'échange et de consommation), dans le cadre de la connaissance et de la sensibilité humaines finies, la subjectivité (individuelle par construction) incline la volonté : cet équivalent chez Menger du sensualisme philosophique pour Smith est-il, lui aussi, fondé sur sa lecture de Kant ? Les notes sur le manuel d'Überweg peuvent conduire à le penser. Il restera sans doute incertain aux commentateurs du criticisme si Menger saisit la raison pure kantienne dans sa contraposition à l'entendement et à la sensibilité, d'autant que Menger reste isolé dans sa lecture personnelle, que l'on connaît seulement grâce à ses notes destinées à un usage privé ; or Menger n'a pas écrit sur Kant, même s'il a souligné ou recopié quelques passages du philosophe de Königsbreg dans ses propres ouvrages. Comme dans son interprétation d'Aristote, Menger trace sa voie propre, ce qui lui permet de forger une réflexion distincte de ses contemporains.

Puisqu'en jugeant que Kant n'avait pas rapporté l'économie à la raison pure *théorique*, il lui restait à lui à accomplir ce pas, Menger s'est assigné une tâche dont le point de départ était assuré, si sa complétion devenait, quant à elle, quasiment impossible : en formulant d'abord une théorie, pour l'élargir en progressant vers la rédaction de tomes devant suivre l'ouvrage initial, un auteur se propose une tâche infernale : une fois parue l'introduction, la science poursuit son chemin et, dans le cas de Menger, les jalons de la théorie économique entre les *Principes* 1871 et 1921, date du décès de Menger, combien de développements !

Menger a contribué à l'affrontement entre Vienne et Berlin, au moins sur le plan des idées.

Les échanges matériels interindividuels requièrent une théorie de la décision. Cette orientation devait être prise plus tard dans l'histoire de la pensée économique, et si sa formalisation manque encore chez Menger, ses linéaments s'en trouvent dans ses écrits. Entre la raison *pratique* en économie, une fois purifiée par le raisonnement, et la méthode des sciences de la nature, la différence centrale restait l'intentionnalité individuelle. Les *Principes* énonçaient la théorie, les *Recherches* une méthode, longuement justifiée : ces deux piliers faisaient une réforme entière de l'économie (enfin !) élevée au rang de science de plein droit. Menger la faisait pivoter autour de la perspective critique kantienne qu'il lisait indépendamment des philosophes autrichiens qui refusaient le criticisme. Menger, réaliste comme eux, écartait toutefois comme eux aussi l'opposition noumène/phénomène, édifice illusoire – ou plutôt il évitait sciemment d'énoncer toute ontologie sous-jacente des objets sociaux : sa méthode lui suffisait.

Cette méthode tient dans l'individualisme subjectiviste qui allait dès lors imprégner peu ou prou l'ensemble des sciences humaines et sociales à sa suite, bien au-delà de l'école autrichienne, si celle-ci prit toutefois en charge de conserver pure cette construction neuve.

Menger se détache de l'anti-kantisme ambiant à Vienne. Cela devait avoir des conséquences contextuelles plus larges : de même que l'individualisme autrichien substitue une analyse neuve au classicisme britannique, la base économique renouvelée promeut la figure de l'entrepreneur individuel, tandis que les Allemands soutenaient l'institution de l'État-puissance (*Machtstaat*) prussien, l'Union douanière (*Zollverein*) autour des territoires Hohenzollern et la puissance du *Reich*. Menger a donc contribué à l'affrontement entre Vienne et Berlin, au moins sur le plan des idées. Et il faut ajouter que l'économie d'échange autrichienne requiert la paix comme condition d'exercice de la volonté libre (non soumise à la coercition) : cet aspect pratique (socio-politique) est lié au fondement théorique liant par une chaîne causale les phénomènes aux hypothèses sous-jacentes.

L'adversaire, à tous les coups, ce sont les concepts collectifs (*Kollektivbegriffe*) illusoires des variétés de l'historicisme holiste, qu'elles soient conservatrice ou révolutionnaire, toutes étatistes au fond. Quand Menger s'aventure au-delà des conditions transcendantales de la causalité individuelle, ses *Principes* aboutissent inversement à décrire la formation et le fonctionnement de marchés libres.

Il en fournit les clefs comme un chimiste énonce les formules de réactions que la matière vient illustrer. Dans ses œuvres-maîtresses, Menger compare l'économiste au chimiste qui explicite les propriétés des éléments. Et si l'on ne rencontre guère de métal (comme l'or) à l'état pur dans la nature, qu'il faille le séparer des scories (par exemple, avec du mercure), cela n'invalide en rien les propriétés déterminables par la science : nous avons déjà signalé cette analogie prisée par Menger et qui permet de comprendre ce que l'on observe pour l'utiliser afin de cerner les causes opérant dans la vie économique. Celle-ci se constitue des « mille vicissitudes » de l'échange matériel, qu'il peut alors suivre. Menger reprend de Pellegrino Rossi l'énoncé qui suit, qu'il juge très correct (« *sehr richtig* ») :

> Si vous pouviez suivre à travers les mille vicissitudes du marché, les parties contractantes, en analyser rigoureusement la position, *en peser pour ainsi dire les besoins, vous auriez la solution vraie du problème.*[51]

Le déductivisme réaliste mengérien, fondé sur l'individualisme méthodologique subjectif, prend en compte la finitude humaine comme *explanans* des variations d'un comportement dont le schéma général (marginaliste) présente les « rapports réguliers » (*Verhältnisse*) que l'économie repère en prenant ainsi place parmi les *théories pures*. La possibilité d'une science descriptive enfin « moderne » est ouverte, comme celle d'une science appliquée, où des prescriptions seront possibles, sous réserve qu'elles demeurent assez modestes. Ce point de l'humilité inhérente à la tâche de l'économiste, point qu'un disciple comme Hayek allait souligner à son tour, caractérise l'approche de Menger. Malgré l'anti-kantisme autrichien ambiant, c'est sans doute ce qui faisait s'intéresser Menger au passage suivant chez Kant :

> Si, après bien des dispositions et préparatifs, elle [la science] tombe dans l'embarras, sitôt qu'on touche au but ; ou si, pour l'atteindre, elle est souvent forcée de revenir sur ses pas et de prendre une autre voie ; ou bien encore s'il n'est pas possible d'accorder entre eux les divers collaborateurs sur la façon dont le but commun doit être poursuivi, alors on peut toujours être convaincu qu'une telle étude est loin d'être entrée dans le chemin sûr d'une science et qu'elle n'est qu'un simple tâtonnement ; et c'est déjà un mérite aux yeux de la raison que de découvrir autant que possible cette route, dût-on abandonner comme vain beaucoup de ce qui était contenu dans la fin retenue d'abord sans réflexion.[52]

Quelques mots de conclusion

Quoique le destin humain soit la liberté d'action (selon Kant), le comportement humain reste redevable d'une analyse théorique, à quoi l'entreprise de réforme de la science doit aboutir. Là où Kant échouait à poursuivre jusqu'aux sciences

51. Note manuscrite de Menger (sur la page intercalaire face à la p. 108 des *Principes…*). La note manuscrite en français est reprise par nous p. 506 de l'édition fr. des *Principes, op. cit.* (note 209).

52. Menger, *Principes…, op. cit.* p. VII, note manuscrite de l'Avant-propos : Menger cite Kant dans le volume qu'il possédait (*Kritik der reinen Vernunft*, Préface à la 2e éd., Riga, 1787). Dans l'édition fr., *Critique de la raison pure, op. cit.*, note 19, p. 275.

sociales et économiques, selon Menger, ce dernier ambitionne de fournir une base assurée à l'examen de l'action humaine. Il réussit au-delà même de l'école dite « autrichienne » qu'il fondait ; la preuve en est que, jusqu'à nos jours, son projet a contribué à ouvrir la voie autant à l'analyse des préférences qu'à la théorie de la décision, autant à l'examen du comportement qu'à des doctrines de l'action humaine. Cette œuvre majeure devenue accessible en français seulement récemment[53] comporte non seulement les textes publiés, mais les annotations manuscrites qui livrent à leur tour la manière dont cette entreprise fut menée en lisant les auteurs du passé. Dans cet article, nous avons présenté ce qu'il en était d'Aristote et de Kant, mais il faudrait en dire autant de Smith, de Ricardo et de Jean-Baptiste Say, de John Stuart Mill aussi : Menger repérait les insuffisances de chacun, et parfois les déplorait – ainsi de Say, le Français qu'il jugeait engagé sur la juste voie, mais empêtré dans les incohérences de la matrice ricardienne[54].

Si l'historicisme réagissait contre le classicisme (chez Roscher, puis Schmoller, et chez Marx à sa manière des *Grundrisse* de 1859 au livre III inachevé du *Capital* en 1883, la même année que les *Recherches sur la méthode*), lacunes et inconsistances historicistes touchaient peu la matrice classique dans sa représentation théorique globale contre laquelle aucune tradition locale (comme le Caméralisme) n'était en mesure de rivaliser. Pour la réforme, il fallut la consistance de la théorie de Menger, qui en éclaira la méthode afférente dans ses *Recherches*.

Cette réforme fut une révolution. Elle fut menée depuis Vienne, sans affinités électives prussiennes autres que kantiennes, et encore furent-elles limitées, et sur la base de notions aristotéliciennes, en tenant qu'« il n'est de science que du général » et que la nature individuelle se prête à une telle étude générale si elle est considérée dans sa subjectivité teintée de finitude,

Menger formulait les fondements d'une théorie pure de la science économique et les linéaments d'un libéralisme neuf, individualiste et subjectiviste, autrichien et adapté à la modernité du XXe siècle qui s'ouvrait. Il allait en effet appartenir aux acteurs de générations ultérieures de poursuivre dans cette voie, tant au sein de l'École autrichienne (comme avec Hayek ou son aîné Mises) que hors d'elle, à ses franges, chez Schumpeter, Max Weber ou Karl Polanyi. C'est alors dans d'autres travaux qu'il convient de repérer, outre l'origine en Menger, leurs propres sources.

Gilles CAMPAGNOLO
Directeur de recherches CNRS
Institut des Sciences Juridique et Philosophique de la Sorbonne
Centre de philosophie contemporaine de la Sorbonne

53. Voir *supra* les notes 1, 2, 4 et 6.
54. Sur les notes de Menger sur la correspondance entre Say et Ricardo, voir G. Campagnolo, « Carl Menger, lecteur des économistes libéraux français », *Revue française d'économie* XXII/4, 2008, p. 139-198. Par ailleurs, on lit dans la bibliothèque de Menger combien les ouvrages de Mill lui ont servi à affûter son argumentaire anticlassique (à l'inverse du procès intenté de mauvaise foi par Schmoller à Menger) : voir notre *Critique… op. cit.*, chapitre VIII « Menger et la tradition britannique », p. 355-390.

LES INTROUVABLES DES CAHIERS

TOMÁŠ MASARYK : SUR LA DÉMOCRATIE PRÉSENTATION

M. Bourdeau

La présence, dans un numéro sur la philosophie autrichienne, du premier Président de la République tchécoslovaque peut surprendre ; mais c'est que Masaryk a aussi sa place en philosophie, discipline qu'il a longtemps enseignée à l'université de Prague. De plus, il peut être considéré comme un représentant de la philosophie autrichienne puisque, comme bien d'autres, c'est à Vienne, auprès de Brentano, qu'il a reçu sa formation philosophique. La capitale de l'Empire austro-hongrois était alors une métropole dont le rayonnement culturel était peut-être sans équivalent dans le monde, comme en témoigne notamment ce qu'il est convenu d'appeler l'école de Brentano. En effet c'est à l'université de Vienne que venaient s'inscrire les meilleurs étudiants de toutes les nationalités qui, au sein de l'Empire, luttaient alors pour leur autonomie. C'est ainsi que, parmi les représentants de la philosophie autrichienne, on compte également des Polonais, puisque le fondateur de l'École de Lvov-Varsovie, Kazimierz Twardowski, était lui aussi un élève de Brentano [1].

Les fonctions de Président de la République ne laissèrent pas à Masaryk le loisir de continuer à pratiquer la philosophie et, dans ce qui suit, il ne sera guère question de tout ce qu'il a pu accomplir à partir de 1918. Après avoir présenté sa formation philosophique à Vienne (1872-1882), son engagement progressif dans la politique, après son arrivée à Prague (1882-1914), puis les années d'exil (1914-1918), qui lui permirent de jouer un rôle sans doute décisif dans le démembrement de l'Empire austro-hongrois à l'issue de la première guerre mondiale, une dernière partie examinera l'idée de démocratie qu'il a défendue dans les deux textes ici reproduits.

L'université

Tomáš Garrigue Masaryk est né le 7 mars 1850 en Moravie, dans une famille pauvre (son père est valet de ferme). Un temps apprenti forgeron, il finance ses études secondaires au lycée de Brno (Brünn, en allemand). Exclu

1. *Cf.* dans ce numéro l'article de Wioletta Mizkiewicz, p. 79-100.

en 1869 pour des raisons religieuses, il suit à Vienne la famille où il était précepteur, et y passe son baccalauréat, en 1872[2].

À l'université, Masaryk renonce vite à étudier la philologie et, tout en s'intéressant à l'économie (il lit attentivement Marx et C. Menger, dont il suit les cours)[3], il s'inscrit en philosophie, où il suit les cours du grand helléniste Theodor Gomperz, puis ceux de Brentano, qui n'est arrivé à Vienne qu'en 1874. Comme celui-ci, il adopte une attitude critique à l'égard de l'idéalisme allemand, en particulier du kantisme, et développe au contraire un intérêt pour Hume, Comte et Mill. Il reçoit le titre de docteur en mars 1876, pour un mémoire sur « La nature de l'âme chez Platon », dont le sous-titre, « Une étude critique du point de vue empirique », porte la marque de Brentano, sous la direction duquel le travail a été accompli.

À l'automne de la même année, il part à Leipzig parfaire sa formation et travailler avec Wundt. C'est là qu'il rencontre celle qui deviendra sa femme, Charlotte Garrigue, une Nord-Américaine, de lointaine origine huguenote, venue étudiée la musicologie. avec qui il se fiance. C'est également à Leipzig qu'il rencontre Husserl, né lui aussi en Moravie et de neuf ans son cadet. Les deux hommes se lient d'amitié et c'est Masaryk qui suggère à l'ancien élève de Weierstrass d'aller poursuivre ses études de philosophie à Vienne auprès de Brentano.

En septembre 1877, Charlotte doit retourner aux USA. Masaryk pour sa part rentre à Vienne achever sa thèse d'habilitation qui traite du suicide, étudié d'un point de vue sociologique. Son mémoire une fois déposé, en décembre 1877, il ne tarde pas à s'embarquer à son tour pour les USA, le père de sa fiancée lui ayant annoncé que sa fille avait été victime d'un accident. Le mariage a lieu là-bas, en mars 1878 et les jeunes époux rentrent peu après en Europe. Fait inhabituel à l'époque, il prend le nom de sa femme. Tout invite à penser que Charlotte était une personne remarquable : un peu plus tard, elle traduira l'ouvrage de Mill sur la sujétion des femmes, et on peut supposer qu'elle n'est pas étrangère à la conversion de son mari au protestantisme, en 1880.

Au retour des jeunes époux, Tomáš a la mauvaise surprise d'apprendre que son mémoire, intitulé *Des principes de la sociologie*, a été rejeté par la faculté comme non conforme. Fort du soutien de Brentano, il le réécrit, en modifie le titre, qui devient « Le suicide comme phénomène de masse dans la civilisation moderne » et passe son habilitation en mars 1879. Il s'agit d'un travail novateur. Bien avant Durkheim (*Le Suicide* date de 1897), Masaryk, préoccupé lui aussi par l'élévation du taux de suicide dans les sociétés modernes, y voyait l'effet combiné de facteurs naturels et humains, ces derniers étant de loin les plus importants, et il soulignait le rôle de la pratique religieuse. Masaryk peut désormais enseigner à l'université comme *Privatdozent*. Peu après, il retrouve Husserl. Pendant trois semestres, entre 1881 et 1882, les deux hommes sont en contact très étroit et Husserl admet

2. Sur la vie de Masaryk, voir K. Capek, *Entretiens avec Masaryk*, trad. fr. M. David, La Tour-d'Aigues, Éditions de l'Aube, 1991, et A. Soubigou, *Thomas Masaryk*, Paris, Fayard, 2002.
3. Voir K. Capek, *Entretiens avec Masaryk*, *op. cit.*, p. 65-66.

avoir été très influencé par son aîné à cette époque. Bien que publié en 1885, alors qu'il avait déjà quitté Vienne, on peut rattacher à cette même époque l'autre grande publication philosophique de Brentano l'*Essai de logique concrète*, ouvrage qui, comme le précédent, montre l'influence de Comte[4].

En 1882, Masaryk est nommé professseur extraordinaire de philosophie à l'université tchèque de Prague. Commence alors une nouvelle époque de sa vie. En 1883, il fonde une revue, l'*Athenaeum*, qui est vite au centre d'une polémique sur l'histoire littéraire qui enflamme l'opinion, ce qui lui vaut de devenir une figure très en vue dans la vie intellectuelle tchèque. Un peu plus tard, il rejoint une autre revue plus confidentielle qui devient l'organe d'un petit groupe qui se qualifie de réaliste, pour marquer le souci de s'attacher au réel plutôt qu'aux querelles héritées du passé. Dans le choix de ce terme, on peut aussi voir l'influence de Brentano et le souci, qui ne se démentira pas, d'enraciner la politique dans la philosophie. En 1891, un pas supplémentaire est franchi. La polémique de l'*Atheneum* l'ayant brouillé avec les Vieux Tchèques, qui se contentaient de demander l'application du droit de l'État de Bohême, Masaryk se rapproche des Jeunes Tchèques, avec qui il conclut un accord électoral qui lui permet d'être élu député ; mais l'accord reposait sur un malentendu, si bien qu'en 1893, Masaryk se démet de son mandat. Il fonde une nouvelle revue *Notre époque*, et il lui faudra attendre 1907 pour être réélu député de la Valachie Morave, mandat qu'il exercera jusqu'en 1914.

À cette époque, Masaryk fait figure de marginal. Il a rejeté le libéralisme, dans ses deux formes, conservatrice (les Vieux Tchèques) et radicale (les Jeunes Tchèques). Du même coup, il a pris ses distances à l'égard du nationalisme, auquel il est pourtant généralement associé à l'étranger, et passe au contraire, aux yeux de ses compatriotes, pour un cosmopolite.

L'ouverture au monde

Si cet *outsider* a pu quelques années plus tard se retrouver Président de la Tchécoslovaquie, c'est que dès cette époque son cosmopolitisme avait fait de lui, durant la première guerre mondiale, un acteur en vue sur la scène internationale, ce qui l'amènera à jouer un rôle de premier plan dans la recomposition de l'Europe consécutive au démembrement de l'Empire austro-hongrois.

Le premier signe de cette ouverture au monde est certainement son mariage avec une Nord-Américaine, qui lui avait fait connaître et apprécier les USA où, comme Tocqueville, il avait découvert un modèle de démocratie. « J'ai éprouvé, disait-il, comment un Européen pouvait s'américaniser »[5]. Plus généralement, il avait assez vite compris que, pour triompher, la cause tchèque avait besoin d'appuis à l'étranger. C'est ainsi qu'en 1907, lors de son troisième voyage aux USA, il noue des contacts avec la communauté des émigrés tchèques, qui lui seront très utiles par la suite. Russophone, Masaryk est aussi allé à plusieurs reprises en Russie, où il rencontra Tolstoï.

4. Voir J. Patočka, « Notes sur la Logique concrète », dans *La crise du sens*, t. 1, *Comte, Masaryk, Husserl*; trad. fr. E. Abrams, Bruxelles, Ousia, 1985, p. 63-94 et J. Sebestik « Tomáš Garrigue Masaryk ou le positivisme détourné », *Revue d'histoire des sciences humaines* 1, 2003, p. 103-123.

5. A. Soubirou, *Thomas Masaryk*, *op. cit.*, p. 133.

Peu à peu, il tisse ainsi un vaste réseau, chez les universitaires, mais aussi chez les journalistes et les hommes politiques.

Depuis longtemps convaincu que le succès de la cause tchèque passait par le démantèlement de l'Empire austro-hongrois, Masaryk voit dans la guerre qui éclate en 1914 l'occasion d'atteindre son but, qu'il poursuivra inlassablement. Les Tchèques n'avaient jamais accepté la solution adoptée en 1867 après la défaite de Sadowa qui, en reconnaissant l'indépendance de la Hongrie, faisait de l'Empire de François-Joseph un État bicéphale. Ils s'étaient sentis lésés, le royaume de Bohême ayant droit, à leurs yeux, au même traitement. Les Vieux Tchèques ne demandaient d'ailleurs rien d'autre, et ne remettaient pas en cause leur appartenance à l'Empire. Mais, devant l'échec de leur tentative, il n'y avait pas d'autre issue que la destruction de l'Empire.

C'est ce à quoi Masaryk s'employa dès le début de la guerre. Profitant des facilités que lui valaient ses fonctions de député, il réussit à passer en Italie, puis en Suisse. En avril 1915, il part pour Londres, où il déploie une activité prodigieuse et multiforme. Professeur à *King's College*, éditorialiste dans divers périodiques, il multiplie les memoranda à l'usage des hauts fonctionnaires du *Foreign Office* et des représentants des puissances alliées. Au printemps 1916, il réussit à faire accepter le principe d'une légion tchécoslovaque, composée des prisonniers de guerre faits par la Russie et qui combattrait contre les puissances de l'axe. Il est ainsi amené à faire un long séjour en Russie où il assiste à la révolution d'Octobre. Début avril 1918, il est à Vladivostock, d'où il s'embarque pour les USA : si les soldats sont en Russie, l'argent, lui, est aux États-Unis. Il est reçu par le président Wilson et réussit à convaincre celui-ci que le maintien de l'Empire autrichien, sous forme d'un État fédéral, solution longtemps considérée comme souhaitable, est à écarter, et que l'application du principe des nationalités appelle la destruction de la monarchie austro-hongroise.

Ces idées, il avait eu l'occasion de les exprimer dans une revue, *The New Europe*, qu'il avait fondée à Londres en 1916 et qu'il avait reprises dans un ouvrage, *La nouvelle Europe*, traduit en français dès 1918 et réédité récemment[6]. Outre l'intérêt qu'il présente pour comprendre la construction européenne, alors et aujourd'hui, l'ouvrage donne un premier aperçu des thèmes abordés dans les deux textes ici reproduits, qui ont été traduits en français dans un recueil paru en 1924[7]. Ce sont des écrits de circonstance, qui portent la marque du monde dans lequel ils ont été écrits et qui nous est devenu bien lointain. De plus, comme dans le cas de Jaurès, c'est un homme politique autant qu'un philosophe qui s'y exprime. Ce sont des écrits engagés, qui visent en particulier à établir la nécessité d'en finir avec ce vestige des temps révolus qu'est l'Empire austro-hongrois. Pour ces deux raisons, certains passages ont mal vieilli, mais cela ne signifie pas qu'il n'y ait rien à retenir de la philosophie politique de Masaryk.

6. T. G. Masaryk, *La nouvelle Europe*, trad. fr. A. Soubigou, Paris, L'Harmattan, 2002.

7. T. G. Masaryk, *Les problèmes de la démocratie. Essais politiques et sociaux*, publiés par les soins de G. Wintger et R. Telstik, Paris, Marcel Rivière, 1924, avec une préface d'A. Thomas. Le premier texte, *L'idée démocratique*, se trouve p. 25 à 48; le second, *Les difficultés de la démocratie*, p. 49 à 64, trad. fr. D. Essertier, avec le concours de V. K. Skrach.

Outre le refus de l'autocratie, il a notamment développé une critique du marxisme, qui, dans le monde germanophone qui était le sien, prenait une place de plus en plus grande sur la scène politique. Certes, l'interprétation qu'il en donne peut nous paraître bien rudimentaire mais on fera valoir à sa décharge qu'il disposait d'un corpus fort lacunaire. Jusqu'alors, l'auteur du *Manifeste* avait été considéré presqu'uniquement comme un économiste et Masaryk fut le premier à en offrir une lecture philosophique, qui en signalait bien les faiblesses[8].

La démocratie est pour lui une façon d'échapper à ces deux erreurs antithétiques que sont l'autocratie et le communisme. Pour en reconnaître les mérites, il faut se placer à un point de vue philosophique (« Être un démocrate conscient signifie penser philosophiquement » (*infra*, p. 133)), étant entendu qu'il s'agit d'une philosophie scientifique. La politique c'est la sociologie pratique ; conception qui peut surprendre aujourd'hui, mais qui est héritée de Comte, pour qui la sociologie était avant tout la dynamique sociale, la philosophie de l'histoire : le passé éclaire le présent et nous guide dans la construction de l'avenir. Et cet avenir, c'est la démocratie, définie comme « l'organisation politique de la société reposant sur la base morale de l'humanité »[9]. Comme cette définition le donne clairement à entendre, la politique est inséparable de la morale : « si c'est la force qui est la vérité et le droit, alors la politique campe sur les terres de la ... zoologie » (*infra*, p. 129). Mais le plus original est sans doute dans la place faite à la notion d'humanité[10].Le rapport établi entre politique et sociologie pourrait laisser croire que Masaryk pense l'humanité à la façon de Comte, mais il n'en est rien et la notion est moins scientifique que morale, proche de ce que l'on appelle aujourd'hui l'humanitaire. C'est d'ailleurs ce qui permet à Masaryk de dépasser le nationalisme : les nations ne sont que les organes de l'humanité[11].

Grâce à l'aide de Masaryk, Alfred Kastil et Oskar Kraus, deux élèves de Brentano qui, après la mort de celui-ci, avaient transféré une bonne partie de ses archives à Innsbruck, purent fonder en 1932 à Prague, des Archives Brentano, qui n'eurent qu'une existence éphémère en raison des évènements politiques.

M. Bourdeau
Institut d'histoire et de philosophie des sciences
Université Paris1-CNRS

8. T. G. Masaryk, *La crise scientifique et philosophique du marxisme contemporain*, trad. fr. W. Bugiel, Paris, V. Giard et E. Brière, 1898; sur ce point, voir l'article de J. Sebestik « Tomáš Garrigue Masaryk ou le positivisme détourné », art. cit., et le livre de J. Patočka, *La crise du sens*, t. 1, *op. cit.*, p. 63-94.
9. T. G. Masaryk, *La nouvelle Europe*, *op. cit.*, p. 198.
10. T. G. Masaryk. *L'Idéal d'humanité*, trad. fr. P. Molnárová, Paris, M. Rivière, 1930.
11. A. Soubirou, *Thomas Masaryk*, *op. cit.*, p. 80-82, p. 110.

L'IDÉE DÉMOCRATIQUE ET LA POLITIQUE[1]

Je me propose aujourd'hui de vous dire quelques mots des problèmes que la démocratie et l'idée démocratique soulèvent, et doivent soulever, dans l'esprit de tout homme qui réfléchit et particulièrement dans le vôtre, étudiants tchèques. La matière est ample : vous m'excuserez si je suis bref. Je me référerai ça et là à ce que j'en ai déjà dit ou écrit.

Par démocratie nous entendons aujourd'hui le régime que la grande Révolution française a inauguré et non ceux que des tentatives antérieures ont pu instituer. En prenant pour devise, *Liberté, Égalité, Fraternité,* la Révolution française a opposé la souveraineté du peuple à l'absolutisme et au monarchisme, elle a proclamé et modifié les droits naturels de l'homme et du citoyen. Cette conception moderne de la démocratie a tenu et tient encore tête, philosophiquement et historiquement, à l'aristocratie, c'est-à-dire à l'oligarchie aristocratique dont la monarchie est le couronnement. Il s'agit donc de la relation de l'idée démocratique à l'idée aristocratique, du conflit de ces deux idées.

Le programme de la démocratie est le suivant : avant tout le suffrage universel avec ses conséquences parlementaires. Dans un régime parlementaire, c'est le pouvoir législatif qui est au premier plan. [...]

Mais il nous faut maintenant réfléchir et considérer qu'il y a dans le principe même de la démocratie des difficultés considérables : ces difficultés, il faut les connaître. Le père de la démocratie moderne, Rousseau, a dit, et on l'a depuis souvent répété, que, à prendre le terme dans la rigueur de l'acception – c'est-à-dire le gouvernement de tous – , il n'a jamais existé de véritable démocratie et qu'il n'en existera jamais. [...] L'activité législative est pour lui l'essentiel de la démocratie : il veut donc que les citoyens soient peu nombreux – dût-on pour cela diviser les grands États en petites communautés fédérées afin que tous puissent se connaître et être facilement rassemblés, et que, dans ces assemblées, la volonté générale soit en mesure de se manifester véritablement. Rousseau voulait des mœurs simples, condamnait le luxe, et, en général, les complications de la civilisation. Il voyait dans celle-ci une décadence ; les citoyens doivent avoir entre eux, disait-il, « beaucoup d'égalité dans les rangs et dans les fortunes » et c'est seulement alors que l'on peut parler de démocratie directe.

Il n'est pas douteux que, comme Rousseau l'avait remarqué, la question est tranchée par la géographie et le nombre des habitants. Dans l'aristocratie libre d'Athènes, les citoyens pouvaient réellement siéger sur l'Agora et s'entendre d'homme à homme. Mais comment les citoyens des États-Unis pourraient-ils avoir un gouvernement direct ? Un tel gouvernement est impossible et non pas seulement aux États-Unis, mais même dans les États plus petits. Un gouvernement direct à la rigueur serait limité à l'excès : de combien d'hommes un homme peut-il être le maître ? L'autocratie asiatique

1. Certaines allusions (la mort de Bang ; p. 132, la révolution perse, p. 131) permettent de dater le texte de 1912-1914. Dans le texte, certaines coupures ont été effectuées. Elles sont marquées par [...].

la plus absolue elle-même n'est pas un gouvernement direct, le souverain ne gouverne pas seul : il a des milliers de lieutenants pour régenter ses millions de sujets.

La doctrine du gouvernement direct est contestée. Je fais allusion ici au grand et intéressant mouvement syndicaliste qui se développe en France et dans d'autres États. Ce mouvement est hostile au régime parlementaire et ses adhérents estiment que l'organisation professionnelle – syndicaliste – réalise le gouvernement direct. Il semble cependant que la tendance révolutionnaire que contient ce mouvement se soit atténuée dans les derniers temps : il y a quelques jours, un de ses principaux organes, *La Guerre Sociale*[2], proclamait que l'antiparlementarisme actuel était une faute. Aujourd'hui un certain nombre de démocrates, – théoriciens et hommes d'action – se prononcent contre ceux qui, au nom de la démocratie, réclament le referendum, l'initiative législative, la représentation des minorités.

L'idée démocratique soulève un autre problème : celui du centralisme, ou de l'autonomisme. Selon le point de vue démocratique, l'État serait une fédération de communes, la commune constituerait l'unité politique fondamentale, il n'y aurait qu'un pouvoir central minimum. Outre les communes, il existe aujourd'hui divers groupements autonomes. Les corporations ouvrières et professionnelles se développent. Et si l'on critique l'association professionnelle au point de vue économique, on ne doit pas oublier que cette évolution n'est pas encore terminée. Il y a là un fait nouveau dans l'organisation sociale. La compétence de ces groupements est reconnue. Comment se fera l'évolution, je n'oserai le dire : à coup sûr ces couches « qualifiées » ne pourront que transformer, au point de vue de la capacité, le parlement lui-même[3].

Le gouvernement, c'est, pratiquement, de nos jours, la bureaucratie. (Pour être bref, je suis obligé d'employer ici des formules, la « bureaucratie » est une de ces formules). Je pourrais montrer les défauts de la bureaucratie : ce qui est défectueux, il faut le corriger, ce qui est bien, il faut l'améliorer. La bureaucratie d'aujourd'hui – européenne ou américaine – est défectueuse. En Amérique, les hauts fonctionnaires étaient remplacés par d'autres qui restaient à leur poste pendant quelques années jusqu'à l'avènement du nouveau président, mais on abandonne ce système et même dans ce pays la bureaucratie s'est stabilisée.

L'une des branches les plus importantes de la bureaucratie est la justice. Ce n'est pas par hasard que les juges (chez nous aussi en Autriche) sont beaucoup plus indépendants que les autres fonctionnaires. Si l'on y réfléchit, on en vient à reconnaître que les juges sont les auxiliaires des législateurs, et plus puissants parfois qu'un parlement. Les juges créent la législation coutumière et c'est à tort que les juristes prétendent que le droit coutumier a disparu. La même remarque s'applique à la partie politique de l'appareil

2. Journal antimilitariste, fondé en 1906 par Gustave Hervé; et qui cesse d'être publié en 1916.

3. En 1889, Jaurès avait proposé de remplacer le Sénat par une chambre de travail, où les citoyens seraient représentés sur la base de leur activité, agricole, industrielle ou commerciale. Un peu plus tard, d'autres réclameront l'élection d'une seconde chambre représentant les communautés naturelles, locales, régionales et professionnelles.

bureaucratique et c'est pourquoi je dis que la bureaucratie a une grande importance législative.

Donc nous ne voyons partout que gouvernement indirect ! Il n'est même pas étranger aux partis politiques des démocraties modernes, ni au parlement, qui n'est possible que par la collaboration des partis politiques et des journalistes. Le parlement n'est pas possible sans les partis. Même dans les partis les plus populaires, c'est le gouvernement indirect qui a seul cours. On le voit bien si on lit le travail écrit en français du sociologue Ostrogorski[4] et surtout celui du social-démocrate italien Michels[5] : ce dernier montre comment l'oligarchie se développe d'autant plus au sein des partis que ceux-ci sont plus étendus. L'oligarchie gouverne *de facto*, que le régime soit démocratique ou autocratique.

La démocratie est vraiment une *contradictio in adjecto*, si l'on met l'accent sur *cratie*, gouverner ; démocratie signifie gouvernement du peuple, mais il faut l'entendre non dans le sens de gouvernement et de domination, mais dans celui de gestion, d'administration par le peuple. L'administration, la gestion des affaires est la chose capitale pour une démocratie, tandis que, aux yeux de l'aristocratie, c'est le gouvernement qui est tout : démocratie administrative et gouvernement aristocratique s'opposent l'un à l'autre. Notre « pan »[6] tchèque contient en substance la domination, le gouvernement oligarchique, aristocratique.

Mais à notre époque moderne de véritable démocratie, ce que nous demandons avant tout à l'administration, c'est le sens des réalités. Nous disons que la politique est pour nous non seulement un art empirique mais, et au premier rang, une science. Et le mouvement démocratique moderne est organiquement et nécessairement en liaison avec la science, ce qui ne veut pas dire avec l'érudition, le mandarinat universitaire. Il s'agit d'une politique qui réfléchit, observe, étudie.

La Révolution française n'a pas proclamé seulement la liberté et l'égalité, mais aussi *la fraternité*, que nous pouvons définir par l'amour du prochain, ce qui à notre époque décèle une inspiration ecclésiastique, ou l'*humanité*[7], quoique ce mot lui-même ait déjà cessé de plaire. Mais la politique tout entière procède en fin de compte d'un jugement moral : la démocratie est un effort contre les privilèges, contre la violence. L'aristocratie n'est pas autre chose que la violence, la démocratie est la lutte contre cette violence.

S'il n'y avait pas une différence morale, quel serait, je vous prie – et je l'apprendrais volontiers – le mobile qui pousserait le démocrate à lutter contre l'aristocrate ? Ne craignez pas, je vous prie, que je veuille lier la politique à la morale, non, ce sont deux catégories scientifiques différentes. Mais il s'agit de comprendre que c'est la morale qui nous fournit le mobile décisif en faveur de l'idée démocratique.

4. Moisei Ostrogorski (1854-1919) est un politologue russe, dont l'ouvrage *La Démocratie et l'organisation des partis politiques* (Paris, Calmann-Lévy, 1903) est considéré comme un classique.

5. Robert Michels (1876-1936), né en Allemagne, s'installe en Italie en 1907, où, influencé par Pareto, il finit par adhérer au fascisme. Son ouvrage le plus célèbre, auquel il est fait allusion ici, est *Zur Soziologie des Parteiswesens in der modernen Demokratie* (Leipzig, Klinkhardt, 1911).

6. [Note du traducteur] Le mot tchèque *pan* signifie *maître, chef.*

7. Voir T. G. Masaryk, *L'Idéal d'humanité*, trad. fr. P. Molnárová, Paris, M. Rivière, 1930.

L'orateur démocratique populaire, qui s'en tient au point de vue de l'amoralisme marxiste, se plaint aussi des iniquités qui se commettent. Toute la politique se ramène en fin de compte à un appel aux sentiments de sympathie et d'humanité. Et si nous devons transvaluer les vieilles valeurs, c'est donc que cette transvaluation existe : Nietzsche donne des valeurs nouvelles, mais ces valeurs sont d'ordre moral, et c'est l'essentiel. Donc, une politique (démocratique) réclame non seulement des jugements de réalité, mais aussi des jugements moraux, Il se peut – et j'appelle l'attention sur ce point – que l'on combatte cette conception, que l'on dise que c'est là de la moralisation, de la prédication. Vainement. La politique ne peut reposer que sur des bases morales. S'il suffit d'avoir le pouvoir, c'est-à-dire un pouvoir pratiquement plus fort, si c'est la force qui est la vérité et le droit, alors la politique campe sur les terres de la… zoologie.

Ainsi l'aristocratie s'oppose à la démocratie en ce qu'elle est une oligarchie aristocratique : là où il y a des maîtres, il y a des serviteurs et des esclaves. La conception aristocratique ne se borne pas au domaine politique, social et militaire, elle s'étend aussi à la religion. La plèbe, à Rome, avait d'autres dieux que les aristocrates, le catholique laïque a une autre morale que l'aristocratie (prêtres, moines) ; il y a une aristocratie des langues, des nations et des races ; il y a, à coup sûr, une aristocratie économique. L'essence de l'aristocratie, comme de l'oligarchie, est l'organisation hiérarchique – comme on le voit très bien dans l'armée et l'Église romaine. L'aristocratie ne travaille pas, n'exerce pas de travail de détail, ce travail *noir*, comme dit le Russe : pour ce travail-là, il y avait, il y a des esclaves. – La démocratie est fondée sur le travail : c'est pourquoi les travailleurs s'organisent démocratiquement : ce n'est pas seulement par esprit de classe, comme on le leur reproche toujours, c'est la démocratie dans le vrai sens du mot qui s'organise là, à côté de ces autres travailleurs, ceux de l'intelligence, et ce n'est pas par hasard que le travailleur intellectuel et l'ouvrier, l'étudiant et l'ouvrier se rencontrent très souvent.

C'est pourquoi nous devons nous convaincre également que la démocratie n'est pas quelque chose de naturel, mais qu'elle s'élabore dans l'effort et la peine. C'est l'aristocratisme qui est naturel (dans ce sens spécial). Chacun d'entre nous veut être maître, nous sommes tous des aristocrates. Mais pour arriver à être un démocrate conscient et non seulement un démocrate en paroles, mais dans chacun de nos actes, nous avons beaucoup à faire et c'est à cela que doit tendre le démocrate « intellectuel ».

Un autre grand problème est celui des rapports de la politique non seulement avec la morale, mais avec la religion. L'État et l'Église, sous le régime de la religion d'État, forment un tout, une théocratie organisée. L'union du trône et de l'autel par la grâce de Dieu n'est pas seulement une jolie formule, c'est une brutale réalité. L'idée religieuse ayant été, dans le monde et dans la vie, une idée primitive, il est naturel que la politique ait pris aussi une couleur religieuse, qu'elle soit, pour ainsi dire, sortie de la religion. Au stade le plus primitif de l'évolution le prêtre est aussi le médecin, le philosophe, le souverain. Ce n'est qu'à l'époque du catholicisme médiéval que les principes théocratiques, selon lesquels l'Église et l'État forment un tout, sont appliqués artificiellement dans toute leur rigueur. Conformément à la théorie des rapports de l'âme et du corps, l'Empereur fut subordonné au Pape, le pouvoir temporel au pouvoir spirituel. Par suite, les Papes et le clergé ne virent souvent dans le souverain qu'un mal nécessaire. On sait comment Grégoire VII définit le pouvoir temporel[8].

Selon cette théorie, la souveraineté de la nation, du peuple, était formulée dès le Moyen Âge par la scolastique. Les théologiens catholiques et protestants proclamaient le droit de tuer le tyran (régicides).

On le comprend sans peine : comme la politique repose tout entière sur la morale, qui repose à son tour sur un degré supérieur de l'évolution et constitue une partie essentielle de la religion, la politique a toujours eu nécessairement un caractère religieux : c'est-à-dire que le rapport de l'État et de la politique avec l'Église a toujours eu aussi ce même caractère.

[Suivent trois paragraphes qui résument l'évolution historique, du Moyen Âge aux Lumières]

La liberté de la pensée, de la raison, prend de la valeur. En outre, *l'idéal de la nature* se développe : religion naturelle, droit naturel, donc État, classe et morale naturels. Tous les systèmes philosophiques ont pour couronnement un essai de morale indépendante de l'Église et le plus moderne d'entre eux donne à la philosophie pratique le pas sur la théorique. Le volontarisme actuel et d'autres tentatives analogues visent à l'établissement d'une nouvelle morale, Nietzsche élabore ses nouvelles tables de valeurs, etc. Les peuples veulent avoir une éthique nouvelle.

Au XVIIIe siècle, ces tendances se concentrent dans ce qu'on pourrait appeler le mouvement humanitaire. En Angleterre, le sceptique Hume fait reposer sur l'idée d'humanité la société tout entière ; en France, cette idée reçoit plutôt une formule politique (les droits de l'homme et du citoyen) ; chez les Allemands, elle est plutôt littéraire et philosophique (Lessing, Herder et d'autres). Tous ont un idéal d'humanité. C'est la nature humaine innocente, l'humanité considérée au point de vue moral et social comme formant un tout organisé. De cette idée, on déduit ensuite le droit de la nation qui prend position à côté de celui de l'État et de l'Église, et contre lui. L'humanité est une organisation issue des nations, non des États ; l'État est quelque chose d'artificiel, d'historique, la *nation* est quelque chose de naturel.

La valeur de la nation lui vient de ce qu'elle est une partie de l'humanité. À côté de cette idée s'en forme une nouvelle, l'idée du *peuple*, qui est née du sentiment de ce qu'est une nation. Se réduit-elle à une poignée d'aristocrates ou bien est-elle chaque individu, la masse, le peuple ? De là est sorti aussi le mouvement des associations professionnelles. Et c'est de ces éléments, c'est de ce mouvement des lumières, c'est de cet idéal humanitaire qu'est née la grande révolution française – « grande » (au sens où Alexandre est grand) parce qu'elle est vraiment quelque chose de grand, de nouveau.

8. Masaryk donne ici une citation latine qu'il n'a pas été jugé utile de reproduire.

Le problème de la révolution a une grande importance pour l'homme moderne. Le peuple est proclamé pour de bon souverain. La révolution est, selon moi, un état stable – l'état de l'homme nouveau, transformé. Être révolutionnaire, c'est critiquer tout ce qui est vieux : cette disposition d'esprit n'atteint pas seulement la politique, mais aussi la littérature, la philosophie; elle a pour but de donner à la société des bases entièrement autres. C'est pourquoi la révolution est proprement un renversement de fond en comble, et c'est pourquoi aussi il y a des révolutions qui apportent peu de profit. La révolution, dans le vrai sens du mot, dans le sens où l'entend le démocrate moderne, consiste à rendre le peuple à même de gérer lui-même ses propres affaires. La constitution et le régime parlementaire ne sont que le commencement de ce renversement, qui n'est pas achevé.

Les juristes conservateurs ne sont pas d'accord sur la question de savoir qui a donné la constitution ; le souverain ou le roi a restitué au peuple ce qu'il lui avait pris. C'est là ce qui distingue le constitutionnalisme prussien du français, l'aristocratique du démocratique. Et la constitution, la constitution écrite, est d'origine ecclésiastique (voir Borgeaud, Jellinek[9]). Nouvelle preuve des liens qui unissent le mouvement démocratique et l'Église.

Contre l'idée révolutionnaire s'élève l'école du droit historique qui défend l'absolutisme légitime, le vieil absolutisme, et depuis, sous la forme de césarisme, le nouvel absolutisme (Napoléonisme, Césarisme). On voit par là l'énorme renforcement de la réaction catholique, non seulement dans le domaine de la politique, mais aussi dans celui de la religion et de l'Église (« romantisme »).

Il y a eu les révolutions de 1830, de 1848, la révolution russe de 1905-1906, celle de Perse sévit en ce moment[10], etc. Il existe en permanence dans les pays d'Europe, d'Amérique, du monde entier, un état de révolution.

La philosophie moderne rend compte des liens qui unissent toute révolution et la politique en général avec l'Église ; ce qu'on appelle la philosophie religieuse, lorsqu'elle est convenablement pensée et élaborée, est aussi une philosophie politique.

[Suivent deux paragraphes sur l'influence de la critique de la religion par Feuerbach].

Les légitimistes contestent le droit à la révolution. Mais, pour tout homme qui réfléchit, ce droit n'est pas contestable. Tout homme qui pense a le droit de se défendre, et, je l'ai déjà dit, par une révolution. Mort pour mort, a dit le révolutionnaire russe Stepnak[11]. Mais c'est peu pour moi que la seule défense du corps. Chacun a le droit de se défendre moralement, spirituellement, c'est-à-dire d'anéantir tout absolutisme d'ordre spirituel. Pour moi, la démocratie moderne ne peut se passer de la révolution des cerveaux, de la révolution philosophique.

9. Charles Borgeaud est l'auteur de *Établissement et révision des constitutions en Amérique et en Europe*, Paris, Thorin et fils, 1893. Georg Jellinek (1851-1911) est un juriste d'expression allemande considéré, avec Hans Kelsen, comme un des principaux représentants de l'école positiviste autrichienne.

10. Allusion vraisemblable à la révolution constitutionnelle persane, 1905-1912 qui aboutit à la fondation d'un parlement.

11. S. M. Stepnak-Kravtschinskij est un activiste russe condamné à mort pour l'assassinat d'un général en 1878.

Beaucoup disent : la révolution a vécu, elle a fait place à l'évolution.

Oui, l'homme moderne croit pleinement au progrès. Il reconnaît l'évolution, rejette le « catastrophisme », prétend que le progrès se fait par degrés, non par sauts, se fait par une série de changements presque infinitésimaux. Croire au progrès, c'est croire qu'aujourd'hui vaut mieux qu'hier, que demain sera meilleur qu'aujourd'hui, que l'état de la société et de l'individu n'est pas désespérément mauvais : l'évolutionniste est un optimiste.

Néanmoins l'expérience nous apprend que dans le domaine spirituel il y a aussi des crises et des révolutions : il y en a, et ce seul fait montre que les révolutions politiques font aussi partie de l'évolution. On peut contester la nécessité d'une révolution, là où il y a déjà une constitution (on la conteste dans le marxisme même), mais personne aujourd'hui ne peut assurer qu'il n'y aura pas une révolution définitive, la « grande ».

La démocratie croit aussi au travail, au travail de « détail », comme l'appelaient Havlicek[12], Dostoievski et d'autres. Bang, mort récemment, conseillait à la jeunesse, dans *Victoire*, d'apprendre que c'est un art très difficile que de savoir rester petit.

Le démocrate considère avec scepticisme le libéralisme (le nom de libéral est né en Espagne!) parce que le libéralisme est une idée ancienne. La constitution, le régime parlementaire, la concurrence économique – ce sont là aujourd'hui proprement des idées de conservateurs. C'est pourquoi on a vu paraître des libéraux comme Bentham, Stuart Mill, qui représentent le libéralisme dit *radical*. Des essais continuels ont lieu pour corriger le libéralisme, pour le démocratiser et le socialiser.

Tout homme qui réfléchit reconnaît les difficultés auxquelles se heurte la vraie démocratie, mais n'oublie pas les inconvénients du régime monarchique. Un exemple en peu de mots : les sentences du Kaiser allemand sur l'Alsace-Lorraine, sur le duel, les discussions qu'elles ont soulevées, surtout au Parlement allemand. Nous voyons comment le monarchisme sape lui-même sa puissance par l'abus qu'il en fait.

Mais, si je me place au point de vue démocratique, je dois faire remarquer que cette révolution dont nous venons de parler – et elle est, à proprement parler, partout – est, elle aussi, dangereuse pour la vraie démocratie – c'est de la démocratie négative, mieux, de l'anarchie, qui s'étend, se développe. Mais c'est un des facteurs de l'évolution de la démocratie, tandis que le danger qui menace le monarchisme n'est pas seulement moral, il est aussi biologique : il est douteux que la transmission héréditaire soit conforme au principe aristocratique, soit saine pour la famille même, que la « noblesse croisse en noblesse ». Vous trouverez dans le livre de l'historien Lorenz suffisamment de matériaux, ou dans le nouvel ouvrage de Stromayer (*Recherche psychiâtro-généalogique sur l'ascendance des rois Louis II et Otto I de Bavière*) : la « grâce de Dieu » mène à sa perte celui qui en est l'objet.

12. Karel Havlíček (1821-1856) est un poète, politicien et journaliste tchèque; Herman Joachim Bang (1857-1912) est un écrivain et journaliste danois qui séjourna longtemps à l'étranger d'où il écrivit de nombreux articles pour la presse danoise.

Une autre question se pose : quel est le régime qui convient le mieux à la démocratie ? la monarchie ou la république ? Nous n'avons pas l'habitude de nous attacher aux mots en politique, nous ne jugeons pas de l'état réel d'une nation d'après sa constitution écrite : ainsi, par exemple, qui est plus démocratique, la république française ou la monarchie aristocratique et oligarchique de l'Angleterre ? J'incline à penser que c'est la monarchie anglaise. Lequel de ces deux pays est le plus démocratique, l'Allemagne ou l'Autriche ? Sans conteste, l'Allemagne. Je ne mets pas en doute que l'évolution mène à la république, mais quand il s'agit de savoir si une nation est démocratique, les faits passent avant la forme constitutionnelle ; il ne faut pas connaître seulement cette forme, mais la manière dont les affaires sont gérées.

Un dernier problème : quel est le rapport de la démocratie au socialisme, représenté aujourd'hui principalement par le marxisme ? La philosophie de Marx est sortie des idées de Feuerbach sur la religion, mais Marx en a déduit son matérialisme et son amoralisme positiviste. Avant Marx, tous les socialistes voulaient étendre le socialisme au domaine moral et religieux, Marx se limite au domaine économique (matérialisme historique ou économique). Le marxisme, c'est le communisme. Le communisme conduit à la révolution sociale définitive, au-devant de laquelle court le capitalisme lui-même, par son système d'exploitation : les prolétaires de tous les pays s'unissent pour renverser le vieil ordre capitaliste.

Le socialisme se dresse avec raison contre l'individualisme excessif (originellement le mot de socialisme désigne cet anti-individualisme) et finalement contre l'anarchisme. Par anarchisme, nous entendons soit l'anétatisme, l'apolitisme (anti-parlementarisme), soit la non-organisation, c'est-à-dire la désorganisation de la société en général.

Le communisme est quelque chose d'autre (le producteur communiste – le partage des profits du travail selon la capacité ou les besoins). Personnellement, je ne suis pas partisan du communisme, je rejette la philosophie marxiste, j'adhère au socialisme : la vieille philanthropie purement humanitaire ne suffit pas, le socialisme revendique une véritable législation sociale. Pour le démocrate moderne, il est aussi un problème philosophique et non seulement économique, bien qu'il le soit dans une grande mesure : nous voulons qu'il y ait assez de pain, c'est aujourd'hui la revendication principale, mais l'homme ne vit pas seulement de pain.

J'arrive à cette conclusion que, être un démocrate conscient signifie penser philosophiquement, donc puiser dans l'histoire des enseignements, comprendre l'évolution – la philosophie de l'histoire. Le problème est le suivant : comment le déterminisme de l'évolution de l'histoire peut-il s'accorder avec la liberté de l'individu ? Ce problème est donc celui des rapports de l'histoire et de la morale. Le démocrate prévoyant se séparera du « radical »[13] aveugle ; le radicalisme est dans une grande mesure aveugle, mais l'attitude du démocrate qui réfléchit est, par rapport an radicalisme, la suivante : ne pas chercher entre les extrêmes, entre la droite et la gauche, cette route d'or, comme on dit, qui

13. [Note du traducteur] Dans le sens de « extrémiste ».

passe au milieu. Le radicalisme de gauche s'oppose aveuglément au radicalisme de droite. Ne pas chercher la route d'or du milieu, ne pas chercher à se glisser habilement par cette route d'or entre ceux de droite et ceux de gauche. Le programme politique de ceux qui prévoient, de ceux qui réfléchissent sur l'histoire, n'est pas un empirisme aveugle, mais une conviction motivée et la conviction n'est pas aveugle. Le sens politique triomphe du radicalisme, non seulement de celui de droite, mais aussi de celui de gauche, ce sens n'est pas opportunisme et roublardise. Il faut que, véritablement, le politique réfléchi considère la réalité – non qu'il accepte à vrai dire toute cette réalité, il n'est pas inféodé à un historicisme aveugle, mais il veut faire l'histoire, il veut et il doit changer la réalité historique.

LES DIFFICULTÉS DE LA DÉMOCRATIE

La première impression que j'ai éprouvée au Parlement lorsque j'y suis arrivé comme nouveau député, peut se résumer dans le mot : moulin. Quand on visite un moulin, on est abasourdi par le vacarme que font en tournant les nombreuses roues, mais bientôt on s'aperçoit qu'il n'y a rien à craindre : pourtant on ne se sent pas rassuré, on a de la farine sur les vêtements et sur la figure, on trouve désagréable d'être ainsi enfariné... Bien des fois à la Chambre j'observe le tumulte, je rassemble les impressions que fait sur moi notre chambre populaire si agitée et si peu vivante pourtant. Je ne pense plus seulement à un moulin, mais à une « bourse », et aussi à un théâtre... et quand mes yeux découvrent, derrière les sièges surélevés des ministres et du président et des fonctionnaires de la Chambre, la grave rangée des statues antiques (une d'elles en costume de duc moyenâgeux dérange mon tableau), j'évoque une église pourvue de son autel : cette dernière image est pourtant plus faible que les autres, a moins de vivacité, parce qu'elle est plutôt née d'une théorie de science politique que d'une impression de mes sens. – Moulin – bourse – théâtre – église : c'est pourtant dans ce moulin, dans cette bourse, dans ce théâtre, dans cette église que le Peuple siège et que se fait la politique...

Non seulement en Autriche, mais aussi dans d'autres pays, on parle, sinon du déclin et de la décadence, du moins d'une crise du parlementarisme et de la démocratie. En particulier les conservateurs et les réactionnaires reprochent à la chambre populaire, issue du suffrage universel, sa prétendue incapacité politique et son indécision. Mais les représentants de la démocratie eux-mêmes manifestent leur mécontentement : syndicalistes comme Georges Sorel et Lagardelle, socio-démocrates comme Michels, libéraux comme Ostrogorski (dans la nouvelle édition de son livre) etc.[1]. L'anarchisme apolitique et antipolitique trouve de nombreux partisans dans tous les partis et dans toutes les tendances.

Déjà Rousseau avait vigoureusement souligné les difficultés – et c'est ce dont il s'agit ici – de la démocratie, lorsqu'il écrivait cette phrase souvent citée : la démocratie dans le vrai sens du mot est impossible, il n'y en a jamais eu, il n'y en aura jamais[2]. La démocratie, pour Rousseau, c'est le gouvernement direct du peuple : aussi à la différence de ses compatriotes d'alors ne voit-il pas dans le parlementarisme anglais le régime idéal : le principe de la majorité ne lui suffit pas, parce que, de la sorte, la minorité est dominée, et d'une manière générale il considère le député comme un envoyé qui, de même qu'un soldat, reçoit de l'argent en échange de ses services. Le gouvernement

1. Georges Sorel, théoricien du syndicalisme révolutionnaire et auteur des *Réflexions sur la violence* (Paris, M. Rivière, 1908); Hubert Lagardelle est le fondateur d'une revue, *Le mouvement socialiste* (1899-1914), à laquelle Sorel collaborait, et l'auteur de *Le socialisme ouvrier* (« Doctrines politiques », IX, Paris, V. Giard et E. Brière, 1911); R. Michels, *Zur Soziologie des Parteiwesens in der modernen Demokratie.* Leipzig, Werner Klinkhardt, 1911; M. Ostrogorski, *La Démocratie et l'Organisation des Partis politiques,* Paris, Calmann-Lévy, 1903, 2e éd. 1912.

2. « À prendre le terme dans la rigueur de l'acception il n'a jamais existé de véritable démocratie, et il n'en existera jamais » (Rousseau, *Du contrat social*, livre III, chap. IV.).

direct du peuple est, à ses yeux, avant tout le pouvoir législatif et seul il peut réaliser les nombreuses conditions auxquelles il soumet la démocratie : les citoyens doivent se connaître et se rassembler souvent, il faut que les mœurs soient simples, il ne doit pas y avoir de rapports compliqués et de questions litigieuses, difficiles à résoudre, « égalité dans les rangs et dans les fortunes », afin d'assurer l'égalité dans les droits, pas de luxe excessif, etc. « S'il y avait un peuple de dieux, il se gouvernerait démocratiquement. Un gouvernement si parfait ne convient pas à des hommes »[3].

Rousseau a raison, et il a tort tout à la fois. Est-il juste de juger les organisations sociales actuelles d'après les républiques antiques, non parlementaires ? Nous avons de grands États, la population s'accroît, les rapports sociaux se compliquent, la mosaïque des différences de classes s'agrandit, les individus, les collectivités et les classes, bref, les conditions posées par Rousseau ne peuvent être remplies. Alors? *Hic Rhodus, hic salta*!

Vingt, soixante-dix, cent-cinquante millions d'habitants et plus ne peuvent se rassembler : il faut donc qu'ils se fassent représenter. Les obstacles qui résultent du grand nombre d'habitants et de leur dispersion géographique doivent être surmontés dans la mesure du possible, et ils le sont dans une très large mesure grâce aux divers moyens modernes de communication. En outre la technique électorale et de même la technique parlementaire peuvent aussi recevoir des perfectionnements considérables. On pense sérieusement de nos jours à une organisation effective des partis, et la presse rend possible la formation de conceptions universellement adoptées : à Rome et à Athènes le contact personnel des citoyens ne produisait guère plus d'idées justes sur les besoins de la société que n'en fait naître de nos jours le mutuel contrôle de journaux qui représentent des tendances politiques différentes.

La complication de nos rapports sociaux augmente, il faut donc en tenir compte. De même on ne peut mettre en doute, ni négliger l'existence des différences les plus accusées : économiques, techniques, nationales, religieuses, etc.

Même dans les partis où l'organisation est la plus démocratique, il se forme une oligarchie de chefs temporaires, ou stables. Le parti le plus démocratique devient bureaucratique par sa gestion. C'est un fait, et il s'explique d'un côté par la nature des rapports sociaux, par la mécanique et la technique de la vie en commun, de la symbiose, d'un autre côté par les causes psychologiques de l'inégalité : si le désir de dominer est extrêmement répandu, le désir d'être dominé ne manque pas non plus ; beaucoup de gens veulent être dirigés, sinon dominés, et il existe aussi des natures d'esclaves. L'indifférence et la passivité en matière politique favorisent la création des oligarchies, des aristocraties, de même que l'inégalité d'intelligence et de culture. Comme toute lutte ou toute guerre, la lutte des partis requiert la dictature.

N'oublions pas un facteur très important : dans la lutte contre l'ancien régime, le parti le plus démocratique imite les vieilles institutions, bien qu'il leur soit hostile et même parce qu'il leur est hostile. Cette imitation du vaincu par le vainqueur fait la force de la société, il importe de le noter soigneusement.

3. J.-J. Rousseau, *Le Contrat social*, liv. III, chap. IV, *in fine*.

Autre fait psychologique qu'il convient de mettre en lumière : de même que les théoriciens de la religion, quand ils expliquent le monothéisme, s'appuient, avec raison, sur l'anthropomorphisme, de même les philosophes qui s'occupent de l'État imputent à l'anthropomorphisme politique (cette désignation d'ailleurs n'est pas juste) la tendance de la très grande majorité des hommes à se représenter d'une manière purement anthropomorphique les organisations collectives : État, Église, nation, parti, etc. : le monarchisme a ici, comme le monothéisme, un ressort psychologique dont l'action est très forte.

Quelques écrivains politiques américains, qui traitent de l'État, affirment que, dans l'Union, le centralisme restreint toujours davantage l'autonomie des États particuliers[4]. En Autriche, depuis le début, la constitution n'a pas cessé – le phénomène est toujours plus évident – d'être une lutte entre le centralisme et l'autonomisme. Une question : quelles sont les forces naturelles qui conditionnent cette prééminence du centralisme ? Un État anciennement centralisé et hiérarchisé a, sur une démocratie autonome, du fait même de sa priorité historique, un grand avantage.

L'aristocratisme est, essentiellement, le gouvernement d'un petit nombre d'individus ; la domination exclut *eo ipso* tout travail, ce sont les gouvernés qui travaillent – qu'il s'agisse de travail manuel ou intellectuel. Un aristocrate aimerait mieux mourir que de travailler. Un aristocrate accomplira plutôt des exploits : car le travail est un travail de détail, régulier, continu : il contrarie le bon plaisir du héros aristocrate. L'aristocratie est nécessairement hiérarchique. La hiérarchie militaire et catholique est le fruit de l'aristocratisme. La hiérarchie a son couronnement dans le monarque. « Les légitimistes ont besoin d'un maître afin de pouvoir être des serviteurs » note Anzengruber[5], et j'ai relevé ce qui suit dans le récit de la visite que fit le comte Witte au Kaiser Guillaume en septembre 1905 : le Kaiser dit à l'homme d'État russe, qu'il lui rend les mêmes honneurs qu'à une tête couronnée, à cause des services si éminents qu'il a rendus à la monarchie russe ; si les monarques avaient beaucoup de serviteurs aussi dévoués, on serait animé de meilleurs sentiments à l'égard de la monarchie.

Le monarchisme – il convient de le souligner – est aussi, dans la pratique, oligarchique.

L'essence du monarchisme, tel qu'il est donné dans l'histoire et nullement tel qu'il est construit *in abstracto* par la science politique, est d'exister « par la grâce de Dieu » : le monarchisme et le monothéisme sont intimement liés. On ne saurait trop nettement et trop vigoureusement souligner ce fait que la monarchie, telle qu'elle est donnée dans l'histoire, est une théocratie : dans plusieurs États le rapport de l'Église et de l'État tel qu'il est défini par la loi nous montre partout la théocratie. Le monarchisme cherche et trouve son soutien moral dans la religion d'une Église privilégiée. Ce n'est que de nos jours que l'on commence à noter la laïcisation de la politique et de l'État,

4. Avec la fin de la Guerre de Sécession en 1865, les tendances centralisatrices déjà discernables auparavant se renforcent, comme en témoigne la langue, où « the US is » remplace « the US are ».

5. Ludwig Anzengruber (1839-1889) est un écrivain autrichien, auteur de pièces de théâtre très populaires.

en Amérique, en France, et maintenant au Portugal[6]. L'union du trône et de l'autel n'est pas un simple jeu de mots !

Au contraire, la démocratie est, dans son essence, une a-théocratie, et, pratiquement, une anti-théocratie : on pourrait, si on voulait, pour plus de brièveté et par antithèse, puiser dans le vocabulaire grec et l'appeler une *anthropocratie*.

La démocratie, depuis le XVIIIe siècle, s'appuie sur la raison et l'idée d'humanité[7], qui a été et sera formulée de diverses manières.

La démocratie s'appuie sur les sciences : l'antithèse de la science et de la théologie est l'antithèse même de la démocratie et de l'aristocratie (monarchie).

La démocratie, par conséquent, exerce le droit de critique et réclame la publicité de tous les actes politiques (liberté de parole, de presse, de réunion).

L'esprit scientifique réside dans l'emploi des méthodes exactes ; la science poursuit la mise en ordre méthodique des faits donnés dans l'expérience. La politique démocratique, le parlement démocratique a donc pour tâche d'observer les faits sociaux, de noter les besoins de la société et de proposer et d'employer, en conséquence, les moyens appropriés. La tactique démocratique est donc inductive, réaliste, tandis que l'aristocratie procède ordinairement d'une manière déductive, non réaliste, arbitraire et scolastique.

On comprend dès lors pourquoi la démocratie moderne s'est développée surtout dans les pays protestants, et en particulier protestants réformés (calvinistes). L'Angleterre et l'Amérique sont la patrie du constitutionnalisme et du parlementarisme modernes. Le parlementarisme croît plus difficilement en Autriche qu'en Hongrie, où il a été importé par une minorité calviniste. Dans les pays catholiques on voit plutôt naître l'extrémisme, les révolutions, mais la démocratie positive, qui croît et se développe par elle-même avec continuité, est protestante. Le catholicisme, dans son essence, est à ce point aristocratique que parlementarisme et État catholique sont deux termes contradictoires. « La vraie démocratie est un protestantisme, un "état" politique naturel, de même que le protestantisme au sens restreint du mot est un "état" religieux naturel » : c'est ainsi que, de son temps, Novalis « sentait » le problème politique. L'égalité démocratique exige que tout le monde travaille, physiquement ou intellectuellement. Le travail scientifique n'est pas moins démocratique que le travail économique. Par suite, ce qu'on appelle la vulgarisation de la science est la tâche principale de la démocratie moderne.

Le travail doit être réparti et organisé. Comment ? C'est le grand problème de toute démocratie. On peut dire que le problème politique du temps présent est la lutte pour l'autorité, c'est-à-dire pour une nouvelle autorité. Devant quoi s'incline aujourd'hui l'homme moderne qui réfléchit, qui est doué de sens critique et d'esprit scientifique ? Quelle autorité reconnaît-il dans la vie sociale ? Sur quels motifs rationnels cet homme-là peut-il faire reposer son incorporation et sa subordination à l'État, à l'Église, à la nation, au parti, etc. ? Autorité signifie-t-elle aussi contrainte, et dans quelle mesure ?

6. Au Portugal, la monarchie avait été renversée en 1910, et la République avait proclamé la séparation de l'Église et de l'État.

7. Voir T. G. Masaryk. *L'Idéal d'humanité, op. cit.*

D'accord avec la science, la démocratie reconnaît le fait de l'évolution, donc de sa propre évolution ; l'histoire scientifique et la philosophie de l'histoire indiquent au politique moderne, par l'idée du progrès, la direction qu'il doit suivre, lui montrent la vie sociale dans la perspective de l'histoire. Depuis le XVIIIe siècle, – et surtout depuis la grande Révolution – l'histoire et la philosophie de l'histoire constituent l'arsenal indispensable de la politique. Dans la philosophie actuelle le problème de la conception historique universelle est tellement au premier plan, que chaque individu s'efforce de trouver et d'expliquer sa place dans le processus historique.

Cela signifie cependant que l'on doit de plus en plus faire de la politique en pleine et précise connaissance de cause. La réflexion, la réflexion politique, est un mal, mais on ne peut plus s'en guérir. Au Moyen Âge les gens croyaient au pape et à l'Empereur. La théocratie était croyante, la démocratie est critique et scientifique. La foi et la science sont aussi une forme de l'antithèse de l'aristocratie et de la démocratie.

Le développement de la démocratie n'est pas seulement positif, il est aussi négatif, par suite des fautes et des défectuosités de l'aristocratisme et spécialement du monarchisme. Contentons-nous de passer en revue des événements récents, qui caractérisent les difficultés du monarchisme, comme l'affaire de la loge impériale au Reichstag, les diverses renonciations dans la famille régente d'Autriche, les histoires de cour en Saxe, en Serbie, en Belgique, etc. À cet égard le conflit de Bismarck avec le Kaiser a été particulièrement *signum democratici temporis*. Bismark qui, en pleine connaissance de cause, veut défendre la monarchie contre la démocratie, devient lui-même à la fin un rebelle.

Le monarchisme fondé sur l'aristocratisme et la théologie a déjà terminé sa carrière. Tout politique doué d'esprit scientifique n'émet plus en faveur de la monarchie que des arguments d'ordre utilitaire. La ploutocratie aussi défend le monarchisme aristocratique.

On a souvent dit que l'organisation politique actuelle est un monarchisme imprégné de démocratie, inversement que la démocratie contient beaucoup de monarchisme. Il ne faut pas abuser de cette formule, mais il est exact que nous sommes dans une période de transition.

À présent nous sommes en mesure de comprendre la crise du parlementarisme et aussi du parlementarisme effectif, tel que celui de l'Angleterre. En tant que corps représentatif, chaque parlement est, par suite des difficultés que nous venons de mentionner, une corporation oligarchique, oligarchique dans son ensemble par rapport aux électeurs, et oligarchique dans son organisation intérieure. Toutes les difficultés et les imperfections de la société se retrouvent dans le parlement. La grande majorité des députés comprend avec peine les événements politiques (dont ils sont eux-mêmes les acteurs) ; les compétences devraient au moins s'imposer dans les commissions, mais la vie présente des partis n'a pas encore donné au spécialiste sa vraie place. Néanmoins, la commission prime considérablement sur l'assemblée plénière. Rarement, on aborde la discussion effective des lois qui doivent être votées, tout au plus dans la presse de parti et dans une littérature spéciale qui n'est accessible qu'à quelques-uns. En attendant, l'influence de la compétence politique sur le parlement est encore indirecte, s'exerce surtout postérieurement à la loi et sur des points spéciaux.

Aussi le parlement dans ses réunions plénières, est-il un rendez-vous de démagogues, un spectacle donné par des histrions politiques. Un parlement faible ne pousse pas la monarchie à choisir un gouvernement fort, et c'est pourquoi nous trouvons, dans tant d'États, des ministres et des ministères lamentables.

Dans tous les pays le gouvernement pourrait mener le parlement, il a le droit d'initiative ; mais ce droit appartient aussi aux députés et d'une manière générale à chaque citoyen. Réfléchissons seulement un peu à la grandeur de la puissance politique qui permet à chacun de nous de critiquer publiquement les personnes et les actes! Grâce à cette publicité, qui est désormais acquise pour toujours, l'aristocratisme est toujours plus affaibli, altéré, désorganisé. Le droit au referendum et aux initiatives législatives revendiqué par la démocratie existe déjà en fait, mais il n'est pas encore officiellement incorporé au régime parlementaire. La démocratie n'est pas de nos jours, à proprement parler, le gouvernement populaire, mais l'*administration* populaire – l'administration est la vraie tâche de la démocratie. Non pas la domination, mais l'organisation de la vie en commun, tel est le but de la démocratie moderne.

Rousseau voulait réaliser son idéal, le gouvernement direct du peuple, dans les seuls petits États ; dès aujourd'hui on peut le réaliser également dans des États plus grands, dans les grands États : l'art de l'administration démocratique doit faire ses preuves dans la commune. Il y a aujourd'hui des communes, qui, par le nombre de leurs habitants, dépassent beaucoup d'États. Jusqu'à présent la politique s'est plus occupée de l'État que des communes particulières c'est là justement une conséquence politique de l'impérialisme aristocratique. Certes, la seule administration n'est pas toute la politique ; la politique a et doit avoir pour but l'ensemble – mais ce doit être, en démocratie, une politique sans machiavélisme, qui rejette les artifices jésuitiques de la diplomatie. La politique démocratique moderne veut demeurer politique et cependant sincère et droite.

La démocratie discerne les défauts de la politique extérieure de prestige à laquelle est subordonnée la politique intérieure ; elle s'efforce en conséquence de démocratiser la politique extérieure, elle veut substituer à la politique aristocratique de prestige sa politique constructive.

Les nouvelles générations doivent être instruites et élevées en vue de la démocratie. Le mot anglais, *men no measures*[8], est tiré de l'observation de la vie politique. Le suffrage universel ne crée pas, à lui seul, l'esprit démocratique ; le vrai démocrate sentira et agira démocratiquement, non seulement au parlement, mais aussi dans sa commune, dans son cercle d'amis, dans sa famille. La démocratie est une conception du monde et une règle de vie. Platon, qui était l'ennemi de la démocratie, prétendait la reconnaître

8. Allusion vraisemblable à un passage des *Considérations sur la cause des mécontentements actuels* (1770), où Burke se moquait de la maxime « non pas des hommes, mais des mesures (*not men, but measures*) [...] par laquelle beaucoup de gens se dérobent à tout engagement honorable ».

à la sottise dans la conduite – c'est une mauvaise satire, mais pourtant un génial pressentiment de la liberté démocratique. Le démocrate moderne doit aujourd'hui s'instruire lui-même, s'éduquer lui-même, l'époque de transition l'exige et c'est indispensable, car l'école est régie par l'ancien État, par la théocratie. D'où justement la lutte autour de l'école.

L'éducation, et l'éducation de soi-même, en vue de la démocratie, n'est pas chose aisée, la démocratie rencontre de grandes difficultés, la tâche démocratique n'est pas facile à remplir ; mais la crise de la démocratie et du parlementarisme, dont on parle, est dans une plus grande mesure la crise de l'aristocratisme, – la transition est encore inachevée, est pénible et beaucoup le ressentent. Le conflit de l'aristocratisme et du démocratisme prend fin par la victoire du démocratisme, l'aristocratisme est, en principe, fini : l'achever aussi en fait, tel est le devoir des hommes de progrès et de pensée démocratique. Oui, le *devoir* : la démocratie est une conception du monde et une règle de vie. La démocratie est une conséquence et une exigence politique de la morale humaniste moderne. Les démocrates du XVIIIe siècle ont énoncé leur pensée de telle sorte que les revendications démocratiques – égalité, liberté, fraternité –, ils les ont proclamées comme une conséquence de l'amour évangélique du prochain – nous pourrions faire ainsi, mais, dans la réalité, c'est l'inverse qui a lieu : l'amour pour le prochain ne sera possible que dans la démocratie. Jusqu'à présent l'amour a été foulé aux pieds par l'aristocratisme théocratique. C'est de ce différend intérieur que la théocratie aristocratique se meurt.

ENTRETIEN AVEC JOCELYN BENOIST

Jocelyn Benoist enseigne actuellement la philosophie à l'Université Paris 1 Panthéon-Sorbonne et est membre senior de l'*Institut Universitaire de France*. Il est spécialiste de la première philosophie de Husserl (il a été directeur des Archives Husserl de 2010 à 2013), ce qui l'a amené à s'intéresser d'un côté à la philosophie autrichienne (Bolzano, Brentano et le cercle de ses élèves), et à confronter d'un autre côté la phénoménologie naissante et la philosophie dite analytique, avec une attention plus particulière à la philosophie du langage et aux théories modernes de la signification.

***Cahiers philosophiques (CP)** : Pourquoi vous êtes-vous intéressé à la philosophie autrichienne ? À cause de Husserl ? Est-ce à dire que Husserl serait un philosophe autrichien ? Très tôt, il est parti en Allemagne.*

Jocelyn Benoist (JB) : Mon intérêt pour la philosophie autrichienne est en effet d'abord venu de mon étude de Husserl, même si, à l'arrière-plan, il y a aussi très vite eu Wittgenstein. Durant ma scolarité à l'ENS, j'ai commencé à travailler sur Husserl d'une façon qui s'inscrivait dans l'intérêt général d'une certaine philosophie française pour la phénoménologie. Un tel point de vue me conduisait, comme bien d'autres, à privilégier le dernier Husserl. Le type de préoccupation caractéristique de cette approche, qui tournait autour de la question du sujet, m'a conduit à faire un détour par Kant, à qui j'ai consacré ma thèse. Puis, lorsque, à l'hiver 1993, je suis revenu à Husserl, c'était avec une perspective et des objectifs complètement différents. Ce qui m'intéressait, c'était la question du rapport entre langage et expérience, et afin de formuler correctement la question, un retour au premier Husserl m'est apparu nécessaire. Je me suis alors plongé dans les *Recherches logiques*, dont on peut dire qu'elles m'ont principalement occupé jusqu'à 2001, et la lecture de ce livre m'a conduit à m'intéresser à ses sources et à tout le champ de débats dans lequel il s'inscrivait. Cela a été ma première entrée dans la philosophie autrichienne, qui constitue au moins une partie importante, même si non-exclusive, de l'arrière-plan des *Recherches Logiques*.
Husserl est-il un philosophe autrichien ? Il l'est au sens géographique du terme : c'est un Juif Morave, qui est né et a grandi au sein de l'Empire austro-hongrois. Ensuite, il est certes d'abord parti faire ses études supérieures de mathématiques à Berlin, auprès de Weierstrass, mais très vite, il a acquis le sentiment que les concepts fondamentaux de la mathématique requéraient une analyse philosophique. À ce moment-là, son ami Tomáš Masaryk, futur Président de la République

tchécoslovaque, lui a indiqué qu'à Vienne, il pourrait trouver un philosophe qui satisferait son exigence de clarification conceptuelle : il s'agissait de Franz Brentano, dont l'enseignement avait alors un rayonnement considérable. Husserl est allé étudier auprès de lui. Ainsi, il n'est pas seulement biographiquement « autrichien » au sens que ce terme pouvait avoir à l'époque, mais il appartient philosophiquement à la tradition de ce qu'on appelle aujourd'hui philosophie autrichienne. Il y a été formé, et il doit à cette tradition une bonne part de ses questions, ainsi qu'un certain type d'exigence méthodologique qui en est caractéristique. Ce fait qui a été assez largement recouvert historiquement par l'évolution de la phénoménologie au XXe siècle explique l'étrangeté relative de la phénoménologie naissante dans l'espace philosophique allemand (c'est-à-dire d'Allemagne) où elle a pu se développer au début du XXe siècle. Dans un contexte marqué par la domination du néo-kantisme, la nouvelle pensée est immédiatement perçue comme scolastique et métaphysique au sens stigmatisé par le criticisme. Ce n'est que très progressivement que Husserl va s'intégrer au champ de la philosophie allemande (encore une fois si l'on oppose celle-ci à l'espace de la philosophie dite « autrichienne »). Dans l'histoire de cette intégration, qui a également son aspect institutionnel, l'opposition au psychologisme d'un côté, qui met en jeu un conflit interne au champ philosophique allemand entre la psychologie scientifique naissante et les philosophes défendant le monopole de la philosophie sur l'esprit, mais aussi le rapprochement avec Natorp d'abord, puis, en un second temps, de façon décisive, avec Rickert, ont joué un rôle déterminant. Il y aurait une histoire à écrire, tant eu égard à sa trajectoire qu'à sa réception, du devenir « philosophe allemand » de Husserl.

***CP** : Husserl a étudié la philosophie auprès de Brentano ; mais l'école de Brentano comprend bien d'autres membres, par exemple Meinong, Marty. Vienne était la capitale d'un Empire, qui attirait des étudiants de toutes les nationalités, Polonais, Tchèques…*

JB : Vous avez raison, le premier point sur lequel il faut insister, c'est que, pour des raisons qui tiennent à la nature de l'Empire, ce qu'on appelle aujourd'hui « philosophie autrichienne » recouvre la rencontre d'intellectuels de nationalités très diverses. Bernhard Bolzano, qui peut être tenu dans une certaine mesure pour l'ancêtre de cette tradition – il en présente en tout cas indéniablement déjà un certain nombre des aspects caractéristiques –, était pragois. Il est néanmoins probable qu'aujourd'hui on ne parlerait pas de philosophie autrichienne s'il n'y avait pas eu Brentano et son école, l'incroyable rayonnement de l'enseignement de Brentano, à Vienne, et toute la pléiade de ses élèves, venus des quatre coins de l'Empire et au-delà et qui, après leur formation, ont eux-mêmes essaimé dans les différentes universités de cet espace austro-allemand. Brentano lui-même, il faut le remarquer, était Rhénan. Sa carrière académique s'est cependant déroulée en un premier temps à Würzburg, en Franconie (le Nord de la Bavière), puis à l'université de Vienne. Ce n'est donc pas en vertu de l'ethnie de son fondateur, ou de tous ses participants (Marty, par exemple, était Suisse), que la philosophie autrichienne peut être appelée ainsi, mais plutôt en raison de son développement à partir de l'enseignement de Franz Brentano à l'université de Vienne, et du rôle de creuset qu'a pu jouer l'Empire et en particulier bien sûr la ville de Vienne. En ce sens, fait également partie de l'histoire de cette tradition, notamment, ce qu'on pourrait appeler l'archéologie de la philosophie polonaise du XXe siècle, qui trouve très largement sa source dans l'enseignement de Kasimierz Twardowski, lui-même élève de Brentano.

***CP :** Y a-t-il quelque chose comme une philosophie autrichienne ? Quelle en serait la spécificité ? Quel rapport entretient-elle avec la philosophie allemande ? Toutes les deux sont germanophones.*

JB : La question de l'existence ou non d'une philosophie dite autrichienne représente un problème particulièrement intéressant pour l'historiographie philosophique en termes de construction de ses objets. Il faut en premier lieu remarquer que ce label a servi à rendre visible une réalité qui avait été très largement ignorée par l'histoire de la philosophie canonique dans laquelle nous avons été élevés. C'est vrai en France bien sûr où tout à la fois la référence à la philosophie allemande a joué un rôle constituant pour l'institution philosophique moderne, sur fond de la synthèse cousinienne tout d'abord, puis du kantisme adopté comme idéologie par défaut de la philosophie républicaine, et où précisément tout un pan très riche de la production germanophone du XIXe siècle et du premier XXe siècle a été jusqu'à une date récente superbement ignoré. La situation, cependant, n'était pas à cet égard bien meilleure dans les pays voisins, à commencer par l'Allemagne elle-même, pour d'autres raisons sans doute, ainsi que l'Autriche moderne. Tous ces auteurs ont été oubliés, laissés de côté et ignorés par ce qu'on pourrait appeler le courant dominant de l'historiographie philosophique, pour lequel la philosophie germanophone s'est durablement identifiée à l'idéalisme allemand. Au XXe siècle, il est probable aussi que le succès de la phénoménologie ait contribué à une telle oblitération, puisque celle-ci, compte-tenu de ses réorientations successives (tournant transcendantal, puis réinscription dans une histoire de la métaphysique à caractère herméneutique et essentiellement monumentale), a finalement effacé ses sources. À cet égard, la philosophie autrichienne apparaît un peu comme le continent oublié de l'historiographie philosophique du XXe siècle.
Au-delà de la réalité de ce qui est à plus d'un titre une redécouverte, il faut cependant également souligner les enjeux et les décisions propres à ce qui a été la construction d'un nouvel objet historiographique. Il n'allait pas de soi qu'il y ait une philosophie autrichienne. Parce que celle-ci, tout d'abord paraît, en effet, noyée dans une immense production philosophique unie par l'usage d'une même langue : l'allemand, dans laquelle il n'est pas immédiatement évident qu'elle fasse une différence. Et si l'on veut essayer de construire cette différence en termes géographiques, cela ne va pas tout à fait de soi. De quoi parle-t-on exactement : de la philosophie produite dans les limites de cette formation improbable qu'a été l'Empire austro-hongrois, ou bien de celle encore, très vivante, pratiquée dans les limites de la petite Autriche, après la Première Guerre mondiale ? (J'entends par-là, bien sûr, tout ce qui s'est passé autour du Cercle de Vienne.) La continuité d'une chose à l'autre ne va pas plus de soi que celle d'un espace géographique et politique à l'autre. En fait, quelle que soit la réalité géographique et culturelle de l'identité et des identités successives autrichiennes –, il faudrait d'ailleurs du

point de vue culturel y rattacher en partie l'Allemagne du Sud – il est clair que la notion de philosophie autrichienne est plutôt conceptuelle : plutôt qu'à une identité géographique, elle renvoie à une certaine façon de faire de la philosophie. Revendiquer l'existence d'une philosophie autrichienne, c'est donc mettre en avant la spécificité de cette façon-là de faire la philosophie, nécessairement de façon différentielle par rapport à d'autres.

Il y a donc une histoire à faire de l'invention et de l'usage, inévitablement polémique, du syntagme « philosophie autrichienne ». Comme on le sait, c'est Neurath qui introduit ce motif dans le *Manifeste du Cercle de Vienne*. D'une certaine façon, il construit alors de toutes pièces l'idée d'une tradition autrichienne en philosophie, en tant qu'opposée à la tradition allemande, c'est-à-dire à la tradition allemande canonique : celle de l'idéalisme allemand. L'idéologie du Cercle de Vienne est fondamentalement universaliste. Cependant, la référence à l'Autriche y joue un certain rôle, non sans quelque dimension parodique (le Cercle de Vienne, *Wiener Kreis*, est « viennois », disent-ils, au sens où la valse viennoise, *Wiener Walzer*, l'est), essentiellement distinctif : le programme philosophique présenté est autrichien au sens exact où il n'est pas allemand. Que peut bien vouloir dire, alors, ne pas être allemand en philosophie ? La réponse évidente, et très typique de Neurath, est que c'est ne pas être kantien : il faut refermer ce que Neurath décrit comme l'intermède kantien en philosophie. Pourquoi donc faut-il en finir avec le kantisme ? Ici, les choses se compliquent un peu. En effet, ce que les Viennois du Cercle de Vienne et particulièrement Neurath rejettent dans le kantisme, c'est ce qu'ils identifient comme un reliquat de métaphysique : l'idée de structures *a priori* de l'expérience (les catégories) et ce qu'ils perçoivent comme une métaphysique de la causalité. Il s'agit d'être enfin empiriste jusqu'au bout, en utilisant les moyens de dissolution des problèmes offerts par la nouvelle logique. Un tel point de vue peut s'autoriser dans une certaine mesure de l'héritage d'un autre grand auteur savant et philosophe « autrichien » (en fait, Morave comme Husserl), Ernst Mach, dont le nom a d'abord été utilisé par les membres du Cercle de Vienne comme signe de ralliement. En même temps, il n'est pas sans soulever un certain nombre de questions quant à l'unité du phénomène revendiqué alors et pour ainsi dire constitué *a posteriori* comme « philosophie autrichienne ». Il est bien vrai qu'une certaine revendication d'empirisme est un trait récurrent des auteurs ainsi rassemblés. Chez Brentano, le principe d'empiricité (*Psychologie au point de vue* **empirique**) est présenté comme une condition d'une refondation de la philosophie, sur le modèle des sciences de la nature, ainsi qu'il le revendiquait déjà dans ses thèses d'habilitation soutenues à Würzburg devant un jury de philosophes schellingiens. Par bien des côtés, la *Psychologie au point de vue empirique* peut être lue comme une réécriture de l'*Essai* de Locke. De façon peut-être plus surprenante pour les lecteurs modernes, qui généralement ne connaissent de lui que la sémantique objective des deux premiers livres de la *Wissenschaftslehre*, par laquelle ils sont fascinés, l'empirisme est également présent chez Bolzano. Le troisième livre de la *Wissenschaftslehre* présente une théorie de la connaissance qui est assez largement empiriste, très profondément influencée par Locke, et où l'apport de Condillac et des Idéologues français (Destutt de Tracy) est aussi présent. Ces empirismes brentanien et dans une certaine mesure bolzanien, ne sont cependant probablement pas équivalents à l'empirisme post-machien, qui est un empirisme d'expérimentateur. Et surtout,

philosophiquement, ils n'ont rien d'anti-métaphysique. Bolzano et Brentano, l'un et l'autre philosophes de séminaires formés à la tradition aristotélicienne et scolastique, sont fondamentalement des métaphysiciens. Ils n'ont aucune velléité de détruire la métaphysique, mais veulent lui donner une base plus solide, logiquement et épistémologiquement. L'immense philosophe qu'est Bolzano est aujourd'hui un peu sorti de son purgatoire, spécialement en France grâce au travail fondamental de Jan Sebestik. Cependant, encore aujourd'hui, quand le public philosophique plus large le connaît, c'est en tant que logicien ou disons sémanticien, théoricien des représentations en soi et des propositions en soi, qui dans une certaine mesure évoquent avant la lettre ce que Frege appellera « sens ». Souvent encore on ignore la finalité essentiellement métaphysique de l'œuvre de Bolzano. Il ne faut pas oublier que le texte où il a développé de la façon la plus explicite son ontologie, sa métaphysique de la substance et des propriétés (des « adhérences ») est l'*Athanasia*, dont l'objet est de démontrer l'immortalité de l'âme. En un certain sens, c'est un métaphysicien tout ce qu'il y a de plus classique, mais avec des moyens modernes. De la même façon, on pourrait dire que Brentano, qui a commencé par travailler sur Aristote, sur lequel il a fait sa thèse, et n'a jamais renié cette référence, qui joue un rôle conducteur pour sa pensée, est assez largement un réaliste scolastique.
Il existe, de ce point de vue, un écart vertigineux entre la visée du Cercle de Vienne, qui rétrospectivement construit le concept de « philosophie autrichienne », et celle des pères fondateurs qu'il élit pour cette tradition. La lutte antimétaphysique d'un Neurath peut difficilement s'autoriser de Bolzano, de Brentano, ou de ses disciples. Il est intéressant de noter, à cet égard, que si tous ces auteurs partagent assez largement un antikantisme de principe – ce pourrait être un élément de définition (négatif) parmi d'autres de cette tradition –, c'est pour des raisons qui ne sont pas exactement équivalentes, voire qui peuvent paraître, par certains côtés, opposées. Kant est en un sens trop métaphysique pour Neurath. Il est au contraire perçu par Bolzano et par Brentano comme un auteur qui remet en question la métaphysique, voire tendanciellement un auteur sceptique et c'est à ce titre qu'ils le combattent. Il y a à ce niveau également une remarque à faire sur la différence de contexte très importante entre l'Autriche des pères fondateurs de cette tradition philosophique et celle du Cercle de Vienne. Bolzano et Brentano sont des catholiques libéraux et progressistes, chacun en leur temps, mais ils défendent le progrès dans un espace culturel catholique précisément qui, au XIXe siècle, se définit assez largement par le rejet de la Critique kantienne, perçue comme une menace pour la métaphysique et la religion tout uniment. Il arrive à Brentano, pourtant éminemment progressiste, acteur de la résistance à l'instauration du dogme de l'infaillibilité pontificale et victime du ressentiment du camp bigot qui lui fait perdre son poste à l'université de Vienne, d'expliquer que Kant aurait mis dans la philosophie un désordre comparable à celui que la Révolution française a mis dans la société... on est donc très loin ici des idéaux indissolublement antimétaphysiques et socialement révolutionnaires de Neurath.
Évidemment, on peut toujours, comme le font aujourd'hui les tenants de l'existence d'une tradition philosophique autrichienne, ravaler ces écarts à de simples différences de contenu et insister sur une certaine unité de méthode, ou peut-être de façon plus diffuse, de style. Tous ces auteurs auraient en commun, outre un rapport positif aux sciences de leur temps, une certaine façon de faire pénétrer

l'exigence scientifique, qui est celle de la modernité, en philosophie. Que cela ait été, au moins dans une certaine couche fondatrice de cette tradition, pour revivifier un projet métaphysique fondamentalement néo-aristotélicien, ou en tout cas revêtant cette forme symbolique, à plus d'un titre anachronique à leur époque, ne rend ce point que d'autant plus intéressant : il y aurait une réflexion à mener sur ce que peut avoir de novateur et de créateur d'autres possibles un certain type d'anachronisme. Il n'en reste pas moins que, quels que soient les effets de transmission, qu'il faudrait sans doute relativiser, il me semble que la différence entre une philosophie qui se définit essentiellement par un projet métaphysique et à ce titre se méfie de la critique et une dont la critique de la métaphysique est la motivation essentielle et qui tient que la critique n'est pas allée assez loin, peut difficilement être réduite à une simple différence de contenu, de façon que ces différentes pensées puisse aisément être resituées sur une cartographie commune : elle affecte bien plutôt la nature et la forme mêmes de la philosophie.

Qu'entendent, cependant, par « philosophie autrichienne » ceux qui en parlent aujourd'hui ? Il me semble qu'en réalité, ils n'y mettent guère le Cercle de Vienne. Ce qui est visé primairement par ce syntagme, c'est plutôt la philosophie de la double monarchie et en fait, même si, selon les auteurs et les sensibilités, le panthéon change quelque peu – Jacques Bouveresse bien sûr, quant à lui, n'aurait pas renoncé au Cercle de Vienne et accordait une importance déterminante aux philosophes-savants : Mach et Boltzmann –, souvent essentiellement l'école de Brentano, parfois avec une remontée vers Bolzano. Le paradoxe serait alors que l'inventeur de la notion de « philosophie autrichienne », Neurath, n'y appartiendrait pas vraiment, ou représenterait un âge de cette philosophie déjà en écart par rapport au modèle. Encore une fois, il faudrait faire une différence – et en fait une différence fondamentale – entre l'Autriche-Hongrie et, née de sa catastrophe finale, l'Autriche moderne. Ce ne serait pas juste une question de géographie, mais d'époque et de philosophie.

À partir du moment où on a accepté cette restriction, la question se redouble : quel sens y a-t-il à isoler ce massif brentanien et ce qu'il y a autour (ou en amont, avec Bolzano) sous le nom de « philosophie autrichienne » ? À quoi cela sert-il ? À quoi veut-on l'opposer ? Il faut alors certainement déployer un nouveau feuillet de l'histoire de cette appellation.

***CP** : Dans cette philosophie autrichienne, quelle place revient à la philosophie du langage ? à la logique ? On a pris l'habitude d'opposer philosophie analytique et philosophie continentale. Géographiquement, la philosophie autrichienne est incontestablement continentale ; mais conceptuellement ?*

JB : En effet, c'est l'histoire récente de la philosophie analytique à la fin du XXe siècle qui a été le théâtre de ce qu'on peut appeler la deuxième naissance de l'idée de philosophie autrichienne. En un certain sens, l'introduction par Neurath de cette appellation, à laquelle il a fait porter l'idée d'une exigence scientifique en philosophie, a quelque chose à voir avec la genèse de l'idée de philosophie analytique, même si la prise de conscience de celle-ci comme telle est plus tardive, intimement liée à l'apparition d'une nouvelle façon de faire de la philosophie dans les départements de philosophie des pays anglophones à l'issue de la Seconde Guerre mondiale, notamment du fait de l'émigration viennoise.

Aussi, la philosophie analytique, dans ses références historiques, a-t-elle toujours fait preuve d'une ouverture plus grande aux références que l'on peut qualifier rétrospectivement d'autrichiennes que la tradition continentale, marquée par la domination à peu près exclusive de la référence allemande, c'est-à-dire essentiellement à l'idéalisme allemand, puis à ses déconstructions successives. Une caractéristique de la philosophie analytique, cependant, est la déshistoricisation qu'elle fait assez systématiquement subir à ses problèmes. Le souci de ses sources, ou de s'inventer des sources, n'est pas vraiment central dans cette philosophie, ce qui rendait le contexte peu favorable à la thématisation de quoi que ce soit comme une « philosophie autrichienne ». Au-delà de ce manque de sens historique érigé en art par cette philosophie, d'autres obstacles, cependant, s'opposaient à l'idée de quelque continuité que ce soit à ce niveau. Ce qu'on pourrait appeler la philosophie analytique classique, celle d'après la Seconde Guerre mondiale, essentiellement dominée par une perspective sémantique, s'inscrit dans une assez large mesure dans la continuité de la démarche critique qui est celle du Cercle de Vienne : celle qui consiste à débusquer les non-sens et illusions métaphysiques. Bien sûr, dans le détail, la réalité est plus complexe. Il faudrait, à cet égard, certainement faire une différence entre la tradition britannique et la tradition américaine et de toute façon, dans la constellation de la philosophie dite analytique, qui pour le coup correspond plus à une méthode, et à une façon de faire de la philosophie, qu'à une doctrine, le souci ontologique, notamment, n'a jamais complètement disparu. Il n'en reste pas moins que, durant ce qu'on pourrait décrire comme l'âge d'or de la philosophie analytique, entre 1945 et 1960, prédomine un point de vue qui est celui de la critique linguistique. C'est par l'analyse des énoncés, et seulement par l'analyse des énoncés, qu'il devient possible de dire quelque chose sur l'esprit ou sur le monde. Michael Dummett a donné après coup, au moment où il devenait manifeste qu'elle ne correspondait plus à la réalité, une formulation de cette vision de la philosophie analytique, en caractérisant celle-ci par le fait qu'elle érigeait la philosophie du langage en philosophie première.

Or, la philosophie analytique a connu une évolution importante à cet égard, à partir des années 1960 avec la révolution cognitive puis, plus nettement, des années 1980, avec le développement de la métaphysique analytique et ce qu'on pourrait appeler le tournant ontologique de la philosophie analytique. Ce contexte est essentiel pour comprendre la réémergence à ce niveau en contexte analytique du motif de la philosophie autrichienne, avec une valeur qui n'est certainement pas superposable à celle que Neurath y avait investie, même si les idéaux de rigueur et de clarté constituent un important élément de continuité.

Une source historique importante du regain d'intérêt pour la tradition autrichienne dans sa diversité est le travail d'historien de la philosophie effectué en Autriche par Rudolf Haller à partir des années 1960. Dans son œuvre, Haller, par ailleurs primairement un épistémologue (un théoricien de la connaissance), déploie, suivant le mot d'ordre de Neurath, une certaine continuité de la « philosophie autrichienne », puisqu'il a édité aussi bien Meinong que Mach et Neurath. Ses travaux historiques ont cependant fourni leur arrière-plan à une renaissance qui me paraît d'un ordre bien différent : la réactivation du concept de philosophie autrichienne par des auteurs britanniques dans les années 1980. Je pense bien sûr ici au trio constitué par Kevin Mulligan, Peter Simons et Barry Smith, qui par leurs travaux et leur flamme missionnaire, sont ceux qui ont fait connaître ce domaine à ma génération. Leur appropriation et peut-on dire transformation du motif entre dans plusieurs systèmes d'opposition. Premièrement, ils l'ont utilisé comme outil de polémique contre la philosophie dite continentale, qui aurait ignoré cette source au profit de modèles philosophiques spéculatifs au sens péjoratif du terme. Un aspect de cette lutte était bien sûr un combat pour le sens de la phénoménologie, ces auteurs considérant que la première phénoménologie, celle des brentaniens et de ce brentanien parmi d'autres qu'est le premier Husserl, relevait d'une approche rationaliste et positive en philosophie très éloignée de la spéculation continentale. Il s'agissait, cependant, d'un autre côté, ce qui a évidemment été moins aperçu ici, d'un positionnement interne à l'espace analytique et d'une tentative, à inscrire parmi d'autres, de déplacement de ce champ. En premier lieu, quelle que soit l'insistance de ses auteurs, en toute fidélité par rapport à la doxa analytique et contre toute thèse herméneutique, à maintenir l'autonomie de la recherche philosophique actuelle par rapport à toute investigation relevant à proprement parler de l'histoire de la philosophie, il s'agissait indubitablement de rendre à la philosophie analytique une part de l'histoire qui est la sienne et qu'elle s'est assez soigneusement dissimulée. Non pas, bien sûr, que les « origines de la philosophie analytique », pour reprendre une autre formule de Dummett, se réduisent à cette source autrichienne (celle du Danube, pour reprendre l'image dummettienne), mais la prise en compte de celle-ci constituait certainement une condition essentielle d'une possible réhistoricisation en la matière. La question dès lors, comme pour toute historicisation, est de savoir à quelle nécessité stratégique celle-ci pouvait alors répondre : quelle nécessité interne au champ analytique ? Or, à cet égard, les choses paraissent très claires. Remonter vers les sources autrichiennes, les brentaniens et en amont Bolzano, c'était aller chercher des modèles philosophiques (au pluriel : il faut en effet souligner, avec ces redécouvreurs, la très grande variété des points de vue et théories soutenus en ces matières par les auteurs qui les ont intéressés) remettant en question le primat de la philosophie du langage. Le très riche champ qui était ainsi ouvert se caractérisait en effet par l'autonomie et l'importance fondamentale de la philosophie de l'esprit (entendue comme psychologie philosophique) d'un côté, et de l'autre un programme de recherche résolument métaphysique au sens d'ontologique. Ces références historiques allaient alors à la rencontre du tournant pris par une philosophie analytique soucieuse, pour une part importante d'entre elle, de se libérer de la domination de la philosophie du langage et de l'anti-mentalisme et de l'anti-ontologisme de principe qui l'avaient souvent accompagnée. On pourrait dire que l'étude des classiques « autrichiens », au-delà de la redécouverte passionnante de quantité de recherches extraordinairement riches, dont on pourrait dire qu'argumentativement et idéologiquement elles étaient de style proto-analytique, présentait l'avantage stratégique de *rendre l'esprit et l'être à la philosophie analytique*. Ce déplacement interne au champ analytique n'a pas toujours été perçu par les lecteurs continentaux, qui ont essentiellement pris ces recherches pour une agression, destinée à remplacer leurs idoles par des dieux inconnus et notamment à leur ravir ce qu'ils croyaient avoir de plus propre

et « bien connaître », mais dont ils connaissaient dans l'ensemble très mal les sources : la phénoménologie.
L'invention ou la réinvention de la philosophie autrichienne, dans ce contexte, a certainement constitué un vecteur parmi d'autres, original, d'une sortie de la domination de la philosophie du langage, telle qu'elle avait pu caractériser une certaine séquence de la philosophie analytique, et peut-être aussi par là même la sortie d'une certaine compréhension de la philosophie du langage. À cet égard, cependant, je voudrais faire une remarque. Il est certainement vrai que pour la plupart des auteurs de la période classique de ce qu'on a appelé « philosophie autrichienne » (c'est-à-dire jusqu'en 1914), l'esprit aussi bien que les choses sont indépendants du langage, et la philosophie de l'esprit aussi bien que l'ontologie dans une large mesure autonomes par rapport à toute « philosophie du langage ». Pour aucun de ces auteurs, la philosophie du langage ne peut être qualifiée à proprement parler de « philosophie première ». (La question resterait ouverte de savoir si ce serait plus vrai de Frege, et si Dummett a raison de le reconstruire ainsi, mais c'est une autre affaire.) En même temps, il existe dans cette tradition une différence très notable entre deux genres d'approche. D'un côté, avec Bolzano, on a une sémantique objective, une théorie du sens propositionnel et infra-propositionnel, par bien des côtés préfrégéenne (même s'il faudrait nuancer ce rapprochement), qui distingue bien les objectités sémantiques (proposition et représentation en soi), qui ne *sont* pas au sens propre du terme, et les choses et leurs propriétés, qui, elles, relèvent de l'être – une distinction souvent très mal comprise des lecteurs de Bolzano eux-mêmes mais pourtant fondamentale. Bolzano introduit donc l'espace logique d'une sémantique objective, qui se distingue de l'ontologie. S'agit-il à proprement parler d'une philosophie du langage ? Tout dépend, bien sûr, de ce que l'on attend d'une telle philosophie. Les entités sémantiques bolzaniennes peuvent aussi bien être pensées (appréhendées mentalement) qu'énoncées. Comme les pensées frégéennes, il faut le remarquer. Mais, comme pour les pensées frégéennes, leur exprimabilité contribue à manifester leur indépendance par rapport aux esprits qui peuvent les appréhender subjectivement. Disons que le passage par l'analyse des énoncés a ici valeur révélatoire. En ce sens, Bolzano peut sans doute à bon droit être érigé en grand-père de la « philosophie analytique du langage » (*sprachanalytische Philosophie*, comme disent les Allemands, ce qui ne veut pas dire que cette philosophie prenne spécialement le langage pour objet, mais que l'enquête philosophique passe nécessairement par l'analyse d'énoncé, où quelque chose – en l'occurrence, une objectivité – se révèle). Or, si bon nombre des auteurs, néo-aristotélisants, que l'on regroupe sous l'appellation de philosophie autrichienne, font attention à *ce que l'on dit* – prennent, en bons aristotéliciens, ce que l'on dit comme une part des phénomènes dont il faut partir –, ils n'en tirent pas tous les mêmes conséquences et l'idée d'une sémantique objective, dont on peut dire qu'historiquement, elle a certainement constitué un point de départ pour la philosophie analytique, fût-ce pour être par après déconstruite, n'offre nullement un fond commun à ladite tradition autrichienne. On peut même dire qu'on trouve là un principe de division fondamental de cette tradition. Pour ma part, c'est un des points qui me gêne toujours quand on parle globalement de « philosophie autrichienne ». C'est d'autant plus frappant que, à bien des titres, Bolzano et Brentano, tous deux néo-aristotéliciens, partagent un univers commun.

Il n'est donc pas choquant, et pas seulement pour des raisons géographiques, de les situer dans un même espace philosophique. Pourtant, leurs philosophies sont profondément différentes. D'un côté, on trouve une philosophie dont la couche fondamentale est une sémantique objective, avec des entités sémantiques non localisables ontologiquement. Bolzano est très clair : tout autant que Brentano dans ses périodes les plus tranchées, il n'est prêt à reconnaître comme être que l'être au sens propre du terme. Pourtant, il y a des entités sémantiques comme les propositions et représentations (c'est-à-dire éléments pouvant rentrer dans une proposition) en soi ; mais elles ne *sont* pas. Les néo-ontologies qui fleurissent à notre époque sont prêtes à s'emparer d'une telle distinction, en en faisant la matière de ce qu'on pourrait appeler une pseudo-ontologie : il faudrait distinguer ce qu'« il y a » et ce qui *est* comme deux catégories, au-delà de l'ontologie ou en extension d'elle. Bolzano, cependant ne le fait pas. On rencontre chez lui l'intuition de l'irréductibilité d'une dimension sémantique – celle du porteur de la valeur de vérité – qui se distingue de la dimension ontologique, même s'il est bien sûr essentiel, dans son point de vue, néo-aristotélisant, que les *fondements* ultimes de la vérité, ce qui *rend vrai* les propositions, se trouve du côté de l'ontologie. Or, toute la pensée de Brentano sera tournée contre l'idée d'un tel espace intermédiaire. Quelles que soient les hésitations de l'auteur de la *Psychologie au point de vue empirique*, dont il faudrait à cet égard suivre le travail des différentes éditions, quant au statut de l'objet intentionnel, il reste qu'il a toujours été solidement opposé à l'idée qu'il soit nécessaire d'introduire comme instance intermédiaire quelque chose comme un *sens* qu'il y aurait lieu de distinguer, dans son statut et dans sa teneur, du référent ou du prétendu référent. Son analyse, fondamentalement psychologique et ontologique, vise à récuser tout espace théorique autonome pour une sémantique. Cela ne veut pas dire qu'il ne pose pas de questions sémantiques, mais celles-ci se résolvent sur le terrain de la psychologie et de l'ontologie et en tout cas, la sémantique n'est pas une science qui aurait son domaine propre, son propre plan d'objets.

Il y a là, à mes yeux une différence considérable – qui fait d'ailleurs qu'en un sens, quel que soit son grand traditionalisme, revendiqué comme tel (il s'appuie sur une connaissance encyclopédique de l'histoire de la logique), Bolzano est un auteur beaucoup plus novateur que Brentano. Or, cette différence traverse ladite tradition autrichienne et installe en elle une dualité, parfois insoutenable. En un sens, Husserl est inintelligible si on ne prend pas en compte cette tension : les *Recherches Logiques*, à plus d'un titre, s'inscrivent au point de rencontre de l'influence du maître, Brentano, et de celle de Bolzano, passionnément lu par le mathématicien Husserl. Or, aux bardes contemporains de la tradition autrichienne, il faudra toujours rappeler ces mots de Brentano, dans le laconique échange de lettres occasionné par l'envoi par le disciple de l'œuvre censée fonder la phénoménologie : « Ihr Bolzano », *votre Bolzano*. On ne peut être plus clair. Brentano, il faut le souligner, avait enseigné *Les paradoxes de l'infini* de Bolzano, et Husserl avait suivi ce cours. On ne peut donc pas dire qu'ils ne partageaient pas en partie cette référence : le disciple, en dehors de sa formation mathématique, qui lui avait sans doute fait connaître un autre aspect du travail du philosophe et mathématicien tchèque (Weierstrass, le maître de Husserl en mathématiques, a établi la preuve correcte de plusieurs des résultats dont Bolzano avait esquissé une première démonstration), la doit en partie au maître, preuve s'il en est au minimum d'une *chaîne de transmission* caractérisant la « tradition autrichienne ». Il reste que finalement, Bolzano était, aux yeux de Brentano, ce qui éloignait irrémédiablement l'entreprise du disciple de l'enquête philosophique telle qu'il la concevait, à savoir strictement psychologique et ontologique (la psychologie constituant ici la voie d'accès à l'ontologie, en vertu de son primat épistémique), pour la faire basculer vers le pays imaginaire des idéalités sémantiques.

CP : *Neurath définissait la philosophie autrichienne par opposition à l'idéalisme allemand, mais celle-ci s'est aussi nourrie de la lecture des philosophes anglais et aussi français : Brentano, par exemple, s'est beaucoup appuyé sur Descartes ou Comte.*

JB : Il est tout à fait exact qu'une des constantes de la philosophie autrichienne jusqu'à la première guerre mondiale est l'importance du rôle qui est joué par la philosophie britannique, classique et contemporaine. Pour commencer par l'auteur supposé mieux connu de la tradition continentale, qu'il faut lire à cet égard plutôt comme un héritier tardif, Husserl, il est amusant que ce point ait pu être ignoré aussi longtemps, les Français comme les Allemands choisissant généralement de le réinscrire dans l'histoire de l'idéalisme allemand ou de son dépassement, donc dans des références principalement allemandes. Il est indubitable que Kant a pu jouer un certain rôle dans la formation de Husserl, ainsi que plus tardivement d'autres références comme Fichte. Il n'en reste pas moins que ce qui frappe quand on lit les *Recherches Logiques*, mais aussi ses tentatives plus tardives de mise en forme de l'histoire de la philosophie, comme dans *Philosophie Première*, c'est l'importance considérable de l'empirisme britannique classique sous ses différentes formes et la très bonne connaissance qu'il en a, alors qu'il faut le souligner, là encore à contre-courant de la culture continentale qui l'a assimilé après coup, le souci de l'histoire de la philosophie n'est, en un premier temps au moins, pas primordial dans sa démarche et sa connaissance de cette histoire, sur bien des terrains, peut paraître extrêmement limitée. Mais, quand il s'agit de Locke, Berkeley, Hume, on est étonné par sa précision. Ces références constituent sans aucun doute une part essentielle de son univers. Cela, il le doit évidemment à l'école à laquelle il a été formé.

Dans l'école de Brentano, il faut, à cet égard, faire un sort particulier à Meinong qui, avec ses *Hume-Studien*, a contribué de façon décisive à la connaissance des débats sur l'abstraction de l'empirisme britannique classique. Pour Husserl, c'est un arrière-plan essentiel. D'un autre côté, on peut bien sûr penser à l'importance de Berkeley pour Mach. Par bien des côtés, on pourrait dire que malgré son propre cadre néo-scolastique qui au départ l'en éloignait, la pensée autrichienne a trouvé dans l'empirisme britannique moderne un contre-modèle par rapport à l'idéalisme allemand dont elle voulait se distinguer. Pour un auteur comme Brentano, cet empirisme moderne allait à la rencontre, sans doute, de la conception empirique de la connaissance qu'il empruntait à Aristote.

D'un autre côté, en ce qui concerne les contemporains, il faut bien sûr relever l'influence immense de la *Logique* de Mill sur les débats psychologiques et logiques dans la seconde moitié du XIXe siècle. Compte tenu de ses propres intérêts, Brentano ne pouvait pas ne pas rencontrer cette logique. La référence à Mill est donc importante dans son travail, même si elle n'est pas toujours dépourvue d'ambiguïté et, fort logiquement, on retrouve cette référence chez le premier Husserl, où Mill en un premier temps va offrir un cadre de référence à l'analyse des actes logiques, pour devenir ensuite une des cibles de la critique antipsychologiste. Pour toute ladite philosophie autrichienne de la fin du XIXe siècle, Mill est en tout cas un interlocuteur qu'il est important de discuter. C'est aussi le cas d'auteurs britanniques plus immédiatement contemporains à la fin du siècle, comme par exemple Alexander Bain, acteur majeur de ce que les critiques de Frege ou, après coup, de Husserl nous font appeler « psychologisme ».

Mill était tellement important pour Brentano que celui-ci voulait absolument le rencontrer. Rendez-vous avait été pris en Avignon, où vivait Mill, en 1870. Malheureusement, la guerre franco-allemande a éclaté et le voyage a dû être annulé. Que se seraient-ils dit ? Par définition, nous ne le saurons jamais. Kevin Mulligan, avec qui j'avais eu une discussion là-dessus il y a quelques années et qui n'aime pas beaucoup Mill, est persuadé que Brentano avait dans sa besace des critiques dirimantes. C'est possible, mais en tout cas il est sûr que ce rendez-vous était très important pour Brentano.

Puisque vous évoquez les Français, la figure de Mill appelle nécessairement une référence commune. Brentano comme Mill ont entretenu un rapport à Comte et au positivisme. Comte a été un héros philosophique de Brentano, qui lui a consacré précocement un panégyrique – où est affirmé la valeur épistémique des phénomènes. De ce côté, il a trouvé les bases de l'épistémologie qui lui convenait. En ce sens, son « empirisme » est à placer sous l'horizon général du positivisme du XIXe siècle. D'un autre côté, en concurrence avec la loi des trois états, il a développé sa propre théorie du développement de la philosophie, dont on remarquera cependant qu'elle se présente aussi et d'abord comme une théorie de sa décadence, l'histoire de la philosophie étant conçue cycliquement comme une suite de nouveaux départs de l'idéal de scientificité puis de perte progressive de ce sens de la philosophie suivant un certain nombre d'étapes caractéristiques. En même temps, cette référence comtienne n'est pas sans poser des problèmes évidents. Tout d'abord, il est évidemment étrange de se réclamer d'Auguste Comte pour (re)fonder la science qui était à ses yeux impossible : la psychologie. Il faut à cet égard relever le point auquel l'équation du problème, dans la *Psychologie au point de vue empirique*, est au départ déterminée par l'épistémologie comtienne. Brentano part bien de l'impossibilité, pour la conscience, de s'observer elle-même. Je ne peux pas à la fois être à la fenêtre et me voir passer dans la rue. Une telle remarque n'a bien sûr de sens qu'en tant que son épistémologie est fondamentalement une épistémologie de l'*observation*, en toute fidélité à Comte. La démarche de la *Psychologie au point de vue empirique* consiste cependant, contre les limites de l'observation, à faire valoir l'irréductibilité de la *perception interne*, qui n'est pas une observation. Or, celle-ci, d'après Brentano, peut tout de même constituer une source de connaissance, moyennant sa médiation – et donc mise à distance – par la mémoire, ou par l'expérience du comportement d'autrui. Une psychologie empirique est donc bien possible.

L'autre point, qui a un rapport avec une question précédemment abordée, est bien sûr le caractère fondamentalement métaphysique du projet brentanien. Il s'agit d'une refondation de la métaphysique dans la positivité. Si positivisme il y a épistémologiquement, celui-ci n'est donc pas incompatible avec un engagement métaphysique de la pensée. On vise, de façon aristotélicienne, une connaissance de l'être même. Voici qui nous emmène tout de même assez loin de ce que l'on entend d'habitude par positivisme.

Ce point n'est pas sans rapport avec la question du rôle joué par une autre référence française. Dans un article classique, Franco Volpi se demandait : « War Franz Brentano ein Aristoteliker ? » et tendait à montrer que si la pensée de Brentano actualisait en plein XIXe siècle des cadres de pensée aristotéliciens, c'était pour y investir une thèse essentiellement cartésienne : celle de la réalité psychique, donnée avec évidence dans la perception interne. Et en effet, on ne peut l'ignorer, la pensée de Brentano est fondamentalement cartésienne, ce qui explique d'ailleurs une part du regain d'intérêt qu'elle peut connaître aujourd'hui, dans une philosophie de l'esprit au sein de laquelle les tendances néo-cartésiennes sont importantes. Ce cartésianisme fondamental de Brentano et de son école constitue certainement un engagement particulier, qui a pu avoir un certain poids dans l'orientation ultérieure de la phénoménologie, qui y a pris son départ. Il faut cependant remarquer qu'une telle perspective n'est pas non plus absolument étrangère à la pensée de Bolzano, même si elle y joue un rôle plus local. Dans la *Wissenschaftslehre*, lorsque Bolzano introduit la notion de « vérité en soi », en bon mathématicien qu'il est, il établit d'abord un résultat d'existence : qu'il y en a. Or, la première vérité qu'il parvient à exhiber, dans son indubitabilité de principe, est celle du *cogito*. La philosophie autrichienne s'est développée sous une robe et avec des exigences scolastiques, mais elle a aussi et d'abord représenté une refonte, bien différente de l'idéalisme allemand et alternative à lui, du projet philosophique des Modernes.

Propos recueillis par Michel Bourdeau en février 2024.

ABSTRACTS

La philosophie autrichienne

Bolzano, his Logic and his Notion of Explanation

Francesco A. Genco

The aim of this article is to present Bolzano's logic and to discuss the way in which he developed it in order to provide a foundation of his theory of all sciences. To this end, we will discuss Bolzano's notion of explanation and the essential role it plays with respect to this endeavour. In particular, we will study the notion of *Abfolge* – an explanatory relation very close in nature to logical derivability, but stricter and with greater epistemic significance – by referring in particular to Bolzano's apparent effort to come as close as possible, especially in the context of conceptual sciences, to a formal characterisation of this notion.

Husserl and Bolzano's Semantic Objectivism: Evidence and Transcendental Philosophy

Dominique Pradelle

Within Husserl's considerations on the history of philosophy, Bolzano lost the essential place he had originally held. Why was Bolzano a central reference point for the phenomenology of the *Logical Investigations,* while he virtually ceased to be mentioned in the phase of transcendental phenomenology, to the point of no longer appearing at all in Husserl's overviews of the history of philosophy in *First Philosophy* and the *Crisis*? Starting with the *Prolegomena to Pure Logic,* the author highlights Husserl's indebtedness to the Bolzanian doctrine of representations and propositions-in-themselves, then shows how the transition to transcendental phenomenology required a questioning of the status of these entities-in-themselves and an orientation towards the question of subjective evidence – something that was foreshadowed by Exner in his correspondence with Bolzano.

A non-Austrian Brentano

Ion Tănăsescu

Brentano cannot be reduced to the figure of the representative of Austrian philosophy, a figure which results from a positivistic-sceptical interpretation of his philosophy. By relying on the distinction between two meanings of the theoretical interest, the present study construes the Brentanian philosophy as one of a new ascending philosophical phase at the end of the 19th century and in the early 20th century. Thus the significance of the fundamentally metaphysical dimension of Brentano's thought, and the consequences which derive from it concerning the right understanding of relations between his thought and other philosophical trends of his times, including positivism, are here highlighted.

The Brentano School and Social Reality

Guillaume Fréchette

Social philosophy stemming from the phenomenological tradition is often associated with collective intentionality, that is, with the thesis that social reality comes into existence thanks to a form of intentionality distinct from that of the acts of individuals – the intentionality of groups, where the intentional attitudes of individual agents imply those of other agents of the group, either because this collective attitude is by nature distributed among the individuals of the group, or because they are instances of the group's intention. After underlining the phenomenological and ontological difficulties of this thesis, and taking as a case study the main conception of social reality defended by the Brentano school, I show how to preserve the phenomenological intuition guiding this thesis while avoiding some of its difficulties.

Of Two Concepts of Logic in Austrian Philosophy. On an Unpublished Paper about Franz Brentano by Kazimierz Twardowski

Wioletta Miskiewicz

In this study, we recall the existence, in Vienna in the first half of the twentieth century, of two competing concepts of logic: that of Höfler-Meinong (Brentanian) and that of the Vienna Circle. However, this distinction is absent from the debate on the specifically Austrian philosophical tradition, which is said to have led to the birth of logical neopositivism (« Neurath-Haller thesis »). In an unpublished manuscript by Twardowski devoted to the main lines of the Brentanian reform of logic (a translation of which is available at the end of the article), we can see that the difference between the two kinds of logic does not simply concern the scope of their domains, but the matter they study, and consequently implies a different status for formal logic. At the same time, our reconstruction of this episode in philosophical historiography sheds new light on the relationship between the Lvov-Warsaw School and the Twardowski School as a whole.

Carl Menger as a Reformer of Economy Facing Aristotle and Kant

Gilles Campagnolo

The reform of political economy driven by Carl Menger (1840-1921), a major thinker of his discipline and the founder of the so-called « Austrian » school of economics, is characterized by the appeal to conceptual analysis, which connects him to the Austrian philosophy of the late 19th century. He could thus even be seen as a true (economical) philosopher. This paper traces the origins of his reform, from his readings on Aristotle and Kant. By a way of his own in the Viennese context, Menger laid the foundations of a « pure science ».

FICHE DOCUMENTAIRE

4e TRIMESTRE 2024, N° 179, 162 PAGES

L'ensemble des rubriques de ce numéro des *Cahiers philosophiques* a pour objet la « philosophie autrichienne ». Que recouvre ce syntagme ? Quelles raisons permettent d'en comprendre l'apparition au sein de la philosophie avec le Cercle de Vienne et les infléchissements au cours du XXe siècle ?

La rubrique « Introuvables » donne à lire deux textes de T. G. Masaryk portant sur la démocratie.

La rubrique « Situations » propose un entretien avec Jocelyn Benoist.

Mots clés

Abfolge; *Ableitbarkeit*; asubjectivité; atemporalité; Bolzano; Brentano; Caméralisme; Carl Menger; Cercle de Vienne; dérivabilité; École de Lvov-Varsovie; École léopolienne de la philosophie polonaise; économie « pure » ; économie politique; évidence; Haller; historicisme; historiographie; Höfler; idéalité; individualisme méthodologique; intentionnalité; intuitionnisme; jugement allogénique; jugement idiogénique; logistique; Lukasiewicz; Meinong; néopositivisme; Neurath; objectivisme sémantique; phénoménologie; proposition en soi; réalisme; représentation en soi; Schmoller; subjectivisme; théorie de la science; thèse Neurath-Haller; Twardowski; vision du monde (*Weltanchauung*).

Vrin - Repères philosophiques
208 p. -11,3 × 17,8 cm - 2022
ISBN 978-2-7116-3065-3, 12 €

La philosophie de Franz Brentano. Repères

Denis Fisette

Principalement connu pour avoir réintroduit l'intentionnalité dans le répertoire des concepts fondamentaux de la philosophie, Franz Brentano a influencé un des courants dominants de la philosophie contemporaine, la phénoménologie. Mais le maître de Husserl est aussi à l'origine d'un véritable programme philosophique : il se fait le défenseur d'une réforme, voire d'une « renaissance de la philosophie comme science », dont les deux branches principales sont la métaphysique et la psychologie. Dans son ouvrage *Psychologie d'un point de vue empirique* (1874), il jette ainsi les bases d'une psychologie en continuité avec les sciences empiriques, pour en faire une science des phénomènes mentaux. Auteur prolifique, Brentano laisse derrière lui une oeuvre riche et diversifiée, et nombre de manuscrits dont seule une infime partie a été publiée à ce jour.

La philosophie autrichienne de Bolzano à Musil

Histoire et actualité

J.-P. Cometti et K. Mulligan (éd.)

Des cinq figures majeures de la philosophie autrichienne : Bolzano, Brentano, Husserl, Meinong et Wittgenstein, seuls Husserl et Wittgenstein ont eu droit à l'attention dont jouissent aujourd'hui un Kant ou un Heidegger. La philosophie de Husserl est pourtant impensable sans Bolzano, Mach, Brentano et Hering. Quant aux idées introduites par Bolzano, Mach et Brentano, elles ont été la source de préoccupations continues qui, au sein des traditions qui appartiennent à la « philosophie autrichienne », en marquent profondément l'unité à côté de facteurs géographiques, politiques et culturels spécifiques.

Vrin - Problèmes & Controverses
288 p. - 13,5 × 21,5 cm - 2001
ISBN 978-2-7116-1497-4, 35 €

Vrin - Textes clés
448 p. - 13,5 × 21,5cm - 2007
ISBN 978-2-7116-1952-8, 39 €
Traduction sous la direction de Denis Fisette et Guillaume Fréchette.

À l'école de Brentano. De Würzburg à Vienne

Husserl, Stumpf, Ehrenfels, Meinong, Twardowski, Marty

Sont réunies dans cet ouvrage six études des principaux représentants de ce qu'il est convenu d'appeler « L'école de Brentano ». Les *Souvenirs de Franz Brentano* de Stumpf et Husserl, décrivent sa vie et son activité philosophique de ses débuts à Würzbourg jusqu'à son couronnement à Vienne. L'étude d'Ehrenfels, *Sur les qualités de forme*, fondatrice de la psychologie de la forme, est aussi une référence incontournable pour Meinong, dont nous traduisons ici *Sur les objets d'ordre supérieur et leur rapport à la perception interne*, où il met en place les idées à la base de sa théorie de l'objet. La cinquième étude, *Fonctions et formations* de Twardowski, propose une analyse originale de la relation entre les actes (fonctions) et leurs contenus (formations). Enfin, *Sur le rapport entre la grammaire et la logique* de Marty, emblématique de la philosophie du langage brentanienne, vient clore cet ouvrage que nous avons introduit par « Le legs de Brentano », une étude présentant les grandes lignes du programme philosophique de Brentano, la généalogie de son « école » ainsi que quelques-uns des débats suscités par les textes reproduits ici.

CAHIERS PHILOSOPHIQUES

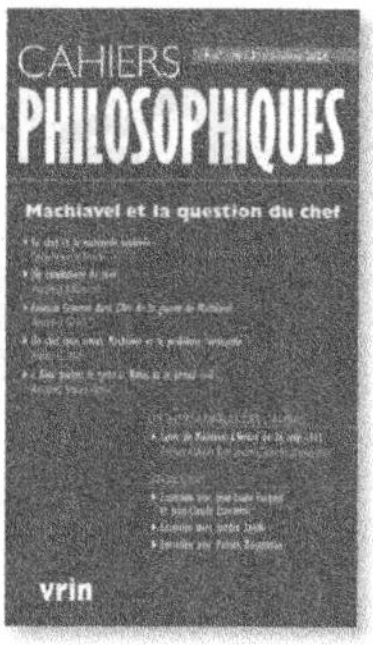

Derniers dossiers parus

Les limites du langage
Numéro 158 – 3e trim. 2019

Rêve et imagination : approches antiques
Numéro 159 – 4e trim. 2019

Embarras de la démocratie
Numéro 160 – 1er trim. 2020

R. Carnap
Numéro 161 – 2e trim. 2020

L'ornement
Numéro 162 – 3e trim. 2020

Penser par diagrammes
Numéro 163– 4e trim. 2020

Après la vérité?
Numéro 164– 1er trim. 2021

Varia
Numéro 165 – 2e trim. 2021

Auguste Comte
Numéro 166 – 3e trim. 2021

Lieux de l'utopie
Numéro 167 – 4e trim. 2021

Ginzburg et les croyances
Numéro 168 – 1er trim. 2022

Actualité de Spinoza
Numéro 169 – 2e trim. 2022

Günther Anders
Numéro 170 – 3e trim. 2022

Simone Weil
Numéro 171 – 4e trim. 2022

Aux frontières de l'espèce
Numéro 172 – 1er trim. 2023

Épistémologie épicurienne
Numéro 173 – 2e trim. 2023

Montaigne et la vie du corps
Numéro 174– 3e trim. 2023

Foucault et « l'effet Nietzsche »
Numéro 175 – 4e trim. 2023

La modélisation
Numéro 176 – 1er trim. 2024

Le sens de la musique
Numéro 177 – 2e trim. 2024

Machiavel et la question du chef
Numéro 178 – 3e trim. 2024

Cahiers Philosophiques

BULLETIN D'ABONNEMENT

Par courrier : complétez et retournez le bulletin d'abonnement ci-dessous à :
Librairie Philosophique J. Vrin - 6 place de la Sorbonne, 75005 Paris, France
Par mail : scannez et retournez le bulletin d'abonnement ci-dessous à : abonnement@vrin.fr
Pour commander au numéro : www.vrin.fr ou contact@vrin.fr

RÈGLEMENT

❑ France
❑ Étranger

❑ Par chèque bancaire :
à joindre à la commande à l'ordre de Librairie Philosophique J. Vrin

❑ Par virement sur le compte :
BIC : PSSTFRPPPAR
IBAN : FR28 2004 1000 0100 1963 0T02 028

❑ Par carte visa :

_ _ _ _ _ _ _ _ _ _ _ _ _ _ _ _

expire le : _ _ / _ _

CVC (3 chiffres au verso) : _ _ _

Date :

Signature :

ADRESSE DE LIVRAISON

Nom
Prénom
Institution
Adresse

Ville
Code postal
Pays
Email

ADRESSE DE FACTURATION

Nom
Prénom
Institution
Adresse
Code postal
Pays

ABONNEMENT - 4 numéros par an

Titre	Tarif France	Tarif étranger	Quantité	Total
Abonnement 1 an - Particulier	46,00 €	60,00 €		
Abonnement 1 an - Institution	52,00 €	70,00 €		
			TOTAL À PAYER :	

Tarifs valables jusqu'au 30/06/2023

* Les tarifs ne comprennent pas les droits de douane, les taxes et redevance éventuelles, qui sont à la charge du destinataire à réception de son colis.

Achevé d'imprimer en février 2025 par *La Manufacture - Imprimeur* – 52200 Langres
Imprimé en France – N° d'imprimeur : 250123 – Dépôt légal : février 2025